정부의 원리

대한민국 시스템을 한눈에 꿰뚫는 정치 수업

정부의 원리

양재진

마름모

사랑하는 아내 이지은에게

고마움을 담아

들어가며

2003년 3월 연세대 행정학과 교수로 부임해 '비교정부론'을 20여 년간 가르쳤다. 한국 행정부의 운영상 특징을 이해하기 위해, 행정부를 둘러싼 입법부와 사법부와의 관계를 살펴보았다. 그뿐 아니라 정부를 이끄는 정치인과 정당, 그리고 이들의 전략과 행태에 영향을 미치는 권력 구조와 선거제도 등도 다루었다. 우리를 깊이 이해하기 위해 다른 나라 정부의 작동 방식을 함께 비교하며 살펴보았다. 의원내각제나 이원집정부제 국가의 정치는 어떤 패턴을 갖는지, 연방제 국가에서 중앙-지방 관계가 우리와 어떻게 다른지도 주된 관심사였다. 미국, 프랑스, 영국, 독일, 스웨덴, 일본 등과 비교하면 한국의 정치와 정부를 더 잘 이해할 수 있었다.

2024년 9월 연구년을 맞이하여 베를린 자유대에 방문 교수로 왔다. 비교정부론 강의안을 토대로 《정부의 원리》를 썼다. 이미 20여 년간 가르치면서 배우고, 차곡차곡 모아온 자료가 있었기에 집필은 어렵지 않았다. 그러나 마음은 무거웠다. 1990년대 동구권 인민민주주의의 붕괴 이후 자유민주주의의 확산과 발전은 불가역적이라 여겼는데, 지구촌 곳곳에서 자유민주주의의 후퇴를 목도하게 되어서다. 베네수엘라 등 남미 국가와 러시아를 위시한 동구권 체제 전환국만의 문제가 아니다. 윤석열의 계엄 선포에 따른 일련의 사태를 헌법적 절차에 따라 극복하고 새 정부가 들어섰지만, 한국도 민주주의 수난사에 이름을 올리고 있다.

　한편으로는 만신창이가 되어가는 대한민국의 정치와 정부를 되살리자는 노력이 일어나고 있다. 헌법 개정부터 선거제도 개혁까지. 그런데 예상 밖으로 자유민주주의에 대한 이해가 깊지 않다. 정치제도 개편을 두고도 실제 작동 양태에 대한 관심보다는 희망적 사고가 앞서 있다. 고대 도시국가 아테네의 직접민주주의가 최고인데, 인구와 땅덩이가 큰 국민국가 단위이기에 할 수 없이 대의제에 기반한 간접민주주의를 한다는 주장도 많이 접한다. 시민 다수가 선출한 대표는 통치의 정당성이 있지만, 이러한 과정을 거치지 않은 사법부의 막강한 권한은 문제라며 민주적 통제하에 둬야 한다는 주장까지 들린다. 분권형 대통령제나 4년 중임 대통령제로 가면 한국 정치의 문제가 해소된다는 희망 고문도 여전하다.

이 책 《정부의 원리》에서는 먼저 자유민주주의와 대의제에 대한 오해와 선입견을 바로잡고, 정치와 정부의 작동 원리와 실제를 명확하게 드러내고자 했다. 같은 민주공화국이라도 나라마다 취하고 있는 제도별로 정치와 정부의 행태가 달라진다. 또 제도의 목적대로 실제 작동이 되는 것도 아니다. 따라서 되도록 여러 사례를 통해 이론을 검토했고, 한국의 실제에 들어맞는 시사점을 줄 수 있게 했다.

필자는 1995년 미국에 유학을 가서 비교정치학을 전공했다. 동유럽 공산국가들이 무너진 후, 새롭게 자유민주주의 헌법과 정치제도들을 설계하고 실행한 결과들이 쏟아져 나올 때였다. 1980년대 남미와 아시아에서 일어난 민주화의 차별적 성과에 대한 연구도 융성했다. 대통령제, 의원내각제, 이원집정부제, 소선거구제, 비례대표제, 양당제, 다당제, 단원제, 양원제, 단방제, 연방제, 헌법재판소 체제 등 다양한 선택지와 조합별로 달리 나타나는 정치 양태와 정부의 성과를 이해할 수 있었다. 사회과학이 과학일 수 있음을 깨닫고 눈앞이 훤해지는 경험을 했다. 당시 유행하던 영화 〈매트릭스〉의 마지막 장면, 키아누 리브스가 연기한 네오의 눈에 매트릭스가 010101…의 숫자로 보이듯 말이다. 독자들도 《정부의 원리》를 읽고 필자와 같은 경험을 하길 바란다.

많은 동료 학자들이 이 책의 초고를 읽고 사실관계를

바로잡아주고, 조언도 아끼지 않았다. 가상준(단국대), 강우진(경북대), 권혁용(고려대), 김성수(연세대), 김영순(서울과기대), 문우진(아주대), 박나라(연세대), 박상훈(전 국회미래연), 백우열(연세대), 오재록(전주대), 이준한(인천대), 윤성원(감사연) 박사에게 깊은 감사를 전한다. 대학 동기 한창섭 전 행정안전부 차관은 한국 관료제와 지방정부의 현실에 대한 부분을 검토해주었다. 서울대 강원택 교수는 귀중한 발표 원고를 보내주었다. 모두 감사한 일이다. 베를린 자유대에 초대해주고 연구환경을 마련해준 이은정 교수와 여러 도움을 준 펠스너 선생에게도 고마움이 한가득이다. 베를린 자유대 도서관의 놀랄 만큼 다양하고 풍부한 한국 관련 장서와 프로이센 관료제에 대한 역사서 그리고 정치학의 고전적 저술들은 책을 집필하는 데 큰 도움이 되었다. 조교 이슬이는 서울에만 있는 자료를 사진 찍고 그림 그려 보내주느라 고생이 많았다. 이 책의 집필을 독려하고 읽기 좋은 책으로 만들어준 고우리 대표에게도 감사하다. 가족의 응원은 언제나 큰 힘이 됐다. 고마운 마음이다.

2025년,
화사한 6월의 어느 날 베를린에서
양재진

차례

들어가며   6

1장   정치, 정부 그리고 민주주의란 무엇인가

정치란?   19
정부란?   26
민주주의, 대의민주주의, 자유민주주의?   32
    —— 대의민주주의   33
    —— 자유민주주의   35
1장을 마치며   40

2장   민주공화국의 뿌리와 원리

아테네 민주주의   46
로마 공화정   55
미국 공화정, 현대 자유민주주의 정체의 탄생   63
2장을 마치며   71

3장　더 우월한 정부 형태가 있는가

대통령제 정부   78
  ―― 대통령제의 구성 원리   78
  ―― 현실에서의 대통령제   82
의원내각제 정부   91
  ―― 의원내각제의 구성 원리   91
  ―― 현실에서의 의원내각제   97
이원집정부제 정부   106
  ―― 이원집정부제의 구성 원리   106
  ―― 현실에서의 이원집정부제   112
대한민국의 정부 형태:
의원내각제 기초 위의 대통령제   121
3장을 마치며   124

4장 정당, 정치 시장의 기업

정당의 역사와 유형　　　　　　　　131
정당의 기능　　　　　　　　　　　136
당대표 선출과 공천 방식　　　　　　140
사회경제적 균열과 정당 체제　　　　148
한국의 정당 발전과 현실　　　　　　154
4장을 마치며　　　　　　　　　　　161

5장 선거제도가 바뀌면 정치가 바뀔까

선거권의 역사　　　　　　　　　　　167
인물을 뽑는 다수대표제에서
　　정당 비례대표제로의 대전환　　　176
의회 선거제도의 유형별 특징과 이해　179
　── 다수대표제　　　　　　　　　181
　── 정당명부 비례대표제　　　　　194
　── 혼합형 선거제도　　　　　　　199
대통령 선거제도의 유형별 특징과 이해　212
　── 직접선거　　　　　　　　　　212
　── 간접선거　　　　　　　　　　214
　── 미국, 대리인을 통한 직접선거　215
5장을 마치며　　　　　　　　　　　218

6장 의회의 다양한 얼굴

시민사회의 대표, 의회의 근대적 의미	224
의회의 권한과 기능	228
양원제의 입법 역동성	236
대한민국 국회, 합의제의 문턱에서 　다시 다수당 독주 체제로	241
6장을 마치며	246

7장 국가관료제와 정치적 통제

근대 국가관료제의 형성	252
정권 교체와 관료제에 대한 정치적 통제의 필요성	257
관료제에 대한 정치적 통제 전략	263
── 관료와 정치가는 어떻게 다른가	263
── 정치적 통제 전략	265
대한민국의 국가관료제와 강압적 통제로의 퇴행	272
7장을 마치며	275

8장   국가 형식과 중앙-지방정부 관계: 연방, 연합 그리고 단방제

연방제	281
연합제	287
단방제	294
단방제 대한민국의 지방자치	298
8장을 마치며	300

9장   헌정주의, 자유민주주의의 핵심 요소

헌법을 통한 자유와 민주의 결속	306
—— 자유민주주의 헌법의 필요성과 주요 내용	306
—— 사법심사의 꽃, 위헌법률심판	310
헌법재판소, 자유민주주의의 수호자	315
정치의 사법화, 사법의 정치화	322
9장을 마치며	326

10장 다시, 자유롭고 민주적인 나라 만들기

제왕적인 5년 단임 대통령의 실패?
   장밋빛 대안의 허실   333
선거제도 개혁을 통한 난폭 운전 방지와 협치 유도   339
   ── 국회의원 선거, 비례대표제로   341
   ── 대통령 선거, 결선투표제로   343
그 밖에 고민해야 할 것들   345
10장을 마치며   351

주   353

일러두기

— 본문에 대한 보충 설명은 각주로, 출처는 미주로 표시했다.
— 인용문에 번역서 출처가 없는 경우, 번역은 저자가 한 것이다.

1장

정치, 정부 그리고 민주주의란 무엇인가

정치란?

한국 정치에 대해 실망과 불신은 깊어만 간다. 대통령, 행정부, 의회, 정당 그 어느 조직도 신뢰를 얻지 못하고 있다. 신뢰도를 묻는 여론조사 결과를 보면 거의 사기꾼을 대하는 수준이다. 그럼에도 한국인만큼 정치에 큰 관심을 보이는 국민도 없다. 정치에 대한 실망감에도 불구하고 정치 효능감을 크게 느끼기 때문이 아닌가 한다. 정치에 상대적으로 무관심하다는 2030 세대도 "정치를 통해 내 삶을 바꿀 수 있다"고 보는 응답자가 과반을 훌쩍 넘는다.[1] 여·야가 바뀜에 따라 대북정책은 물론 아파트 재건축과 재산세까지 냉탕과 온탕을 왔다 갔다 한다. 이뿐인가? 계획에 없던 기차역이 생기고 학교가 들어선다. 하루아침에 김포가 서울이 되는 일도 가능하다.

선거철만 되면 정치가가 되겠다는 사람이 끝도 없이 줄을 서고, 이름 모를 정당들도 끊임없이 창당된다.

정치가 무엇이기에 불신과 혐오의 대상이면서 동시에 폭발적인 관심을 받는가? 나는 헤이그Rod Hague와 해롭Martin Harrop처럼 정치politics를 "공동체의 구성원 모두에게 구속력을 갖는 의사결정을 내리는 집합적 행위"로 정의한다.[2] '구속력'을 갖는 결정이라는 점이 중요하다. 내가 좋든 말든 따라야 하는 결정이기 때문이다. 유무형의 처벌이 뒤따르기에 싫어도 따라야 한다. 우리 사회의 모든 의사결정이 국민 모두에게 구속력을 갖는 것은 아니다. 동호회 차원의 의사결정은 동호회 회원들에게만 영향을 미친다. 딱히 위반자를 제재할 방법도 없다. 기업에서 이사회의 결정 또한 그러하다. 해당 기업의 임직원에게만 영향을 미친다. 위반자에 대해 할 수 있는 제재라고는 인사 조치 정도다. 정치 공동체의 결정은 다르다. 물리적 폭력을 독점한 국가의 공권력이 뒷배로 작용하기 때문이다. 종부세 내라면 내야 하고, 군대 가라면 가야 하고, 토지가 수용되면 땅 팔고 나가야 한다. 어기면 감옥 갈 생각도 해야 한다. 정치라는 이름으로 행해지는 의사결정은 재산상의 손해를 입히고 인신을 구속하며, 심하면 생명을 앗아갈 수도 있다. 싫으면 이민 떠나는 수밖에 없다.

전체 국민에게 구속력을 갖는 결정을 집권자가 독단적으로 내리면 '독재 정치'라 부른다. 반대 의견을 강압적으로 억누르며 의사결정을 내리면 '권위주의 정치'가 된다. 애초에 서로 다른 이해관계를 표출하더라도, 설득, 타협, 협상 등을 통해 합의에 이르거나 적어도 다수결로 결정을 내리면 '민주 정치'가 된다.

그렇다면 구속력을 갖는 의사결정 권한은 어디서 나오는가? 무엇이 공권력이 뒤따르는 결정과 그렇지 못한 결정을 구분 짓는가? 그것은 의사결정이 물리력을 독점한 국가 기구를 통해서 나오느냐 아니냐에 달렸다. 독일의 사회학자 막스 베버 Max Weber 는 일찍이 국가의 본질적 특질을 "일정한 영토 내에서 물리력 physical force 을 독점적으로 정당하게 legitimate 행사하는 결사체"로 정의 내린 바 있다.[3] 물리력을 독점적으로 행사한다는 점이 중요하다. 그렇지 못하면 무정부 상태가 된다. 사병들 혹은 군벌들이 지역마다 물리력을 장악하고 있다면 아직 국가라 할 수 없다. 이들끼리 싸우면 내전 civil war 이 된다. 조선 초의 무정부적 혼란은 태종 이방원이 형제들의 사병을 철폐한 이후 해소되었다. 미 대륙에서 벌어진 남북전쟁에서는 북부가 승리하여 남부에서도 연방정부가 물리력을 독점적으로 행사할 수 있게 된 이후, 미합중국이 다시 하나의 국가가 되었다.

국가를 떠난 지구촌이란 공동체는 다르다. 미국이 초강대국인 것은 맞지만, 미국이 내린 결정이 지구촌 곳곳에 구속력을 갖고 집행되지는 못한다. UN 또한 자신의 결정을 뒷받

침할 수 있는 물리력을 갖고 있지 못하다. 지구촌이라 불리는 인류의 공동체는 본질적으로 무정부 상태로, 전쟁이 끊이지 않는다. 물리력을 독점하는 주체가 없어서 그러하다.

민주공화국에서는 국가권력이 입법부·행정부·사법부에 나뉜다. 일반적으로 권력을 잡는다는 말은 행정부 국가관료제의 최정점인 '집정부執政府, political executive'를 장악하는 것을 뜻한다. 과거에는 왕과 대신들이 차지하던 자리로, 현대 대통령제에서는 대통령과 장관들이, 의원내각제에서는 총리와 장관들이 차지한다. 집정부는 행정부의 상층부로, 기업으로 치면 이사회executive에 해당한다. 집정부 장악이 중요한 이유는 경찰과 군으로 상징되는 국가의 물리력을 직접 통제하기 때문이다. 그리고 정치적으로 내린 결정을 실행하는 국가관료제를 움직이기 때문이다.

입법부와 사법부가 없어도 물리력을 통제하는 행정부와 그 통제 본부인 집정부만 있으면 국가는 성립한다. 과거 인류 역사의 대부분을 차지했던 왕조 국가가 그러하다. 하지만 행정부와 집정부 없이는, 아무리 강한 입법부나 사법부가 존재한들 국가가 성립하지 못한다. 그래서 지금도 쿠데타군의 목표는 집정부 장악을 통해 관료제를 통제권 안에 두는 것이다. 입법부나 사법부가 아니다. 보통 입법부(의회)는 해산해버리고 사법부는 무시해버린다.

물리력을 독점한 국가를 장악한다고 해서 곧바로 구속

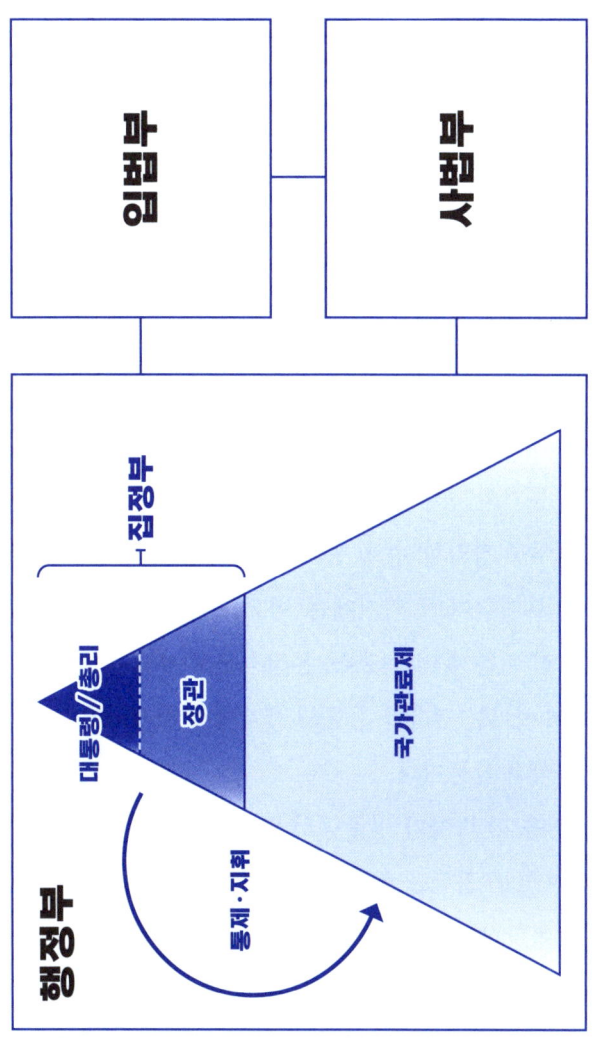

〈그림 1-1〉 삼권분립과 집정부의 이해

력 있는 결정을 내리고 집행할 수 있는 것은 아니다. 국민들이 집정부 장악을 인정하고 물리력의 독점적 행사를 정당하다고 여겨야 한다. 과거에는 창업 군주의 카리스마로, 또 그 후광으로 세습 지배의 정당성을 유지했다. 지배자는 신화적 존재로서 혹은 제사장이나 종교의 수장을 겸하여 정당성을 높이기도 했다. 아직도 백두혈통을 내세우는 북한도 있고, 이슬람 교리대로 신권神權 통치하겠다는 아프가니스탄 같은 국가도 있긴 하다.

하지만 계몽주의와 시민혁명을 겪은 현대 민주국가에서는 선거 경쟁을 통해 국민의 선택을 받은 지도자 혹은 정치집단에게 통치의 정당성이 부여된다. 선거는 폭력을 통하지 않고 집정부를 장악할 수 있게 해준다. 그리고 정치적 지배에 정당성을 부여한다.[4] 과거에는 힘으로 집정부를 장악하고 이 과정에서 피를 흘려야 했다. 본질적으로 야생 동물과 다를 바 없었다. 선거는 인류를 동물의 세계에서 벗어나게 해준 멋진 사회공학적 산물이다.

한 걸음 더 나아가 민주공화국에서는 구속력 있는 결정을 내릴 수 있는 권한을 헌법이 부여한다. 성문헌법이든 불문헌법이든 정당한 절차를 거쳐 시민의 동의 속에 만들어진 헌법은 권위를 갖는다. 헌법은 삼권분립의 원칙하에 입법부, 행정부, 사법부에 구속력을 갖는 의사결정 권한을 부여한다. 적법절차를 밟아 내린 결정은 각각 법이 되고, 행정명령이 되며,

판결이 된다. 이 결정은 공동체의 모든 국민에게 적용되며 누구나 따라야 한다.

정부란?

정치를 '구속력을 갖는 의사결정을 내리는 집합적 행위'라고 정의했다. 그렇다면 정부란 "구속력을 갖는 의사결정을 만들고, 그 집행을 담당하는 기관"들의 모임이라고 할 수 있다.[5] 헌법에 의해 구속력을 갖는 의사결정 권한이 부여된 기관들인데, 의회, 행정부, 사법부 그리고 경우에 따라 지방정부가 포함된다. 물론 정당이나 언론도 정치적 의사결정에 큰 영향력을 행사한다. 집권당인 경우는 더욱 그러하다. 시민단체의 영향력도 막강하다. 그러나 이러한 조직에서 그 어떤 결정을 하더라도, 직접적으로 국민에 대해 구속력을 갖지는 않는다. 이들이 의회를 통해 법안을 통과시키거나 대통령을 움직여 명령을 내리게 하는 경우에 구속력이 부여된다. 대법관이나 헌법재판소 재판관의 임명에도 관여하고 여론을 일으켜 판결에 영향을 줄 수도 있다. 그러나 구속력을 갖는 판결은 사법부만 할 수 있다.

협의에 의하면, 헌법에 의해 권한과 책임이 주어지는 헌법기관 중 선거 경쟁을 통해 권력 장악의 대상이 되는 '의회'와, 행정부의 정점인 '집정부'를 합하여 '정부'라 부른다. 3장 〈더 우월한 정부 형태가 있는가〉에서 자세히 다루겠지만, 의원내각제 국가에서는 총선에서 승리한 정당 혹은 승리 연합이 의회를 지배하고, 이들이 총리와 내각을 구성하며 집정부를 장악한다. 따라서 유럽이나 일본과 같은 의원내각제 국가에서 '사민당 정부', '아베安倍晋三 정부' 하는 식으로 불리는 경우, 우리 머릿속에는 어떤 당이 지배하는 의회와 집정부가 하나의 묶음으로 그려진다.

그러나 대통령 선거와 의회 선거를 분리해서 실시하는 대통령제 국가는 다르다. 정부, 즉 의회와 집정부가 늘 한 묶음이 아닐 수 있기 때문이다. 유럽과 달리 대통령제인 미국의 경우 '바이든 Joe Biden 정부'보다는 '바이든 행정부'가 더 정확한 표현이다. 미국의 의회는 하원과 상원으로 나뉘는데, 2023년 기준 바이든 대통령의 민주당은 하원을 장악했다. 그러나 상원은 공화당 지배였다. 이런 경우는 분점정부 divided government 혹은 분할 정부라고 부른다. 집정부와 하원은 민주당이, 상원은 공화당이 나눠 가졌기 때문이다. 민주당의 오바마 Barack

Obama 대통령 재임기인 2015~2017년 3년간은 하원과 상원 모두를 공화당이 장악한 바도 있었다. 완전한 분점정부였다. 이 경우도 집정부는 민주당이, 의회는 공화당이 장악했기 때문이다. 이 경우 역시 오바마 정부라 부르는 것은 매우 어색하다. 오바마의 민주당 행정부가 맞다.

분점정부를 우리식으로 표현하면, 여소야대與小野大 정부가 된다. 여소야대 분점정부일지라도 우리나라에서는 '윤석열 행정부'라고 미국식으로 얘기하지 않는다. 이보다는 '윤석열 정부'라고 유럽식으로 얘기한다. 대한민국 헌법에서 정부를 '대통령 + 행정부'라고 간주하고 있기 때문이기도 하지만,* 오랜 기간 마치 의원내각제 국가처럼 대통령을 배출한 집권당(여당)이 행정부뿐 아니라 입법부인 국회를 동시에 지배해 온 역사 때문이다.

물론 지배의 순서는 다르다. 의원내각제에서는 의회 선거에서 승리한 당이 총리와 장관을 배출하며 행정부를 지배한다. 한국에서는 반대로 대통령 선거의 승리자가 집정부를 차지한 이후, 대통령의 당이 의회를 장악하는 방식이었다. 이승만 대통령 때도, 박정희 대통령 때도, 전두환 대통령 때도 그랬다. 정보기관이 개입한 관권官權 선거와 여당에 유리한 선거제도 덕분이었다. 공정한 선거가 실시된 민주화 이후에도

---

* 대한민국 헌법 제4장 제목은 '정부' 그리고 이하 1절 '대통령', 2절 '행정부'로 되어 있다.

마찬가지였다. 노태우 대통령 때 일시적으로 최초의 여소야대가 연출되었으나, 3당 합당을 통해 여당 지배의 국회를 다시 만들어냈다. 김영삼 대통령은 무소속과 당선자 영입을 통해, 김대중 대통령은 DJP연합과 야당 의원 영입을 통해 여대야소를 만들었다.* 국회는 늘 행정부의 부속물처럼 따라왔다. 따라서 대통령이 수장인 행정부가 곧 정부라고 여겨졌다. 마치 유럽의 의원내각제 국가처럼. 그래서 노무현 대통령 이후 여소야대 분점정부 상황이 자주 발생함에도 관행대로 윤석열 행정부가 아닌 윤석열 정부라고 부른다.

    분점정부란 용어가 존재하는 이유는 '정부'라 칭할 때 행정부만을 뜻하는 게 아니기 때문이다. 의회도 정부의 한 축이다. 나아가 정부를 광의로 정의하자면, 행정부와 입법부에 더해 사법부, 지방정부 등 헌법기관들, 그리고 경찰·군·국세

---

*   우리나라에서 여소야대, 즉 분점정부가 출현한 것은 민주화 이후의 일이다. 1987년 민주화 항쟁 이후 지금의 민주헌법이 만들어졌고, 이에 따라 1987년 말 대통령 선거와 1988년 13대 총선이 치러졌다. 야 3당(김대중의 평화민주당, 김영삼의 통일민주당, 김종필의 신민주공화당)이 노태우 대통령의 민주정의당보다 많은 의석을 차지했다. 대통령제 국가에서는 빈번하게 나타나는 여소야대 분점정부가 나타난 것이다. 그러나 1988년의 분점정부 상황은 얼마 안 되어 해소되었다. 1990년 민주정의당, 통일민주당, 신민주공화당의 3당 합당을 통해 인위적으로 국회에서 여대야소를 다시 만들어냈기 때문이다. 이후에도 대통령이 총선에서 질 때마다 야당 의원 영입 등을 통해 분점정부 출현을 회피해왔다. 김대중 대통령 재임기인 2001년 9월 DJP연합이 해체된 이후, 여소야대 분점정부 출현은 빈번해졌다. 양재진, 〈대통령제, 이원적 정통성, 그리고 행정부의 입법부 통제와 지배: 한국 행정국가화 현상에 대한 함의를 중심으로〉, 《한국행정연구》, 11(1), 2002.

청 등 집행을 담당하는 공공기관까지 정부라 부를 수 있다. 앞서 언급한 대로 구속력 있는 의사결정 권한이 있고 이 결정대로 집행할 수 있는 권한을 가진 기관들의 모임이 정부이기 때문이다.

이렇게 광의로 정부를 정의하면, 정부가 국가의 통치기구와 동일시되기도 한다. 그러나 우리가 '정부'라는 용어를 사용할 때는 절대왕정 시대의 국가를 뜻하지 않는다. '왕건 정부'나 '세종대왕 정부'는 아무래도 이상하다. 정부란 자유주의 시민혁명 이후 탄생한 국가의 통치기구를 의미한다. 자유주의 정치사상가 로크John Locke가 1689년에 출판한 기념비적인 저서 《통치론 Two Treaties of Government》에서 기술한 '정부'의 탄생을 쫓아가보자.

로크는 자유롭고 독립적이며 평등한 개인이 자신의 생명과 자유, 재산을 지키고 증진하는 과정에서 다른 이와 갈등이 생기는 것은 필연이라고 봤다. 홉스Thomas Hobbes가 염려하는 "만인에 대한 만인의 투쟁" 같은 전쟁 상태까지는 아니더라도, "싸움의 옳고 그름을 판정할 권위자가 없으므로 아무리 사소한 의견상의 차이라도 마침내 파멸의 상태에까지 몰고 가기 쉽다"고 우려했다. 이 파멸의 상태에서는 개인이 그렇게 지키고 싶어하는 생명, 자유, 재산을 지키기 어렵다. 따라서 파국에서 벗어나는 길은 "인간이 이 세상에 태어날 때부터 갖게 되는 자연적인 자유를 포기하고 시민적 사회의 구속을 받게"

시민들 스스로의 동의하에 정부를 만드는 것이다. 이 정부는 '입법'과 '집행 및 외교'를 담당하는 기관으로 나뉘고, 이 중 입법권이 "최고의 권력"이다. 그러나 아무리 최고의 권력이라도 "국민의 생명과 재산을 제멋대로 다룰 수 있는 권력은 절대로 아니며 (…) 자연법 natural law 에 적합해야 한다"고 봤다. 만약 정부가 자연법을 어겨 시민의 생명·자유·재산을 침해한다면 시민들이 저항하고 정부를 교체해야 하며, 그러한 권리를 시민은 자연법에 따라 갖고 있다고 봤다.[6]

　　로크의 논리에 의하면 국가는 물리력을 독점하고 있지만, 현대 민주사회에서의 국가는 '제한된 정부 limited government'이다. 시민사회 위에 군림하는 무소불위의 정부가 아니다. 로크가 말한 대로 자연법에 위배되지 않는 선에서 정부는 구속력 있는 결정을 만들고 이를 집행해야 한다. 자연법을 현대적인 표현으로 바꾸면 곧 헌법이라 할 수 있다. 즉 헌법 정신을 침해하지 않는 선에서 입법을 해야 하며, 행정 행위도 헌법이 허용하는 선 안에서 이루어져야 한다(9장 〈헌정주의, 자유민주주의의 핵심 요소〉에서 자세히 다룬다). 그렇지 못한 정부는 주기적인 선거를 통해 언제든지 주권자인 시민들에 의해 교체될 수 있어야 한다. 적어도 민주사회에서는 그러하다.

민주주의, 대의민주주의, 자유민주주의?

민주주의民主主義, democracy는 민民이 주인主人이 되는 사상과 제도를 뜻한다. 앞으로 2장 〈민주공화국의 뿌리와 원리〉에서 더 깊게 논하겠지만, 2,500년 전 그리스의 아테네에서 시작되었다. 문자 그대로 민중demos, people이 지배하는kratos, cracy 것이 민주주의. 왕이나 귀족의 통치 대상이었던 일반 백성, 즉 평민이 구속력 있는 의사결정을 내리는 권리를 갖게 되었을 때, 민주주의는 성립한다. 백성이 참정권을 갖게 되면 시민이라고 부른다. 시민이 직접 정책 결정 과정에 참여하면 직접민주주의, 대리자를 뽑아 대행하게 하면 간접민주주의 혹은 대의代議민주주의가 된다.

공산주의 국가도 스스로를 인민민주주의 국가라고 부

르고, 우리도 유신 시대에 한국형 민주주의를 제창했듯이, 민주주의는 역사적으로 매우 다양한 형태를 띤다. 하지만 오늘날 우리가 일상에서 민주주의를 언급한다면, 보통 그것은 자유민주주의를 뜻한다. 그리고 대의민주주의 형태를 띤다. 한마디로 우리가 현실에서 접하고 꿈꾸는 민주주의는 대의제에 자유민주주의 원리가 담겨 있다고 할 수 있다. 하나씩 살펴보자.

대의민주주의

대의민주주의에서는 시민들이 대표자를 뽑고, 대표자들이 구속력을 갖는 의사결정을 내린다. 이렇게 보면 북한도 중국도 대의민주주의를 하는 것으로 볼 수 있다. 과거 소비에트연방(소련)도 마찬가지다. 북한을 예로 들어보자. 북한 헌법에 따르면, 우리의 국회에 해당하는 최고인민회의는 인민들의 대표로 구성되며 최상위 의사결정권을 갖는다. 최고인민회의는 입법권은 물론 국무위원장과 국무위원회 위원, 내각 총리 등을 선출하는 권한을 갖는다. 김정은도 최고인민회의에서 국무위원장으로 선출되었다. 공산국가들이 스스로를 민주주의 국가라 부르는 이유다. 인민의 대표들이 최고의 구속력 있는 결정을 내리고 통치자들도 뽑기 때문이다. 일견 우리와 다를 게 없어 보인다.

그러나 자유주의 국가의 대의민주주의와 공산주의 국가의 대의민주주의는 완전히 다르다. 그 다름은 정치적 '경쟁'의 허용 여부에서 나온다. 자유민주주의 국가는 정치 활동과 정당 설립의 자유를 보장한다. 여러 정당이 생기고, 복수정당제하에서 정치집단 간 경쟁이 이루어진다. 시민이 선거에 참여해 정치적 경쟁의 승자와 패자를 만들어낸다. 반면 전체주의 국가에서는 정치적 경쟁을 허용하지 않는다. 선출은 있되 선거는 없다. 권위주의 국가에서는 선거는 있되 제한된 경쟁만 허용된다. 집권 세력의 재집권에 영향을 주지 않을 만큼의 경쟁만 허용된다. 경쟁 없이 대표가 선출될 때, 이 대표들을 인민이 통제할 수 있을까?

자유경쟁 시장이 아니라 독점 시장에서는 소비자가 왕일 수 없다. 파는 대로, 주는 대로, 가격을 부르는 대로 구매할 뿐이다. 마찬가지다. 경쟁이 치열한 자유 시장에서처럼, 경쟁이 있는 정치 시장 political marketplace 에서는 시민이 주인이 될 수 있다. 시민들의 선택에 따라 승자와 패자가 결정되기에, 정치가들은 패자가 되지 않기 위해 노력한다. 집권당도 시민의 선택을 받지 못하면 물러나야 한다. 정권 교체가 가능할 때, 시민권이 살아 숨 쉰다. 경쟁이 없는 독점 시장에서는 불가능한 일이다. 인민민주주의 국가에서 국민은 위에서 내려준 대표를 추대하고, 대표는 집권자가 하명하는 법안을 통과시키는 박수 부대밖에는 안 된다.

슘페터 Joseph Schumpeter는 민주주의의 핵심은 "국민이 정부를 만들어내는 데 있고 (…) 정치가들이 정치적 의사결정 권한을 획득하기 위해 시민들의 표를 얻고자 경쟁하는 투쟁"에 있다고 명쾌하게 정리한 바 있다.[7] 경쟁이 빠진 대의민주주의는 민주주의가 아니다.

자유민주주의

그렇다면 경쟁적 정치 시장에서 대의민주주의가 작동한다고 곧바로 우리가 꿈꾸는 민주적 이상 사회에 이를까? 그렇지는 않다. 토크빌 Alexis de Tocqueville은 《미국의 민주주의 Democracy in America》에서 민주정에 대한 찬사와 함께 민주주의의 원리에 내재한 다수의 압제 tyranny of the majority에 대해 우려를 표했다.

> 민주 정부의 핵심은 다수의 절대 주권이며, 민주국가에서는 그 누구도 이를 거부할 수 없기 때문에 다수는 필연적으로 소수를 억압할 권력을 갖게 된다. 절대 권력을 가진 개인이 그것을 오용하듯 다수의 경우도 마찬가지이다. (…) 우리는 민주국가에서 완전히 새로운 종류의 억압이 나타날 것임을 예상할 수 있다.[8]
>
> (…) 어느 개인이나 당파가 부당한 처우를 당한다면 누구에게 호소할 수 있을까? 여론에 호소하자면 여론도

> 다수에 의해 주도된다. 입법부도 다수를 대표하며 맹목적으로 다수에 복종하기 때문에 입법부에 호소해도 소용없다. 행정권에 호소하자니 행정권도 다수에 의해 임명된다. 공권력은 다수가 무장한 것에 지나지 않으며 (…) 당신에게 가해지는 조처들이 아무리 부당하고 불합리한 것이라고 해도 당신은 그것에 복종해야 한다.[9]

민주주의는 집단으로서의 민중 혹은 평민의 지배이고, 이는 다수의 지배를 뜻한다. 민중이 직접 지배하든, 대표를 뽑아 민중의 대표가 통치하든 다수가 결정한다. 그런데 민주주의에 내재한 폭력적 상황, 즉 다수에 의해 구조적 소수와 개인의 인권과 자유가 언제든지 침해받을 수 있는 상황은 제거되어야 한다. 따라서 앞에서 언급했듯, 로크의 '제한된 정부'를 만들어야 한다. 권력은 나누고(권력분립), 사람이 아닌 법의 지배, 개인의 인권과 자유 및 재산권 보호를 보장하는, 구체적으로 말하면 내면세계의 양심·사상·종교의 자유, 집회·결사·언론의 자유, 직업 선택과 경제활동의 자유, 자의적 체포와 구속으로부터 자유 등 신체의 자유를 보장하는 민주주의여야 한다. 이를 우리는 자유민주주의라고 부른다. 밀 John Stuart Mill의 표현을 빌리면 "다른 사람에게 해"를 끼치는 경우가 아닌 한 "문명사회에서 구성원의 자유를 침해하는 그 어떤 권력의 행사도 정당화될 수 없는" 민주주의가 자유민주주의다.[10]

한마디로, 절대다수의 결정이라도 개인의 인권과 자유를 구속할 수 없을 때, 재산권을 제약은 해도 박탈할 수 없을 때 자유민주주의가 성립한다. 반대로 다수의 이름으로 혹은 다수를 위해 개인과 소수의 자유를 구속할 때, 전체주의의 위험이 커진다. 인민민주주의라는 이름의 공산주의 그리고 파시즘과 나치즘이 최악의 역사적 사례다.

개인의 인권과 자유가 민주주의하에서 보장받게 된 것은 그리 오래지 않았다. 17세기 계몽주의 시대부터 자유민주주의의 싹이 텄지만, 계몽주의에 영향을 받은 시민혁명이 모두 자유민주주의로 귀결되지는 않았다. 1649년 영국에서 크롬웰Oliver Cromwell이 이끄는 의회파가 왕당파를 격파하고, 국왕 찰스 1세Charles I를 사형대에서 처단하고 공화정을 열었다. 그러나 크롬웰은 청교도 율법을 강요하는 독재자였고 자유민주주의와는 거리가 멀었다. 1789년 프랑스혁명이 왕과 귀족의 지배를 일소하고 일반 시민의 지배를 만들어냈다. 하지만 단두대에서 사라진 2만여 명의 목숨이 말해주듯, 그것은 자유민주주의 체제는 아니었다.

헌팅턴Samuel Huntington에 의하면, 19세기에 들어 일반 성인 남성들에게 투표권이 주어지고, 헌법적 지배가 자리 잡아가면서 자유민주주의라 불릴 수 있는 나라들이 생겨났다. 1926년까지 유럽과 신대륙의 영국, 프랑스, 미국 등 29개국만이 자유민주주의 국가로 분류되었다(민주화 제1물결). 이후 이탈리아 파시즘, 독일 나치즘, 일본 군국주의 등으로 그 숫자는 오히려 줄어들어 1942년에는 12개국으로 축소되었다. 2차 세계대전에서 연합국이 승리한 이후에 공산화된 지역을 제외하고 자유민주주의가 다시 확산되었다. 서독, 이탈리아, 일본이 다시 자유민주주의 정체를 세우고, 아시아의 인도와 필리핀, 남미의 코스타리카, 브라질, 아르헨티나 등이 민주 진영에 합류했다. 자유민주주의 국가는 36개국으로 늘어났다(민주화 제2물결). 그렇다고 한들 세계 190여 개 국가 중 20%도 안 되는 수치였다. 게다가 1962년 페루를 시작으로 1964년 브라질, 1966년 아르헨티나에 이르기까지 남미 대부분의 나라에 군부 쿠데타로 군사정부가 들어섰다. 1967년에는 고전적 민주주의의 탄생지인 그리스에서조차 군사정부가 들어서며 민주화 제2물결은 역류를 맞는다.

지금처럼 자유민주주의가 대세가 된 것은 헌팅턴이 "제3의 민주화 물결"이라고 부른 1974~1990년 시기를 지나면서다.[11] 1974년 포르투갈과 그리스에서 독재정권이 무너지며 민주화의 길이 열렸다. 1980년대 칠레, 아르헨티나 등 남미권 그리고 한국, 대만, 필리핀 등 동아시아에서 민주화가 이루어졌다. 급기야 1989년 폴란드, 헝가리, 동독을 비롯한 동구권에서 공산정권이 무너지면서 속속 자유민주주의 국가들이 탄생했다. 후쿠야마 Francis Fukuyama는 파시즘과 공산주의의 강력한 도전을 모두 물리치고 마침내 자유민주주의가 역사 발전의 정점에 섰다며 "역사의 종말 the end of history"을 선언하기도 했다.[12] 국제적 인권 단체 '프리덤 하우스'는 1996년에 전 세계 191개국 중 117개국이 민주주의 국가라고 발표하기에 이른다. 최근 미국과 우리나라를 비롯해 지구촌 곳곳에서 민주주의의 후퇴가 목도되고 있지만, 1942년 12개국으로 소수였던 자유민주주의 국가가 이제 지구상에서 절대 표준으로 자리 잡은 것만은 확실해 보인다.[13]

1장을 마치며

세계적인 경제 전문지 〈이코노미스트〉는 매년 국가별 민주주의 지수를 발표한다. 자유롭고 공정한 선거, 인권과 시민권적 자유의 보장, 삼권분립과 사법부의 독립, 정부의 효율적 작동을 잣대로 종합 점수를 매겨 순위를 발표한다. 2023년 발표에 따르면, 대한민국은 22위다. 24개의 "완전한 민주주의full democracies 국가"에 포함되었다. 프랑스(23위)나 미국(29위)보다도 높다. 1787년 미국이 세계 최초로 만든 민주공화국 헌법과 1789년 프랑스혁명으로 현대 민주주의가 첫발을 내디뎠던 것에 비하면 한국의 민주주의는 뒤늦게 출발했다. 우리는 고조선부터 1910년 대한제국이 문을 닫을 때까지 왕의 지배를 받았다. 서구에서 일반적이던 입헌군주제의 역사 또한 없다. 왕정이 무너졌다지만 1945년 해방될 때까지는 일본 군국주의의 지배를 받았다. 1948년 대한민국이 성립한 이후에야 자유민주주의를 도입하고, 가르치고, 만들어갔다. 우여곡절도 있었지만, 한국 민주주의는 쾌속 발전 그 자체였다. 어느새 미국이나 프랑스 같은 원조 자유민주주의 국가와 어깨를 나란히 하고 있다.

같은 자유민주주의 국가라도 정치가 작동하는 방식과 양태가 동일하지는 않다. 정치 문화가 다르고 국민 기질도 달라서겠지만, 정치제도가 다르기 때문이다. 정부 형태가 다 다르다. 어디는 대통령제, 어디는 의원내각제, 또 어디는 이원집정부제다. 선거제도도 다 다르다. 우리처럼 소선거구제가 지배적인 국가도 있고, 비례대표제를 채택한 나라가 있는가 하면, 선호투표제나 단기이양식 투표제 등 생소한 선거제도를 가진 나라도 있다. 모두 다 정당 간 경쟁을 전제로 하나, 어디는 우리처럼 양당제 국가이고, 어디는 큰 규모의 여러 정당이 의회에서 활동하는 다당제 국가다. 이뿐인가? 우리같이 의회가 하나만 있는 나라도 있지만, 하원과 상원으로 나뉜 나라도 많다. 한국처럼 중앙집권적인 단방제 국가도 있고, 미국처럼 연방제 국가도 있다. 위헌법률심판을 헌법재판소에서 하는 나라도 있고, 대법원이 하는 나라도 있다. 또 사법심사를 거의 하지 않는 나라도 있다.

앞서 '시민들에게 구속력을 갖는 의사결정을 내리는 집

단적 행위'를 정치라고 정의하자고 했다. 앞으로 정치제도 하나하나가 정치 행태에 어떤 영향을 주고, 어떠한 집합적 결과를 만들어내는지 알아보려 한다. 이를 머릿속에서 논리적으로 사유하고, 역사와 현실에서 어떻게 발현되고 있는지 비교론적 관점에서 살펴보고자 한다. 이 과정이 끝나면, 한국의 정치, 한국의 정부, 한국의 민주주의가 어떤 상태인지 보다 명확히 드러날 것이다. 뒤늦게 발전하다 어느 순간 멈춰 서고, 어느덧 후퇴까지 하려는 한국 민주주의의 재도약을 위한 제도 개혁 과제 또한 자연스레 도출될 것이다.

2장

민주공화국의 뿌리와 원리

대한민국 헌법은 전문前文에서 "자유민주적 기본 질서를 더욱 확고히 하여" "우리들과 우리들의 자손의 안전과 자유와 행복을 영원히 확보할 것을 다짐"하고 있다. 그리고 헌법 제1조 1항에 "대한민국은 민주공화국이다"라고 정치체제를 명확히 하고 있다. 현재 우리 헌법이 규정하는 민주공화국은 동양의 것은 아니다. 서구 역사의 산물이다. 고대 아테네와 로마 그리고 미국의 탄생 역사에서 민주주의와 공화정의 원형이 발견된다. 현재 우리가 구가하는 자유민주주의 정치체제의 뿌리와 원리를 찾아가보자.

아테네 민주주의

민주주의는 영어로 democracy이다. 그리스어 demokratia에서 비롯되었다. demos(민중)와 kratos(지배)의 합성어다. 말 그대로 민중의 지배를 뜻한다. 왕이나 귀족이 아닌 평민의 지배로 이해해도 좋겠다. 평민이 평민을 지배하는 것이니, democracy의 본뜻은 누구로부터도 통치를 받지 않는, 평민의 자치 혹은 자율 지배라 할 수 있다.

기원전 6세기경, 고대 아테네에서는 민주주의라고 불리는 정치제도를 만들었고, 이 제도는 180여 년간 존속했다.* 고

---

* 클레이스테네스Cleisthenes(기원전 570~508)의 민주개혁(도편추방제와 500인 평의회 도입, 시민에게 참정권 부여) 때부터 마케도니아에 정복당한 시기(기원전 322)까지를 아테네 민주주의 시기로 보고자 한다.

대 아테네의 민주주의는 철저하게 평민 스스로 지배하는 시스템이었다. 왕도, 귀족의 지배도 거부했지만, **평민 대표자에 의한 지배도 거부**했다. 따라서 공동체의 의사결정을 위한 투표라는 것은 있었지만, 대표자를 뽑기 위한 선거는 없었다. 당시 참주tyrannos라 불리던, 왕이 될 만한 힘 있는 지도자의 출현도 도편추방제를 통해 막아냈다. 6,000명 이상의 시민이 일종의 투표용지인 도자기 조각(도편)에 잠재적인 권력자의 이름을 적어 내면, 그 사람은 10일 이내에 아테네를 떠나야 했고, 이후 10년간 돌아오지 못했다.* 현실 정치에서 도편추방제는 정적 제거용으로 오용되기도 했으나, 지배자를 따로 만들지 않으려 한 아테네 민주주의의 단면을 잘 보여준다.

아테네 정치 공동체는 철저하게 일인 지배도, 귀족 집단의 지배도, 평민 대표의 지배도 일어나지 못하게 한 것이다. 그렇다면 구속력을 갖는 정치적 결정은 누가 어떻게 내렸는가? 평민 스스로 정부를 구성하고, 스스로 의사결정을 내리고 집행했다. 지금의 용어로 말하면 입법부, 사법부, 행정부가 존재했다. 그러나 정부의 구성 방식은 지금과 달리 선출이나 임명이 아닌, '추첨'이었다. 그리고 정부의 임무를 돌아가며 맡아 보는 윤번제가 기본이었다.[1]

최고 권력기관은 입법부라 할 수 있는 민회ekklesia였다. 그

---

* 10년 내 돌아오면 사형, 10년 후 돌아오면 재산권과 시민권은 회복되었다. "Ostracism" https://en.wikipedia.org/wiki/Ostracism

러나 민회는 지금의 의회처럼 시민의 대표자로 구성되지 않았다. 노예가 아닌 자유민으로서 아테네의 20세 이상 성인 남성은 민회에 참석해 발언하고 투표할 수 있었다(아테네에서 태어나 18세부터 2년간 군사훈련을 필해야 시민으로 인정되었다). 민회는 4만 명 정도의 남성 시민 중 6,000명이 참석하면 정족수를 충족한 것으로 보아 개회했다. 1년에 약 40차례 열렸다. 여기서 조세, 도편추방, 외교, 동맹 및 선전포고 등 주요한 정책 결정을 내렸다. 만장일치가 원칙이었으나 일반적으로 거수 투표를 통해 다수결로 결론을 내렸다.

    6,000여 명이 모여 그날 안건을 정하고, 투표에 부칠 법안을 만들고, 질서 있게 토론하며, 투표를 진행할 수는 없는 법이다. 그냥 군중이 모여서는 일이 되지 않는다. 따라서 500인 평의회 boule를 구성하여 민회에 부칠 안건을 결정하고 법안을 마련하게 했다. 500인 평의회는 10개의 행정구역별로 50명씩, 30세 이상 남성 시민 중 추첨으로 선발된 인원으로 구성되었다. 평생 두 번만 위원으로 참여할 수 있었고, 임기는 1년이었다. 가난한 시민도 위원으로 일할 수 있게 회의 참여 수당이 지급되었다. 플라톤 Platon에 의하면, 철학자 소크라테스 Socrates도 500인 평의회 의원으로 추첨되어 1년간 활동한 적이 있다고 한다.[2]

    이 500인 평의회도 일을 하기에는 사실 규모가 너무 크다. 따라서 민회를 10개의 회기會期로 나누었고, 500인 평의회도 10개의 소위원회(50인 위원회)로 나누어 각각 회기 하나씩을 맡아 일을 처리하게 했다. 아리스토텔레스Aristoteles에 따르면, 어떤 소위원회가 어떤 회기를 맡을지도 추첨으로 결정했다고 한다. 그런데 미리 정하지 않고, 한 회기가 끝나는 날 추첨을 통해 다음 회기를 맡을 소위원회를 정했다. 아무도 어떤 소위원회가 어떤 회기를 맡게 될지 예측할 수 없게 해서, 혹시 모를 부정의 발생을 막은 것이다.

다음 회기를 맡게 될 소위원회가 결정되면, 위원 중에서 위원장을 추첨으로 뽑았다. 위원장의 임기는 단 하루였다. 그리고 이 또한 평생 단 한 번만 맡을 수 있었다. 따라서 평의회 위원으로 추첨되면, 웬만하면 누구나 위원장을 한 번씩 경험했다. 특정 회기를 맡은 위원장과 소위원회 위원들은 매일 아치형 지붕이 있는 원형 건물인 톨로스Tholos에서 식사를 함께 하며, 500인 평의회 회의와 민회 안건 등을 논의했다(법안이나 명령은 보통 500인 평의회를 통과한 후, 민회에 회부되었다). 하루살이 위원장은 국새와 국고 및 국가 문서보관소의 열쇠를 맡았다. 그리고 위원장과 소위원회 위원의 3분의 1은 돌아가면서 톨로스에 24시간 상주해야 했다. 이들은 아테네 정부를 대표하여 해외 사절도 접견하고 국가 비상사태에도 대비했다.[3] 지금의 대통령과 행정부 역할을 맡았다고 볼 수 있겠다.

사법 시스템의 중심은 시민법정dikasteria에 있었다. 시민법정은 살인과 방화를 제외한 모든 형사와 민사 재판을 담당했다. 사안의 중요도에 따라 시민 재판관의 수는 201인에서 2,501인에 이르기도 했다. 이 중 501인 법정이 일반적이었다. 먼저 매년 30세 이상의 남성 시민들 중, 10개의 행정구역별로 600명씩 총 6,000명을 추첨해 배심원단 heliastai 을 구성했다. 임기는 1년이었다. 이 배심원단에서 추첨으로 그날그날 필요한 수의 시민을 재판관으로 뽑아 법정을 구성했다. 당일 필요한 재판관은 배심원단 중 그날 아침 재판정 앞에 모인 희망자에 한해 추첨으로 결정했다. 재판에 참여한 사람은 수당을 받았다. 재판 진행을 관장하는 1년 임기의 정무관이 있었으나, 판사는 아니었고 아무런 발언권도 투표권도 없었다. 검사도 변호사도 없었다. 시민 스스로 원고가 돼서 소송을 걸고, 피고가 되면 스스로 변론해야 했다. 고발과 변론에 각각 동일한 시간이 주어졌다. 재판관 사이 토론은 없었으며, 죄의 유무와 형벌은 재판관들이 투표해 다수결로 당일 결정했다.

이렇듯 아테네의 입법·사법·행정은 추첨과 윤번제에 의해 그 누구도, 그 어떤 집단도 권력을 잡지 못하게 만들고, 평민들이 스스로를 다스리는 민주정을 만들어냈다. 물론 예외가 있었다. 살인과 방화 사건을 담당하는 아레오파고스 Areopagus 회의는 심사를 통과한 전직 아르콘 archon(과거의 족장, 민주정 시기에는 추첨으로 뽑혔고 의례와 축제 등을 담당했다)에 의해 구성되었고, 임기는 종신이었다. 또 군을 이끌고 외교관으로 활동하는 10명의 장군과 재무관은 민회에서 1년 임기로 선출되었다. 장군은 연임도 가능했다. 이 때문에 장군이 권력자로 부상할 수 있었다. 하지만 아테네에는 도편추방제가 있었고, 시민이 곧 유사시 군인이 되는 민병대 체제였다. 장군 휘하의 병력은 따로 없었다. 시민 스스로 사비를 들여 무장하고 전쟁이 나면 참전하여 장군의 지휘를 받을 뿐이었다. 소크라테스는 평생 세 번 전쟁에 참여했는데, 마흔이 넘은 나이에 펠로폰네소스 전쟁에 참여해 스파르타와 싸운 일화도 있다. 도시의 치안과 질서유지도 평민들이 돌아가며 담당했다. 우리식으로 말하면 관노官奴라 할 수 있는 300명의 노예가 경찰 역을 맡았고, 11명의 시민이 위원회를 구성하여 이를 지휘했다.[4]

아테네는 인류 역사에서 처음으로 그리고 매우 일찌감치 '시민'이란 개념하에 '민주주의'를 체계적으로 만들어냈다. 역사적으로 크나큰 의의를 지닌다. 그러나 단점도 무척 큰 정치체제였다. 무엇보다 선동과 다수의 폭정이 가능한 체제였다. 민회에서, 500인 평의회에서, 법정에서 남들의 마음을 사로잡는 말솜씨와 격정을 울리는 웅변술로 무장한 사람들이 정치 지도자가 되었다. 군중심리에 따라 다수결로 결정되는 경우도 잦았다. 그러다보니 일인 독재 못지않은 다수의 폭정도 벌어졌다. 기원전 399년, 선동이 판치는 민주정에 비판적이던 소크라테스로부터 꾸짖음을 들었던 이들이 '나라가 믿는 신을 믿지 않고, 젊은이들을 타락시켰다'는 죄목으로 소크라테스를 기소했다. 501인 법정에서 민중은 소크라테스를 360 대 140으로 사형에 처했다. 인민재판에 다름 아닌 다수의 폭정이었다.

다수결이었지만, 대다수 일반 시민의 의사가 반영되었는지도 회의적이다. 민회는 4만여 명의 남성 시민 중 6,000명의 참석으로 개회했다. 현대적 의미의 투표율 개념으로 보자면, 20%에도 못 미치는 참여율이다. 게다가 의결 정족수 6,000명을 채우기 힘들어 어떻게든 시민들을 설득하고 동원해야 했다고 한다. 사실 시민 대다수가 늘 정치에 참여하는 것을 기대할 수는 없다.* 그리스의 희극 시인 아리스토파네스 Aristophanes는 정치에 열성인 참여자들을 "화가 가득하고 괴팍한 고집불통의 늙은 남자들"이라고 묘사했다.[5] 우리식으로 하면 '개딸(개혁의 딸)'이나 '태극기부대'의 참여도가 높았던 것이다. 또 아무리 작은 도시국가라지만 교통이 발달하지 않은 시대였다. 성 밖 아테네 시민들은 민회와 시민법정이 열리는 아고라 agora까지 멀게는 60킬로미터를 걸어야 했다. 아테네의 성인 남성에게 정치 참여 기회가 균등하게 보장된 것은 맞다. 하지만 실제 민회에 열심히 참여하고 매일 법정에 새벽같이 나가 재판관으로 뽑히는 시민은 소수였다. 이들은 아고라 가까이에 사는, 정치적으로 열성적인 그러나 편향된 사람

---

* 아테네의 황금기를 이끌었던 페리클레스 Pericles는 정치 무관심층을 idiotes라 불렀다고 한다. '바보'를 뜻하는 영어 idiot의 어원이다.

들이기도 했다.

아테네 행정의 아마추어리즘도 구조적 문제였다. 장군이나 재무관처럼 전문성을 요하는 자리는 추첨이 아닌 선출로 임명하기는 했다. 하지만 전업 정치가도 전업 공무원도 없었다. 추첨되든 선출되든 일반 시민들이 맡아서 일했다. 법적 안정성도 없었다. 다수결로 그때그때 정하면 그게 법이었다. 물론 관례와 관습이 있었고, 기존 법을 개정하기 위해서는 찬반 양측의 주장을 듣는 과정도 마련되어 있었다. 그러나 결국은 비전문가들이 수천 명 모여 앉아 손들어 결정하면 법이 되기도, 바뀌기도 했다.

아리스토텔레스는 《정치학 Politika》에서 왕정이 타락하면 참주정*이 되고, 귀족정이 타락하면 과두정**이 되며, 폴리테이아 politeia(이상적인 그리스 도시국가)가 타락하면 민주정이 된다고 했다.[6] 그는 아테네를 민주정으로 보았다. 참주정, 과두정만큼이나 문제가 많은 정치체제로 본 것이다. 그러나 아테네는 머나먼 2,500여 년 전에 세습적 권리를 타파하고 일반 평민에게 시민권을 부여했다. 추첨을 통해 파당을 방지하고자 했으며, 일반 평민에게 정치 참여의 기회를 균등하게 배분

*   참주는 대개 귀족 출신으로, 평민들의 불만을 이용하여 지지를 얻어 비합법적 수단으로 정권을 장악했다.
**   과두寡頭, 즉 적은 수의 우두머리가 지배하는 체제로, 경제력이 우월한 소수 가문의 후계자들이 권력을 계승하는 형식으로 유지되었다. 그러나 이 가문들의 권력은 공개적인 것이 아닐 수 있었다.

했다. 인류 최초로 귀족이 아닌 평민에게 참정권을 부여한 빛나는 순간이었다.

로마 공화정

첫머리에 언급했듯이, 대한민국 헌법 제1조 1항은 "대한민국은 민주공화국이다"이다. 민주공화국이란 무엇인가? 민주주의가 민중 혹은 평민의 지배를 뜻하는 것으로 아테네에서 시작되었다면, 공화국共和國, republic이란 무슨 의미이고 어디서 시작되었을까?

공화국은 보통 세습군주가 다스리지 않는 나라를 뜻한다. 프랑스의 예를 들어보자. 1789년 프랑스대혁명으로 루이 16세Louis XVI가 폐위당하고 1792년 9월 21일 공화국이 선포되었다. 이를 프랑스 제1공화국이라 한다. 그러나 전쟁 영웅 나폴레옹Napoléon Bonaparte이 황제로 등극한 1804년에 1공화국은 문을 닫는다. 나폴레옹은 1815년 워털루 전투에서 패하고 몰락한다. 바로 뒤를 이어 왕좌를 되찾은 부르봉 왕가도 1848년 2월혁명으로 물러났다. 이에 프랑스는 왕정에서 다시 공화정으로 바뀐다. 이것이 제2공화국이다. 2공화국의 초대 대통령으로 나폴레옹의 조카 루이 나폴레옹 보나파르트Louis Napoléon Bonaparte가 선출되었다. 1851년 그는 친위 쿠데타를 일으키고 1852년 황제(나폴레옹 3세)로 즉위했다. 제정帝政이 다시 시작되었고, 2공화국은 무너졌다. 1870년 나폴레옹 3세는 프로이센과 싸운 보불전쟁에서 패했고, 포로로 잡히기까지 했다. 이에 제정에 반대하는 공화주의자들이 파리에 다시 공화국을 세웠다. 이것이 1940년 2차 세계대전에서 독일에 패할 때까지 존속했던 프랑스 3공화국이다.

 이렇듯 왕이나 황제가 없는 정체를 공화국이라 부른다. 그래서 공산국가인 중국도 '중화인민공화국'이고, 북한도 '조선민주주의인민공화국'이라고 스스로 부른다. 그런데 대한민국 헌법 1조 1항의 '공화국'과 중화인민공화국의 '공화국'이 같을 리 없다. 그렇다면 공산국가가 아닌 자유민주국가에서 공화국이라고 하는 것은 어떠한 정부를 의미하는가? 이는 민주정과는 어떻게 다른가?

 공화주의 정부를 뜻하는 공화정은 고대 로마에서 기원했다. 로마 공화정은 로마 왕국이 무너진 기원전 509년에 시작되었다. 그리고 카이사르Julius Caesar의 조카이자 양아들 옥타비아누스Gaius Julius Caesar Octavianus가 사실상 초대 황제로 등극한 서기 27년까지 존속한 것으로 본다. 로마 공화정의 특징은 혼합정이라는 데 있다. 왕정·귀족정·민주정의 특징이 혼재되며, 서로를 견제하는 체제였다. 현대적 의미에서 보면, 만인의 정치 참여를 보장하되 권력분립과 상호 견제를 통해 어느 한 계급이나 집단이 상대를 압도할 수 없게 만든 시스템이었다(물론 여기서도 만인은 성인 남성을 의미한다). 기원전 146년에 폴리비오스Polybios가 쓴 역사서 《역사 Historiai》 등에 당시 로마 공화정에 대한 기록이 담겨 있다. 기록에 의하면, 시기별로 변화가 있으나, 로마 공화정은 집정관·원로원·민회의 3대 요소로 구성되었다.[7]

집정관consul은 선출직으로 최고 지위의 정무관이다. 현시대의 대통령에 해당하는 왕정적 요소였다. 민회에서 1년 임기로 선출되는 집정관은 군 통수권자이며 전쟁이 나면 총사령관으로서 전권을 행사했다. 민회를 소집하고, 민회에 법안을 내놓으며, 민회에서 통과시킨 법령의 집행을 주관했다. 현시대의 장관 격인 법무관, 감찰관, 재무관 등 정무관에 대한 임명권은 없었으나(정무관들은 민회에서 선출했다) 이들을 통솔했다. 전쟁이나 중요한 국가 행사에는 원로원에 의해 6개월 임기의 독재관dictator으로 임명되기도 했다. 독재관은 문제 해결 시까지 전권을 행사했다. 이러한 막강한 권한을 갖는 집정관은 서로 견제하도록 두 명을 선출했으며, 이 중 한 명은 평민 출신이었다. 이들은 한 달씩 교대로 업무를 보았다. 전쟁

시 한 명이 총사령관으로 전쟁터에 나가면, 나머지 한 명이 한 달이 넘더라도 계속 집정관으로서 역할을 수행했다. 각자 거부권을 갖고 있었기에, 양자의 합의 혹은 묵인하에 집정관의 권한이 행사되었다.

원로원senatus은 귀족정의 요소였다. 원로원은 현대 국가의 상원에 비견되나 그보다는 영향력이 더 막강했다. 국가 재정권을 원로원이 갖고 있었기 때문이다. 내란, 반역, 암살 같은 국가 안위와 관련한 주요 사건도 심판했다. 또 국가정책에 대한 원로원 결의는 법적으로 '자문'에 불과하지만, 실질적으로 정무관들을 움직였다. 원로원은 전직 집정관을 포함해 정무관들로 구성되었기에 집단적 권위가 높았기 때문이다. 마찬가지 이유로 로마와 동맹 도시나 국가들 사이의 중재나 조정, 특사 파견과 영접 등 외교도 주도했다. 원로원은 종신직이었으나 급여가 지급되지 않았기에, 정무관을 지냈어도 유력한 가문이나 부자가 아니면 원로원 의원을 희망하지 못했다. 인적 구성 측면에서도 귀족정의 요소로 여겨지는 이유다.

민회comitia는 현대판 하원에 해당하는 조직으로 민주정의 요소였다. 그리스와 마찬가지로 시민권은 성인 남성에게 부여되었다. 시민의 대표로 구성된 민회는 정무관을 선출하며, 법률을 승인하고, 조약을 비준하며, 선전포고를 했다. 시민은 평민뿐만 아니라 귀족도 포함하는 개념이나, 민회는 숫자가 많은 평민이 주도했다. 민회는 크게 두 가지였다. 군인으로서 참여하는 켄투리아 민회comitia centuriata에서는 집정관과 법무관, 감찰관을 선출했다. 선전포고 권한도 켄투리아 민회에 있었다. 이 민회의 의장은 전시에 총사령관이 되는 집정관이었다. 시민들이 35개 부족(인종적 개념은 아니고 현대의 선거구와 유사)의 대표로 참여하는 트리부스 민회comitia populi tributa도 있었다. 여기에서는 재무관과 안찰관(도시행정과 치안 담당) 등이 선출되었다. 의장은 집정관이나 법무관이 맡았다.

트리부스 민회에서 귀족은 제외하고 평민들만 참석하는 평민회concilium plebis가 따로 만들어지기도 했다. 이 평민회에서 호민관tribunus plebis을 선출했다. 호민관은 평민회를 소집하고 주재하는 권한을 갖고, 원로원 및 정무관의 결의에 거부권을 행사할 수 있었다. 평민회는 민회와 원로원에 안건 제출 권한도 보유했다. 또 호민관은 신성불가침의 특권를 누렸다. 그 누구도 호민관에게 폭력을 가하거나 그의 업무 수행을 방해해서는 안 되었다. 위반자는 사형에 처했다.

이와 같이 로마 공화정은 집정관, 원로원, 민회의 정치적 권한을 나누고 제한하며 서로 견제하게 만든 특징을 보인다. 집정관은 선출된 왕과도 같았다. 하지만 한 명이 아닌 두 명이었고 이 중 한 명은 평민 출신이어야 했다. 서로 견제를 유도하고 합의를 강제하는 시스템이었다. 임기도 1년에 불과했다(연임과 중임도 가능했으나 예외적). 국가 위기 시 두 명의 집정관 중 한 명은 원로원의 지명에 따라 비상대권을 거머쥔 독재관으로 임명되었지만, 임기는 6개월뿐이었다. 집정관이 총사령관으로서 전쟁터에서 전권을 행사하는 경우에도, 국가재정권을 가진 원로원이 군비와 보급을 지원하지 않으면 총사령관은 작전을 수행할 수 없었다. 승리한 장군에게 개선식을 시켜줄지 말지, 그 규모를 얼마로 할지도 재정권을 쥔 원로원이 결정했다.

원로원이 막강해 보이지만, 원로원의 신임 위원 임명권은 민회에서 선출된 감찰관에게 있었다. 감찰관은 현직 원로원 위원에 대한 감찰을 통해 이들을 퇴임시킬 수도 있었다. 한편 민회는 집정관과 감찰관을 포함해 모든 정무관을 선출했고, 평민회에서 선출된 호민관은 원로원과 정무관들의 행위와 결정에 거부권을 행사할 수 있었다.

민중의 참여가 직접적이지 않고 간접적이었던 점도 아테네 민주주의와 로마 공화정을 가르는 주요 특징이다. 미국 헌법의 아버지 제임스 매디슨 James Madison도 "민주정에서는 인민들이 모여 정부를 직접 움직이는데, 공화정에서는 인민들이 자신들의 대표와 대리인을 통해 회합하고 정부를 운영한다"고 그 특징을 간파한 바 있다.[8] 민회와 평민회에서 정무관과 호민관을 선출했지만, 그렇다고 이들이 모두 평민 출신은 아니었다. 귀족 출신이 많았다. 재무관(기원전 69년), 안찰관(기원전 65년), 법무관(기원전 63년), 집정관(기원전 59년)에 연이어 선출되었던 카이사르도 명망 높은 귀족 출신이었고,

호민관으로 급진적인 토지개혁을 시도했다 암살당한 그라쿠스 형제(티베리우스 그라쿠스Tiberius Gracchus와 가이우스 그라쿠스 GaiusGracchus)도 귀족 출신이었다. 이들은 귀족이지만 민중파라고 불렸다.

로마 공화정은 세습 왕이나 귀족이 지배하는 정부도, 아테네처럼 민중이 헤게모니를 잡아 다수의 폭정마저 가능한 정부도 아니었다. 귀족과 평민이 원로원과 민회(평민회)를 터전 삼아 상호 균형을 이루었다. 마키아벨리Niccolò Machiavelli가 《로마사 논고Dicorsi sopra la prima deca di Tito Livio》에서 로마 공화정이 "완벽한 국가"라고 결론 내렸던 이유는 왕정, 귀족정, 민주정의 요소가 균형감 있게 혼합된 정부였기 때문이다.[9]

그러나 상호 균형은 상호 대립 그리고 어떠한 정치적 결정도 내리지 못하는 교착상태를 의미하기도 했다. 그렇기에 로마의 대외적 팽창이 어느 정도 마무리된 이후, 토지개혁 등 내부적인 사회문제 해결이 필요했는데, 이것이 어려웠다. 후술하는 대로 카이사르가 권력을 잡고 나서야 토지개혁, 곡물의 국가수매제, 태양력인 율리우스력의 시행(과거에는 1년 10개월 355일의 태음력 사용) 등 개혁이 이루어졌다. 그러나 카이사르의 권력 강화는 공화정의 쇠락을 의미했다.

갈리아 원정을 마친 카이사르는 기원전 49년 원로원의 결의를 무시하고 무장한 채 루비콘강을 건너 로마로 진군했다. 카이사르는 갈리아 원정 7년 동안 동고동락한 로마군의 충성을 바탕으로, 원로원 편에 섰던 폼페이우스 Gnaeus Pompeius Magnus와의 내전에서 승리했다. 카이사르는 기원전 48년에 종신 호민관으로 선출되어 신성불가침의 특권을 획득하고, 평민회의 의장으로 동료 호민관들을 휘하에 두었다. 또한 집정관에 연속 선출되어(기원전 49, 46, 45년) 켄투리아 민회의 의장으로 군인과 시민들의 지지를 확고히 했다. 기원전 46년에는 감찰관에 상응하는 도덕관에 선임되었다. 도덕관으로서 카이사르는 자신에게 부여된 감찰 권한을 활용해 600석의 원로원을 900석으로 늘리면서 자기 지지자를 대거 원로원에 입성시켰다. 원로원을 확실하게 장악한 것이다. 마침내 기원전 44년 2월 15일 카이사르는 원로원과 민회에서 종신 독재관으로 선출되고 성대한 취임식을 열었다.[10] 로마 공화정이 사실상 붕괴한 것이다. 한 달 후, 공화정의 부활을 꿈꾸던 브루투스 Marcus Junius Brutus, 롱기누스 Gaius Cassius Longinus 등 원로원의 공화주의자들에 의해 카이사르는 암살되고 만다. 카이사르의 후계자인 옥타비아누스가 곧이어 일어난 내전을 평정하고 사실상 로마 초대 황제가 되었다. 로마 제정이 시작되었고, 로마 공화정은 역사의 뒤안길로 사라졌다.

미국 공화정, 현대 자유민주주의 정체의 탄생

아테네의 민주정과 로마 공화정이 무너진 후, 동서양의 역사는 베네치아 같은 유럽의 일부 도시국가를 제외하면 1,700년 넘게 세습군주가 통치하는 황제정이나 왕정이 지배한다. 17세기에 들어서야 계몽주의와 자유주의적 시민혁명의 영향으로 시민사회의 대표인 의회가 힘을 얻어가며 입헌군주제가 영국에서부터 모습을 드러내기 시작했다. 한편 고대 민주주의와 공화정이 민주공화국이란 이름으로 백지에서 새롭게 탄생한 것은 18세기 왕정의 역사가 없는 북아메리카 신대륙에서였다.

1776년 독립혁명 당시 영국 식민지였던 북아메리카의 정착민은 250만 명에 불과했다. 독자적인 군대도 없었다. 그러나 아테네나 로마 공화정의 시민병처럼 스스로 무장한 민병대로 당시 세계 최강국 영국을 물리쳤다. 1783년 파리 조약으로 독립전쟁이 종결되고, 북아메리카 13개 식민지는 독립과 주권을 인정받았다. 영국으로부터 독립한 13개 주는 각기 독자적인 주권을 갖는 국가로서, 뉴욕을 수도로 한 느슨한 국가연합confederation 체제를 출범시켰다. 이 연합국에는 통일된 행정부도 사법부도 없었고, 오직 각 주州정부의 대표로 구성된 연합의회Congress of the Confederation만이 존재했다. 이 신생 독립국의 의회에는 조세권이 없었다. 돈이 없으니 독립전쟁을 치르느라 생긴 채무를 갚을 수도 없었고, 군대도 고작 625명의 군인만 유지할 수 있었다. 1786년 매사추세츠주에서 빈농들의 무장봉기인 셰이즈의 반란Shays' rebellion이 일어나도, 이 신생 독립국은 아무 일도 할 수 없었다. 법안 통과도 13개 주 중 9개 주의 동의를 필요로 했다. 의회는 조금이라도 이견이 있는 사안은 결정을 내리지 못했다. 개점휴업 상태나 다름이 없었다.

  버지니아주 대표로 연합의회 의원이었던 제임스 매디슨(미국 4대 대통령)과 많은 의원들 그리고 조지 워싱턴George Washington, 존 애덤스John Adams, 토마스 제퍼슨Thomas Jefferson, 알렉산더 해밀턴Alexander Hamilton 등 독립전쟁 당시 지도자들은 국가연합 체제를 넘어서 보다 강력한 연방정부가 필요하다는 데 공감했다. 1787년 연합의회는 연합규약The Articles of Confederation and Perpetual Union을 개정하기 위해 필라델피아에 주 대표자들을 소집했다. 대표자 회의에서 매디슨 등이 연합규약 개정이 아닌 새로운 헌법의 제정이 필요함을 역설했고, 대표자 회의는 곧 제헌회의가 되었다. 이들은 만장일치로 조지 워싱턴을 제헌회의 의장으로 선출했고, 매디슨이 작성한 헌법 초안을 기초로 타협을 더해 인류 역사상 최초의 성문헌법인 미합중국 헌법을 탄생시켰다. 이들이 백지에 그린 민주공화정은 어떤 철학과 원리에 근거하고 있었을까?

첫째, 일반 대중의 참정권을 폭넓게 인정하고, 주가 아닌 시민이 직접 연방정부 의회 구성에 참여하게 했다. 선거권의 경우, 미국 헌법에 직접적인 관련 규정은 없다. 단지 1조 2항에 미합중국의 시민을 대표하는 최고 권력기관인 연방 하원 House of Representatives 선거에 참여할 수 있는 자격을, 각 주의회 선거에 참여할 수 있는 자격과 동일하게 하도록 규정할 뿐이다.* 당시 미국의 대부분의 주에서는 영국의 선거권 규정을 준용하고 있었다. 따라서 토지를 소유하거나, (상공인의 경우) 세금 납부 이력이 있는 남성과 그의 성인 아들에게 선거권이

---

* 미국 헌법 1조 2항의 선거권과 관련된 내용은 다음과 같다. The House of Representatives shall be composed of Members chosen every second Year by the People of the several States, and the Electors in each State shall have the Qualifications requisite for Electors of the most numerous Branch of the State Legislature.

부여되었다. 그런데 미국에서는 광활한 개척지의 토지가 무상으로 혹은 무상에 가까운 저렴한 가격에 불하되었다. 토지 소유자의 비중이 영국이나 유럽과 비교해서 압도적으로 높을 수밖에 없었다. 따라서 미국 헌법이 수립된 1787년에 이미 성인 백인 남성의 87.5%가 선거권을 갖고 있었던 것으로 추정된다.[11] 근대 민주주의의 선두주자였던 영국에서도 1700년대 성인 남성의 17~20%에만 선거권이 주어진 터였다. 미국은 단박에 대중민주주의의 선두주자가 된 것이다.

이뿐만이 아니었다. 빈번한 선거를 통해 시민의 대표 기관인 "하원이 인민에 직접적으로 의존하고 또한 인민과 친밀히 공명"하도록 만들었다.[12] 다른 민주국가들이 보통 4년이나 5년마다 총선을 치르는 것과 달리, 미국에서는 2년마다 하원 의원 선거를 치르도록 헌법 조문으로 명문화한 것이다. 대중민주주의가 활짝 꽃피울 수 있는 터전이 마련됐다. 그리고 이 하원에 정부 예산 편성, 선전포고, 육군과 해군의 창설과 유지, 민병대의 편성 및 무장, 화폐 주조, 각종 세금의 신설과 부과 징수, 하다못해 우편 업무 관련 권한까지 부여했다. 미국이 대통령제라지만, 의원내각제 국가의 의회보다 막강한 하원을 만들어놓은 것이다.

둘째, 미 헌법의 아버지들은 대중민주주의가 다수의 독재로 귀결될 것을 우려해 다양한 견제 장치를 마련했다. 당시 유럽과 신대륙의 계몽주의자들은 일반 대중을 덕성을 갖춘 시민으로 보지 않았다. 고대 아테네에서 보듯, 민중은 이기적이고 선동에 넘어가며 다수의 이름으로 폭정을 저지를 수 있다고 경계했다. 미 헌법의 초안을 작성한 매디슨도 같은 고민을 했다.

> 만일 인간이 천사라면, 어떤 정부도 필요하지 않을 것이다. 만일 천사가 인간을 통치한다면, 정부에 대한 그 어떤 외부적 또는 내부적 통제도 필요하지 않을 것이다. 인간에 대해 인간에 의해 운영될 정부를 구성하는 데서 최대의 난점은 여기에 있다.[13]

해법은 일방적으로 다수의 독재가 가능하지 않게, 정부를 나누고 서로 다른 선출 방식을 적용하며 상호 견제하게 하는 것이었다. 따라서 헌법 1조 1항에 "모든 입법 권한은 미합중국 의회에 속한다"라고 규정함과 동시에, 이를 상원과 하원으로 쪼개어 나누었다. 모든 법안은 상하 양원을 모두 통과해야 한다. 하원은 인민대중의 대표 기관으로 대중민주주의의 장으로 만들었으나, 상원Senate은 이름 그대로 로마의 원로원senatus처럼 만들었다. 각 주의 인구에 비례해 의원 수가 배정되는 하원과 달리, 상원은 각 주에 2인씩 동등하게 배정했다. 상원의 임기는 하원과 달리 2년이 아닌 6년으로 길게 했다. 그리고 2년마다 3분의 1씩만 교체하게 했다.* 이른바 바람에 의해 하원의 다수 세력이 단숨에 교체되더라도, 상원은 이것이 원천적으로 불가능하게 만든 것이다. 상원이 하원을 견제할 수 있도록 변화보다 연속성과 안전성에 무게를 두었다고 볼 수 있다.

이에 더해 입법권을 하원과 상원에 동등하게 부여했지만, 대통령에게 거부권(재의再議요구권)을 주어 최종적으로 의회를 견제하게 했다. 그리고 거부권을 행사할 수 있는 대통령은 시민들의 직접선거로 선출하지 않고, 선거인단을 통해 뽑게 했다. 작은 주와 노예주가 대통령 직선제를 반대했기 때문이기도 하지만, 하원과 달리 대통령 선출에 대중의 의사가 직접적으로 반영되지 않게 하기 위함이었다.**

또 연방대법관과 연방판사의 임기를 종신으로 하고 급여도 감액될 수 없게 헌법에 못을 박았다. 종신직이니 한 번 임명되면 대중이나 정치가에 의한 해임은 원천적으로 불가하다. 급여가 깎일 염려도 없으니 아무런 눈치 보지 않고 엄정한 판결을 내릴 수 있다. 나아가 연방대법원은 연방의회와 주의회에서 제정한 법률이 헌법에 부합하지 않는다고 판단

---

*   애초의 헌법 규정은 상원 의원 2인을 각 주의 의회에서 선출하는 간접선거였으나, 1912년 수정헌법 17조에 의해 각 주 주민에 의한 직접선거로 바뀌었다.

**   건국 초기에도 선거인단은 주민 투표로 선출되었지만, 지금과 달리 주민 다수 의사에 구속되지 않고, 각자 독립적으로 판단해 투표권을 행사했다. 미국 대통령 선거에 대해서는 5장 〈선거제도가 바뀌면 정치가 바뀔까〉에서 자세히 다룬다.

되는 경우, 그 효력을 상실케 하는 위헌법률심판권을 갖고 있다.* 강력한 의회 견제 장치다.

　의회 권력만 견제받게 한 것은 아니었다. 사법부의 독립을 규정했지만, 연방대법원장과 대법관을 사법부에서 자체적으로 선출하지 못하게 했다. 대통령이 지명하고 상원의 동의하에 임명하게 했다. 대통령의 경우도, 조약 체결이나 연방공무원 임명 시 상원의 권고와 동의를 얻게 했다. 대통령이 의회에 행사한 법률안 거부권은 상원과 하원에서 3분의 2가 재가결하면 무력화되게 만들었다. 로마 공화정의 기본 원리인 권한 나누기와 상호 견제에 입각해 미합중국의 권력 구조를 설계한 것이다.

　나아가 자유민주주의의 근간이 되는 개인의 자유와 권리를 보장하기 위해, 1789년에 10개 조문을 헌법에 부가했다. 수정헌법 제1조부터 10조까지가 여기에 해당하며, 권리장전 Bill of Right이라고도 부른다. 이 권리장전은 독립전쟁 중인 1776년에 발표된 독립선언서에서 천명했던 천부인권, 즉 창조주가 부여한 불가침의 권리를 구체적으로 열거했다. 한마디로 민주주의하에서 아무리 다수가 원해도 침해할 수 없는 기본권을 헌법에 명문화한 것이다. 신앙의 자유, 언론·출판·집회의 자유, 사생활의 보호와 영장 없이 수색·체포 당하지 않을

---

*　헌법에 명문 규정이 있는 것은 아니다. 9장 〈헌정주의, 자유민주주의 핵심 요소〉에서 자세히 다룬다.

권리, 변호인 선임과 공개 재판을 받을 권리, 일사부재리의 원칙과 묵비권, 재산권 보호 등이 그것이다.

요컨대 미 헌법의 아버지들은 민주공화정의 원리에 충실하게 동시대 그 어떤 나라보다도 많은 일반 대중에게 참정권을 부여하고 이를 권력의 원천으로 삼았다. 그러나 다수의 폭정 가능성을 염려하여 직접민주주의가 아닌 대의제를 원칙으로 했다. 이에 더해 정부를 입법부, 행정부, 사법부로 나누고 입법부도 하원과 상원으로 쪼개 상호 견제하게 했다. 그리고 개인의 자유와 기본권을 불가침의 권리로 헌법에 명문화하고, 선출되지 않은(즉 대중으로부터 격리된) 연방대법원이 이를 수호하게 만들었다. 18세기 미국의 헌법과 공화정 체제는 이후 신생 자유민주주의 국가의 모델이 되었다.

2장을 마치며

대한민국 헌법 1조 1항에 규정된 민주공화국이 무엇을 의미하는지 알아보기 위해 그 연원을 찾아 아테네 민주주의부터 로마 공화정 그리고 미국의 민주공화정까지 살펴보았다. 대한민국의 민주공화국 규정은 1919년 4월 11일 상해임시정부가 공포한 대한민국 임시헌장에 국호는 '대한민국', 정치체제는 '민주공화제'라고 명시하면서 시작되었다. 독립하면 대한민국이 대한제국을 계승하되, 전제군주에 의한 왕정이 아닌 공화국을 세울 것을 천명한 것이다. 그 공화국은 민주공화제로 권력의 원천은 일반 대중이었다. 민주주의를 실천하되 공화제의 원리를 적용해 삼권분립과 개인의 자유와 기본권 보장을 약속했다. 해방 후 1948년 7월 17일, 대한민국 임시헌장의 뜻을 이어받은 최초의 헌법인 제헌헌법이 제정되었고, 대한민국이 민주공화국으로 정식 출범했다.

계몽주의의 세례를 받은 적도, 입헌군주제의 경험도 없었다. 자유주의적 시민혁명을 거친 것도 아니다. 1948년 하루아침에 아시아의 동쪽 끝 한 귀퉁이에 서구식 자유민주공화국이 세워졌다. 한반도의 북쪽은 물론 이에 접한 유라시아 대륙 전체가 황제정에서 공산주의 인민공화국으로 바뀐 것을 감안하면 기적 같은 일이 아닐 수 없다. 신생 대한민국은 시민사회가 투쟁 속에서 쟁취한 민주공화국이 아니었으므로 헌법과 현실 정치의 괴리가 클 수밖에 없었다. 그러나 시행착오 속에 학습을 거쳐 민주공화정의 내용을 채워가며 오늘날에 이르렀다. 최근 일부 후퇴도 하고 있지만, 민주공화국임에는 변함이 없다.

그런데 자유민주주의에 기반한 공화정이라고 해도 우리가 서구와 동일한 정치제도를 갖고 있는 것은 아니다. 정부형태부터 그러하다. 우리가 건국 이래 채택하고 있는 대통령제는 미국에서 유래했지만, 다른 선진 민주국가들 대부분은 의원내각제를 채택하고 있다. 프랑스처럼 이원집정부제인 나라도 있다. 이들은 어떻게 다르고 장단점은 무엇이며 민주주의에 어떤 함의를 갖고 있을까? 대한민국의 대통령제는 실패할 수밖에 없는 제도인가? 다음 장에서 다룬다.

3장

더 우월한 정부 형태가 있는가

대통령제, 의원내각제, 이원집정부제 같은 정부 형태는 어떻게 구분하는가? 정부 형태는 국가관료제를 지휘·통제하는 집정부를 누가 어떤 방식으로 장악하느냐에 따라 나뉜다. 과거에 민주공화국이 세워지기 이전, 군주제 혹은 왕정에서는 왕들이 집정부를 구성하고, 최고결정권을 휘둘렀다. 17~18세기 들어 영국, 프랑스, 미국 등 각지에서 시민혁명이 일어나고 군주는 점차 실권을 잃었다. 시민들은 국가관료제의 정점에서 군주를 뒤로 물러나게 하고, 그 빈자리에는 자신들이 뽑은 정치 지도자들을 앉혔다.

군주가 시민사회의 대표 격인 의회와 대립하던 영국에서는, 군주를 뒷전으로 몰아내고 그 자리에 의회에서 총리 혹은 수상 prime minister이라 불리는 최고 지도자를 뽑아 보냈다. 국왕이 지명한 대신들이 앉던 자리에는 총리가 장관을 뽑아 앉혔다. 의회의 승리와 함께 의원내각제 혹은 의회제라는 정부 형태가 자리 잡은 것이다.

애초에 군주가 없던 신대륙의 미국에서는 대통령 president이라 불리는 선출직 왕을 만들었다. 대통령이 대신들에 해당하는 장관을 임명했다. 의원내각제와 함께 정부 형태의 양대 산맥인 대통령제가 역사에 등장한 것이다.

군주가 앉던 자리에 반드시 한 명만 앉으라는 법은 없다. 앞서 2장 〈민주공화국의 뿌리와 원리〉에서 보았듯이, 로마 공화정의 최고 지도자인 집정관은 두 명이었다. 국민이 뽑은 대통령과 의회에서 보낸 총리를 최고 지도자의 자리에 함께 앉힐 수도 있다. 1958년 프랑스에서 시작해 현실 사회주의 멸망 후 동구권에 확산된 이원집정부제dual executive system 혹은 준대통령제semi-presidential system가 그것이다.

1장 〈정치, 정부 그리고 민주주의란 무엇인가〉에서 언급했듯이, 기업의 이사회처럼 국가도 정치적 이사회인 집정부가 전권을 쥐고 국가관료제를 운영한다. 말하자면 과거에 CEO는 군주, 이사진은 군주가 임명하는 대신들이었다. 현대에는 총리 혹은 대통령이 CEO를 맡고, 장관들이 이사를 맡아 집정부를 구성한다. 이원二元집정부제에서는 말 그대로 두 명의 원수元首, 즉 대통령과 총리가 자리하고 있다. 과거에 이 집정부의 CEO는 세습으로 결정되는 종신직이었다. 시민혁명 이후 민주국가에서는 어떤 방식이든 선거를 거쳐 CEO인 대통령과 총리를 결정한다. 이 지위를 계속 유지할지 말지도 주기적으로 실시하는 선거 결과에 달렸다.

우리나라의 정부 형태는 대통령제이다. 한국 정치의 문제는 대통령제 때문이라며, 종종 책임총리제라고도 부르는 이원집정부제로 정부 형태를 바꾸자는 주장이 나오고 있다. 의원내각제가 어떻겠냐는 이야기도 나온다. 대통령제, 의원내각제, 이원집정부제 중 보다 우월한 정부 형태가 있을까? 결론 내리기 쉽지 않다. 각각의 정부 형태마다 그 운영 원리에 따른 장단점이 있으니, 이 점부터 살펴보자.

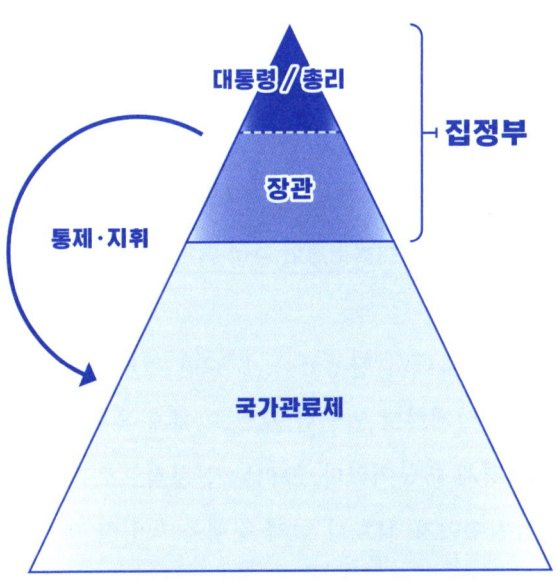

〈그림 3-1〉 집정부와 국가관료제

대통령제 정부

대통령제의 구성 원리

대통령제는 미국에서 탄생했다. 1787년 필라델피아에 모여 미국 헌법을 설계하고 입안한 모든 이에게 유럽식 군주제는 피해야 할 경계 대상이었다. 그러나 현실적으로는 미국을 대표할 국가원수이자 실효성 있게 집행을 책임질 행정 수반이 필요하다는 해밀턴의 주장에 다수가 동조했다. 이에 '대통령'이라 불릴 국가원수이자 행정 수반을 뽑기로 했다. 그리고 대통령은 시민사회의 대표인 의회에서 선출하자는 내용을 논의했다. 하지만 자유의 보존을 위해서는 삼권분립의 원칙에 따라 정부의 책임과 권한을 나눠야 하며, 그러자면 각 부의 구성원이 다른 부의 구성원 임명에 영향을 줘서는 안 된다는 매디슨의 주장에 다수가 뜻을 같이했다.[1] 이에 의회 선거와는 분리하여 대통령 선거를 따로 치러 대통령을 뽑기로 결론 지었다.

이처럼 대통령제가 후술할 의원내각제와 구분되는 차별점은 첫째, 국회의원 선거와 별도로 대통령이라 부르는 최고 지도자를 국민이 직접선거를 통해 선출한다는 점이다. 의원내각제 국가에도 대통령이 있는 경우가 있다. 독일이 그러하다. 국왕이 없는 국가는 모두 국가원수로서 대통령이 존재한다. 그러나 의원내각제 국가에서는 대통령을 국민이 직접 뽑지 않는다. 의회에서 혹은 의회 의원들이 다수를 차지하는 선거인단을 통해 선출된다.*

둘째, 대통령은 선출된 왕이지만, 국왕과 달리 임기에 제한을 둔다. 미국은 4년, 한국은 5년 등이다. 임기를 제한하지만 동시에 해당 임기는 보장된다. 내각제 정부의 총리에게는 임기 제한이 없지만 동시에 임기 보장도 없는 것과 정반대이다. 대통령을 의회에서 탄핵할 수는 있다. 그러나 반역죄 등 국가에 위해를 가하는 중대한 사유가 아니라면 탄핵당하지 않는다. 미국의 경우, 조지 워싱턴부터 조 바이든까지 지

---

*   대통령제인 미국도 형식적으로는 선거인단이 대통령을 선출한다. 하지만 미국시민들은 선거인단을 뽑는 게 아니다. 한국처럼 자기가 지지하는 대통령 후보에게 투표한다. 각 주의 승리자가 해당 주에 배당된 선거인단을 모두 자신의 지지자로 채워서 워싱턴 D.C.에 보내는 것뿐이다. 형식적으로는 간접선거지만 내용적으로는 직접선거다. 5장 〈선거제도가 바뀌면 정치가 바뀔까〉에서 자세히 설명한다.

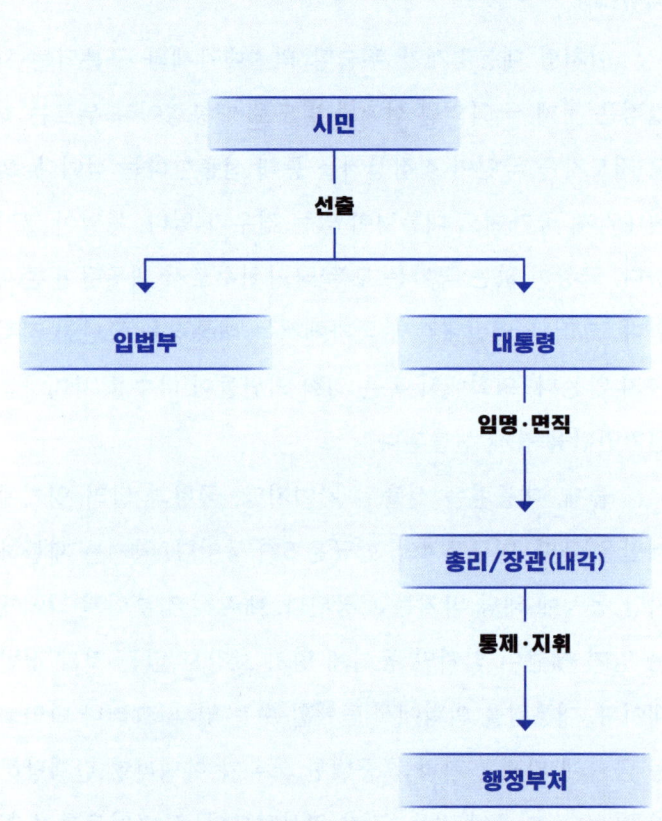

〈그림 3-2〉 대통령제 정부[2]

난 236년 동안 총 46대에 이르는 대통령이 있었지만, 탄핵당해 물러난 대통령은 한 명도 없다. 오히려 재임 중 암살당해 유명을 달리한 대통령이 훨씬 많다. 링컨Abraham Lincoln(1865), 가필드James A. Garfield(1881), 매킨리William McKinley(1901), 케네디John F. Kennedy(1963) 총 4명이나 된다. 한국에서 박근혜와 윤석열 대통령이 탄핵되어 물러났지만, 이는 이례적인 일이다.

셋째, 임기가 보장된 대통령이 의회와 독립적으로 내각을 구성한다. 장관 임명과 면직 권한은 의회가 아닌 대통령에게 있다. 의회는 장관 지명자에 대한 인사청문회를 통해 대통령의 내각 구성권에 제약을 가하기는 한다. 미국은 상원이 대통령이 지명한 장·차관 등 고위 공직자에 대해 인준 권한을 갖고 있다. 하지만 대통령이 지명한 장관 등 각료의 인준을 거부한 사례는 2% 미만이다.* 행정부 각료에 대한 인사권은 행정 수반인 대통령의 고유 권한으로 존중되는 편이다.** 한국의 경우, 장관 지명자는 국회 인사청문회도 거쳐야 하고,

---

* 미국은 6단계의 인사청문 절차를 밟는다. 6단계는 백악관의 후보자 물색 및 자체 검증 → 복수 후보자 중 최종 후보자 낙점 → 연방수사국FBI과 국세청IRS의 탐문조사 → 관계 기관의 신원조사 → 백악관의 최종 점검과 대통령의 지명 → 상원 인사청문회 진행이다. 대통령은 주요 후보자를 놓고 해당 상임위원회 위원장, 의회의 지도자, 각 정당 지도자 등과 미리 협의한다. 이는 인준 과정에서 여론의 공격을 받거나 대통령에게 부담을 줄 수 있는 인사들에 대한 상원의 반대를 사전에 피하기 위한 것이다. 극복할 수 없는 반대가 예상되면 지명을 철회하기도 한다. 각료에 대한 상원의 인준 거부율이 낮은 이유이기도 하다. 채진원, "미, 200년간 12번 인준 거부…한, 진영논리에 22년째 헛돌아", 〈한국일보〉, 2022. 5. 6.

장관이 돼서도 국회로부터 해임 건의를 받을 수도 있다. 그러나 대통령이 인사청문회의 결과를 따를 의무는 없다. 해임 건의 또한 어디까지나 건의일 뿐, 이를 대통령이 반드시 수용해야 하는 것도 아니다. 국회에서 대통령, 국무총리나 장관에 대해 탄핵소추를 할 수는 있으나, 최종 심판은 헌법재판소가 맡는다. 의원내각제 국가에서 의회가 행정부 내각 구성권과 불신임권을 동시에 갖고 있는 것과는 대조적이다.

현실에서의 대통령제

행정부와 입법부의 대립과 여소야대 문제

정리하자면 대통령제에서 대통령은 의회 선거와 별개의 선출 절차를 통해 국민으로부터 직접 선택된다. 대통령은 내각을 구성하며, 이 내각의 각료들이 각 부처의 수장으로서 행정부를 이끌어간다. 이 과정은 의회의 견제를 받지만, 기본적으로 독립적으로 이루어진다. 행정부와 입법부의 분립이라는 원칙

** 각료와 달리, 하위직 지명 인사에 대해서 상원이 인준을 미루거나 거부하는 사례는 상당하다. 양당 간 진영 대결이 심화하면서 대통령이 상원에서 안정 의석을 확보하지 못한 경우 특히 그러하다. 이때 미국 대통령은 지명을 아예 포기하기도 하며 대행 체제로 조직을 운영한다. Annie Benn, "Reducing the Number of Senate-Confirmed Appointees", Center for Effective Government, Aug 27 2024. https://effectivegov.uchicago.edu/primers/reducing-the-number-of-senate-confirmed-appointees

에 충실한 것이다.

　행정부와 입법부의 분립 원칙에 충실하다보니, 대통령제에서는 의회와 행정부의 대립이 항상 문제가 된다. 물론 늘 그러한 것은 아니다. 여대야소인 경우에는 대통령의 소속당인 여당이 의회에서 과반 의석을 점한다. 입법부와 행정부가 대립하고 다툴 이유가 없다. 소수 야당이 다투려 들어도 행정부와 대통령에게 타격을 줄 힘이 없다. 그러나 여소야대의 경우는 다르다. 입법부를 장악한 야당이 헌법이 의회에 부여한 권한을 십분 활용해 행정부와 대통령을 견제할 수 있다. 아니 견제 이상으로 괴롭힐 수 있다. 전략적인 접근을 하자면, 대통령이 국민에게 약속한 정책을 성공적으로 수행하게 해서는 안 된다. 성공한 정부를 만들면 안 된다. 실패한 대통령을 만들어야 한다. 그래야 다음 대선에서 야당에게 기회가 온다. 최악의 경우, 행정부나 여당에서 발의한 법은 야당 지배의 국회에서 통과되지 않는다. 반대로 야당은 입법권을 활용해 정책적 입장이 다른 혹은 국정 운영을 책임진 행정부로서는 도저히 받아들이기 힘든 법을 통과시킨다. 대통령은 거부권을 행사한다. 정국은 얼어붙고, 국정은 교착상태에 빠진다.

　앞서 1장 〈정치, 정부 그리고 민주주의란 무엇인가〉에서 언급했지만, 미국에서는 여소야대를 분점정부라 부른다. 정부를 나누어 점하고 있다는 뜻이다. 행정부는 대통령이, 의회는 대통령과 정파를 달리하는 야당이 장악해 연방정부가 둘로 쪼개져 있다는 말이다. 저명한 비교정치학자 후안 린츠 Juan Linz는 분점정부 문제는 대통령제의 '이원적인 민주적 정통성 dual democratic legitimacy'에서 비롯되며, 이는 헌법적 결함이라고 비판한다.[3] 대통령은 민주적 선출 과정을 통해 통치의 정당성을 획득한다. 의회를 지배하게 된 야당 또한 똑같이 민주적인 선거 과정을 통해 다수당으로서 통치의 정당성을 획득한다. 동일한 국민이 서로 정치적 성향을 달리하는 대통령과 야당을 각각 행정부와 입법부의 지배자로 만들어준 것이다. 양 헌법기관이 서로 국민의 신임을 받았다며 통치의 정당성을 주장하고 다툰다. 동일한 국민이 상반되는 선거 결과로 만들어낸 대립과 갈등 구도이다.

이처럼 대통령제하에서 행정부와 입법부의 갈등은 언제나 잠복해 있고, 총선에서 야당이 승리하는 순간 급작스럽게 표출된다. 더 큰 문제는 이러한 갈등을 해결할 수 있는 그 어떤 민주적인 원리가 대통령제에는 없다는 것이다. 후술하겠지만 의원내각제에서는 의회의 다수당 혹은 지배 연합이 행정부의 총리와 내각을 배출한다. 애초에 입법부와 행정부가 같은 편이다. 대립하고 싸울 일이 없다. 그러나 시간이 흘러 총리와 의회가 대립하게 되는 경우, 의회는 총리와 내각을 불신임하여 물러나게 한 후 새로운 총리와 내각을 출범시켜 의회 주도로 갈등을 종결시킬 수 있다. 반대로 총리도 의회를 해산하고 조기 선거를 통해 자신을 따르는 정치 세력이 승리하게 하여, 총리 주도로 갈등을 해결할 수도 있다. 그러나 대통령제에서는 헌법적으로 대통령과 입법부 의원의 임기가 일정한 기간으로 정해져 있다. 여소야대에서 대통령은 숙명처럼 재임 기간 내내 의회와 대립하고 갈등을 반복하게 된다.*

따라서 대통령제 국가에서는 이원적 정통성의 문제를 적절히 해결하는 것이 효율적인 국정 운영뿐만 아니라 민주주의의 성숙을 위해서도 중요한 과제가 된다. 행정부와 의회의 갈등 문제는 대통령의 대중적 지지율이 높고 정치적 리더십이 탁월하다면 대통령 주도로 풀어나갈 가능성이 크다. 하지만 근본적으로는 선거 결과 행정부와 의회가 동일한 정당에 의해 지배될 때 해결된다. 즉 여소야대가 아닌 여대야소가 만들어질 때다. 여기에 더해 대통령이 여당의 지도자로서 위치가 확고하여 의회에서 정당 권력partisan power을 행사할 수 있는 경우, 행정부와 입법부 간 갈등의 소지는 현저히 감소하게 된다.[4]

여소야대 문제의 회피 전략

역대 한국의 대통령들은 분점정부를 피하고 여대야소를 만들어내기 위해 노력했다. 권위주의 시대에는 관권·금권 선거는 기본이었고, 경기 규칙 자체를 집권당에 유리하게 만들어 국

---

* 후안 린츠는 이를 대통령제의 '경직성'이라 부르고, '이원적인 민주적 정통성'과 함께 대통령제의 양대 제도적 결함으로 지적한다.

회를 장악했다. 국회의원 정수의 3분의 1에 해당하는 국회의원(이른바 유정회 의원)을 대통령이 지명한 박정희의 제4공화국은 그 대표적인 예다. 전두환의 제5공화국도 예외는 아니었다. 국회의원 정수의 3분의 1에 해당하는 전국구 의원(현 비례대표 의원) 중 3분의 2는 무조건 집권당의 몫으로 만들었다. 애초부터 여소야대 분점정부의 탄생 가능성을 없앴다.

    1987년 민주화 이후 불공정한 선거제도가 사라지자, 노태우 대통령 시기 13대 국회의원 선거에서 헌정사상 처음으로 '여소야대' 현상이 나타났다. 대통령제에 잠재된 행정부와 의회의 갈등과 교착상태가 현실화되었다. 대법원장 임명동의안은 부결되고, 여당의 반대에도 야 3당이 공동 발의한 국정감사법, 증인법, 의료보험 통합법, 양심수 석방결의안 등이 통과되었다. 야당 지배 국회의 위력이 유감없이 발휘되었다. 그러자 집권 민주정의당(민정당)은 야당이던 통일민주당(총재 김영삼)과 신민주공화당(총재 김종필)과 함께 3당 합당이라는 초유의 정계 개편을 단행했다. 1990년 1월 20일 의석수가 국회 정원의 3분의 2를 넘는 거대 여당인 민주자유당(민자당)이 탄생했다. 1996년 15대 총선에서 다시 여소야대가 되자, 김영삼 대통령은 19명의 무소속 의원과 타당의 '당선자 영입'을 통해 국회 개원 전에 안정 의석(299석 중 158석)을 확보했다. 1998년에 취임한 김대중 대통령의 경우, 집권당인 새정치국민회의는 의석이 77석에 불과했다. 이를 타개하고자 DJP연합을 통해 43석을 가진 김종필의 자유민주연합(자민련)과 공동정부를 구성하고, 39명을 외부에서 영입해 159석이라는 안정 의석을 만들어냈다.

민주화 이후 이른바 3김(김영삼, 김대중, 김종필) 시대에는 합당, 타당 의원 영입, 연립정부 구성 등을 통해 여소야대 분점정부를 벗어난 것이다. 3김 시대의 종언을 알린 2003년 노무현 대통령 취임 이후, 큰 규모의 인위적인 정계 개편은 일어나지 못했다. 과거에 3김과 노태우는 대통령이나 총리가 되고서도 집권당 총재직을 유지했다. 당총재로서 당 인사권, 공천권, 정치자금 배분권을 쥐고 타당 의원 영입, 합당이나 연립정부 구성 같은 큰 결정을 내리고 실행에 옮길 수 있었다. 소위 '보스' 정치 시대의 모습이다.[5]

그러나 3김 시대의 종언 이후, 장기간의 여소야대 분점정부가 자주 출현했다. 그럴 때마다 대통령과 의회는 충돌했다. 세 차례의 대통령 탄핵소추(2004년 노무현, 2016년 박근혜, 2024년 윤석열)가 일어나고 실제로 박근혜 대통령과 윤석열 대통령이 탄핵되어 물러난 시기가 모두 분점정부 때다. 많은 이들이 한국의 대통령을 제왕적 대통령이라고 한다. 하지만 그것은 권위주의 시대나 3김 시대의 대통령에게나 어울리는 호칭이다. 대통령이 제왕적 행태를 보일지는 모른다. 그러나 여소야대가 상수가 되는 시대에 대통령은 결코 제왕이 될 수 없다. 여소야대가 되면, 원하는 입법도 못 하고, 탄핵받아 쫓겨나기까지 하는데 무슨 제왕인가?

그렇다면 대통령제의 원조 미국은 분점정부의 문제를 어떻게 풀어내는가? 미국은 권위주의적 방법이나 한국의 과거 3김 같은 보스 정치를 펼 수 있는 상황이 못 된다. 따라서 여소야대 분점정부를 인위적으로 여대야소로 바꾸지 못한다. 분점정부 시기 대통령과 의회는 여대야소 정부(단점정부) 때보다는 갈등과 대립에 더 친숙하다. 하지만 입법 생산성이라는 측면에서 볼 때 분점정부와 단점정부 사이에 큰 차이는 없다.[6] 물론 일상적인 법안과 달리, 국민적 관심을 끄는 대통령의 핵심 간판 정책들이 분점정부 때는 입법화에 어려움을 겪는다.[7] 그럼에도 미국은 한국이나 남미의 다른 대통령제 국가에 비해서는 성공적으로 분점정부 문제를 우회하며 정치를 펼치고 있다는 평가를 받는다. 어떻게 그럴 수 있나?

미국의 대통령들은 야당의 개별 의원들과 접촉면을 넓히고, 사안별로 지지를 획득하고자 노력한다(이른바 고잉 워싱턴Going Washington 전략). 미국은 당 지도부가 아닌 지역 주민들이 상향식 공천을 한다. 따라서 의원들은 자기 지역구에 이익이 된다고 하면 당 지도부 눈치를 보지 않고 대통령과 사안별로 연대한다. 대통령은 연방정부 예산으로 야당 의원 지역구 개발을 돕거나, 해당 의원이 발의한 법안 통과를 위해 여당 의원들을 설득해주기도 한다.

다른 한편, 대중매체를 적극 활용해 국민 여론을 일으켜 야당을 압박하는 전략을 사용한다(이른바 고잉 퍼블릭Going Public 전략).[8] 2021년 취임한 바이든 대통령은 취임 후 2년간 모두 20회의 기자회견을 했고, 대중매체와의 인터뷰 횟수는 54회에 달한다. 많아 보이나 다른 대통령에 비하면 보통이거나 그 이하다. 첫 번째 임기 때 취임 2년간 트럼프Donald Trump는 202회, 오바마는 275회 인터뷰를 했다. 기자회견 횟수만 해도 클린턴Bill Clinton은 연평균 41.5회, 오바마 23회, 트럼프 19.5회에 이른다.[9] 트루먼Harry S. Truman 대통령은 매주 기자회견을 연 것으로 유명하다. 케네디 대통령도 재임 34개월 동안 평균 한 달에 두 번 기자회견을 했는데, 이를 모두 텔레비전으로 생중계했다.[10] 이 외에 백악관 브리핑이 매일 두 번 열리는데, 대통령이 직접 등장해 현안 이슈를 설명하는 것도 다반사다.

따라서 미국의 정치학자 스콧 메인워링Scott Mainwaring은 후안 린츠의 우려와 달리 대통령제의 실패는 숙명이 아니라고 본다. 정치 문화와 정당정치의 수준, 정치 리더십의 발휘에 따라 대통령제는 다양한 성과를 보인다.[11] 대통령 소속 여당이 의회에서 늘 소수당일 가능성이 큰 다당제 체제에서는 분점정부가 연속적으로 출현해 문제다(비례대표제를 택한 남미의 대다수 대통령제 국가가 그러하다). 하지만 양당제 국가는 다르다. 확률적으로 여대야소 단점정부와 여소야대 분점정부 출현 가능성은 반반이다. 그리고 미국의 예에서 보듯, 분점정부가 돼도 대통령이 리더십을 발휘하면 입법 성과가 크게 훼손되지 않는다.

　후안 린츠가 비판하듯, 대통령제는 총선 외에도 대선을 치르기에 이원적 정통성의 문제를 낳는다. 하지만 총선만 하는 내각제 국가에 비해 시민들에게 정치 참여 기회를 한 번 더 부여하는 것은 민주주의적 관점에서 보면 장점이다. 또 대통령의 임기가 보장되므로 경직성이 발생해 문제라지만, 정부가 자주 바뀌지 않는 것 또한 국정 운영의 안정성 차원에서 장점이다. 그리고 대통령제는 단일 정당 정부이기에 국정 운영에 대한 책임 소재 파악이 용이하다. 대선은 승패가 명확히 갈린다. 국정 운영의 책임을 확실하게 물을 수 있는 것이다. 시민 입장에서 볼 때, 대통령제는 정부 책임성이 매우 높은 정부 형태로, 이는 단점이 아닌 장점이라고 할 수 있다. 대통령제의 문제는 정당 체제, 정치 문화 그리고 정치 리더십이라는 환경적 요인과 함께 살펴봐야 한다. 의원내각제도 이원집정부제도 각각의 장단점을 안고 있다. 단순하게 제도만 놓고 A가 B보다 우월하다고 말하기는 어렵다.

의원내각제 정부

의원내각제의 구성 원리

의원내각제는 1688년에 발발한 명예혁명의 결과 영국에서 탄생했다. 명예혁명은 영국 의회가 반정을 일으켜, 가톨릭 신자로 왕권 강화를 꾀했던 제임스 2세James II를 왕좌에서 쫓아낸 사건이다. 대신에 제임스 2세의 딸로 성공회 신자이자 네덜란드 왕비이던 메리Mary II와 네덜란드 왕으로 독실한 개신교 신자인 윌리엄 3세William III, Prince of Orange를 공동 군주로 옹립했다. 1689년 4월 11일 열린 대관식에서 윌리엄과 메리는 "의회가 동의한 법령 그리고 법과 관습에 따라 영국 국민을 다스릴 것을 엄숙히 약속하고 맹세합니다"라고 서약하여 의회의 주권을 인정했다.[12] 1689년 12월에는 왕권 제한, 개인의 기본권 보장, 의회의 조세 및 입법권이 규정된 권리장전이 하원과 상원을 통과하고 국왕의 재가를 얻어 공표되었다. 이전까지의 절대군주제와 달리, 군주의 권력이 헌법에 의해 제한받는 입헌군주제가 공식적으로 등장한 것이다.

그러나 입헌군주제의 성립이 곧 지금의 의원내각제 정부를 가져온 것은 아니었다. 여전히 국왕이 장관을 임명했고, 내각회의를 주재했다. 지금과 같은 형태의 의원내각제 정부가 출범한 것은 독일 하노버 공국의 게오르크 1세 Georg I가 영국 왕 조지 1세 George I가 된 이후이다. 1714년 앤 Anne 여왕이 자식 없이 사망하자, 영국 하원의 다수당인 휘그당 Whigs은 앤 여왕의 사촌이자 개신교도인 독일 하노버의 선제후 조지 1세에게 왕위를 이어받게 했다. 영어도 모르고, 종종 하노버에 가 있었던 조지 1세는 휘그당의 로버트 월폴 Robert Walpole에게 국정 운영을 맡겼다(조지 1세는 독일에서 사망했고, 무덤도 하노버에 있다). 내각책임제가 시작된 것이다. 월폴은 영국 최초의 총리로 여겨지며, 1742년까지 내각을 이끌었다.[13]

이렇듯 의원내각제는 의회가 왕을 뒷전으로 밀어내고 최고 권력으로 부상한 후, 의회(하원)의 다수당이나 지배 연합이 총리와 장관을 선출하여 행정부(국가관료제)를 직접 지배·운영하는 형태로 진화한 역사적 산물이다. 대통령제의 특징이 입법부와 행정부의 권력분립이라면, 의원내각제는 입법부 우위를 바탕으로 입법부와 행정부가 밀접하게 연결된 **권력융합**을 특징으로 한다. 앞서 지적했듯이, 대통령제가 큰 선

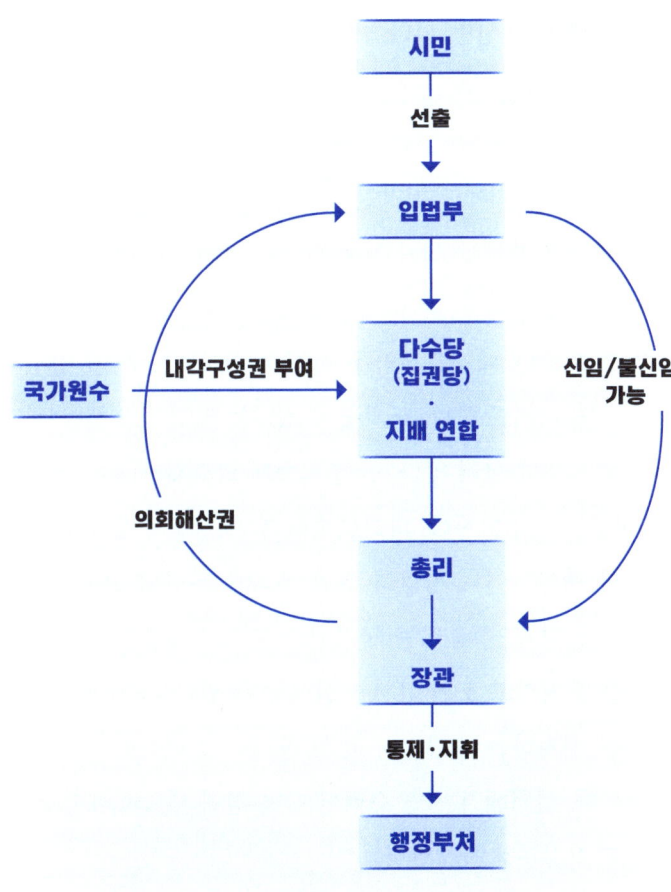

〈그림 3-3〉 의원내각제 정부[14]

거를 두 번 하는 이원적 정통성을 기반으로 한다면, 내각제는 '일원적'이다. 총리를 뽑는 선거 같은 것은 따로 없다. 입법부 의원을 뽑는 총선만 있다. 의원내각제지만 독일처럼 군주제가 폐지된 나라에서는 상징적인 국가원수로서 대통령도 뽑는다. 하지만 실권이 없는 존재이고, 의회나 선거인단을 통해 간접선거로 뽑기에 정치적인 의미는 크지 않다.

총선을 통해 의회의 지배 정당이 정해지면, 의회는 지배 정당 주도로 집정부, 즉 행정 수반인 총리와 내각을 배출한다. 그리고 의회는 내각불신임을 통해 자기가 만들어낸 집정부를 무너뜨리기도 한다. 국가를 다스리는 집정부의 생사는 전적으로 의회에 달려 있다. 단 총리에게 의회해산(요청)권이라는 대항권이 주어진다. 의회로부터 지지를 얻지 못해 내각이 제출한 예산안이나 법안의 의회 통과가 무산되거나 내각이 불신임을 당하면, 총리는 국가원수(왕 혹은 대통령)에게 의회해산을 요청하고 조기 선거를 실시할 수 있다. 조기 선거에서 총리를 지지하는 정당이나 정치 세력이 승리하면 총리직은 유지된다. 선거에서 지면 승리한 다른 정치 세력이 내각을 구성하고 집정부를 차지한다.

그래서 총리의 임기는 유동적이다. 일반적으로 총선에서 승리하고 집권당의 대표 자리를 유지하면서 의회의 지지를 잃지 않는다면 총리직은 계속 유지된다. 영국의 마거릿 대처Magaret Thatcher는 1979년부터 1990년까지 11년, 독일의 앙겔라 메르켈Angela Merkel은 2005년부터 2021년까지 16년, 스웨덴의 타게 엘란데르Tage Erlander는 1946년부터 1969년까지 무려 23년간 총리를 맡았다. 물론 최근 영국의 리즈 트러스Liz Truss처럼 총리의 리더십이 약하고 집권당이 분열되어 있을 때는 재임 기간이 50일에 그치는 단명 총리가 되기도 한다.*

의원내각제 국가에서는 원칙적으로 의회 내 과반 이상 찬성으로 총리와 내각이 성립한다. 영국 같은 양당제 국가에서는 총선에서 승리한 정당이 의회에서 홀로 과반 의석을 차지하는 게 상례다. 따라서 단독으로 과반 정부를 구성한다. 그러나 비례대표제를 채택한 대다수의 다당제 국가는 다르다. 총선에서 제1당을 차지해도 과반을 확보하지 못하는 경우가 다반사다. 이 경우, 제1당 주도로 다른 정당과 연합해 의회 내 안정 의석을 확보한 후 연립정부를 출범시킨다. 보통 비슷한 정치적 지향을 가진 소수 정당(들)과 연합하기에 다수당이 좌파면 좌파 연정, 그 반대면 우파 연정이 등장한다. 예외적으로 독일의 메르켈 총리 때처럼, 중도우파 정당(기독교

---

*   총선 전에 혹은 총선 결과와 상관없이 총리가 바뀔 수도 있다. 대처 총리는 1990년 집권 보수당 대표가 존 메이저John Major로 교체되면서 총리직에서 물러났다. 영국 노동당이 1997년 선거에서 승리해 토니 블레어Tony Blair가 10년 동안 총리를 맡다가, 2007년 고든 브라운Gordon Brown이 총리직을 내부적으로 이어받은 것도 유사한 예다. 엘란데르 스웨덴 총리는 1968년 총선에서 사회민주당 단독 과반을 달성하는 역대 최고 성적의 총선을 이끌었으나, 너무 오래 재임했다면서 후배 정치인 올로프 팔메Olof Palme에게 총리직을 물려주고 물러나기도 했다.

민주연합)과 중도좌파 정당(사회민주당) 간에 이념을 넘나드는 대연정grand coalition이 이루어지기도 한다.*

앞의 세 가지 경우는 모두 의회 내 안정 의석을 확보한 과반 정부에 해당한다. 그러나 의회에서 재적 과반의 찬성이 아니라 재적 과반의 반대만 없으면 정부가 출범하는 국가도 있다(이 경우 기권은 찬성과 동일한 효과). 스웨덴이 그러하다. 또 덴마크처럼 아예 총리(내각) 인준 투표 규정이 없는 나라도 있다. 따라서 소수 정부minority government의 출범도 가능하다.

스웨덴 사회민주노동자당(사민당)은 전후 오랜 기간 단독 소수 정부로 스웨덴을 이끌어왔다. 사민당은 당내 혁명 노선을 견지하던 급진파가 1917년에 분당하여 만든 좌파당과의 연립정부 구성은 시도조차 하지 않는다. 좌파당은 사민당과 노선 갈등을 벌이고 내각에 참여해본 적도 없지만, 사민당 소수 정부의 출범에 반대표를 던지지도 않는다. 기권을 통해 우회적으로 사민당 소수 정부의 출범을 돕는다. 사민당 정부가 출범하지 못하면 우파 연립정부가 들어설 것을 염려한 좌파

---

* 연립정부를 구성하기 전에 연정에 참여할 정당들 간에 정책 협의와 내각 구성 협상을 벌인다. 이때 타협에 이르지 못하거나, 국정에 참여시켜서는 안 된다고 여겨지는 극우 정당이나 극좌 정당을 배제하다보면 의회 내 과반 확보가 불가능한 경우가 발생한다. 이 경우, 이념적 성향은 다르지만 타협이 가능한 상대 진영의 큰 정당과 연립정부를 구성하기도 한다. 전후 독일에서는 기독교민주연합(기민련)과 사회민주당(사민당) 간의 대연정이 2025년 5월에 출범한 메르츠Friedrich Merz 내각까지 총 다섯 차례 성립했다.

당의 전략적 선택이다. 좌파당은 사민당 정부의 신임이 걸린 입법안에 대해서도 찬성표를 던져 사민당 정부의 붕괴를 막아왔다. 유사한 여러 이유로, 여러 정당과 연립내각은 구성했지만 의회 내 안정 의석을 확보하지 못한 소수 연립정부도 가능하며, 꽤 자주 등장한다. 1945년부터 2000년까지 17개 의원내각제 국가의 역대 424개 정부를 분석해본 결과, 소수 정부가 40%를 차지하는 것으로 나타났다(소수 단독정부 22%, 소수 연립정부 18%).[15]

현실에서의 의원내각제

의원내각제의 정부 안정성은 정당 체제에 달려

의원내각제 하면 떠오르는 하나의 이미지는 내각의 잦은 교체로 인한 정부의 불안정성이다. 잘못된 이미지는 아니다. 프랑스가 1958년에 이원집정부제로 헌법을 바꾸기 전인 4공화국의 내각제 시절, 11년 동안 총리는 총 20명, 내각 수명은 평균 5.7개월에 불과했다. 이탈리아도 1948년부터 1993년까지 45년 동안 평균 11.5개월마다 내각이 바뀌었고, 총리는 총 30명이었다. 그러나 다른 의원내각제 국가들이 모두 그런 것은 아니다. 영국은 2차 세계대전 후 2010년까지 65년 동안 총 13명의 총리만 배출했고, 20번의 내각 교체로 정부 수명은 평균 37개월에 달한다. 전후 독일도 1949년부터 2021년까지 72년 동안 총리는 8명에 불과하고, 22개 내각의 평균 수명은 39.3개월이었다. 정부가 안정된 영국이나 독일의 경우, 총리의 재임 기간이 임기가 보장된 대통령제 국가의 대통령보다 훨씬 길기도 하다. 내각제 정부는 불안정하고, 대통령제는 그렇지 않다는 말은 반만 진실이다.

앞서 설명했듯이 내각제에서는 대통령제와 달리 의회의 다수당 혹은 다수연합이 총리와 내각을 배출한다. 소수 정부도 성립하긴 하지만, 기본적으로 과반 의석을 확보하고 정부가 출범한다. 내각제 국가도 총선을 대개 4년이나 5년 주기로 연다. 그렇다면 내각 또한 4년이나 5년마다 새로 구성되어야 하지 않는가? 그런데 왜 프랑스 4공화국과 이탈리아는 총리도 자주 바뀌고, 내각 교체도 빈번했는가? 그것은 의회가 불신임권을 자주 사용했기 때문이다. 또 총리가 대항권을 사용해 의회를 해산하고 조기 총선을 실시했기 때문이기도 하다. 반면 영국과 독일 정부가 안정된 것은 의회가 불신임권을 자주 발동하지 않고, 총리가 의회해산권을 거의 사용하지 않았기 때문이다.

그렇다면 왜 프랑스 4공화국과 이탈리아 의회는 자기가 출범시킨 내각을 자주 불신임하고, 영국과 독일은 그렇지 않았는가? 이는 정당 체제의 차이에서 비롯된다. 5장 〈선거제도가 바뀌면 정치가 바뀔까〉에서 자세히 다루겠지만, 봉쇄조항(최소정당득표율)같이 아주 작은 정당의 의회 진입을 막는 장치를 두지 않고 정당 득표율 그대로 의석을 나누는 순수 비례대표제를 채택한 프랑스 4공화국과 이탈리아는 의회 내 정당이 난립했다. 단독 집권이 불가능하다(선거제도에 따른 정당 체제 문제는 4장 〈정당, 정치 시장의 기업〉에서 자세히 다룬다). 의회 과반을 확보하기 위해서 여러 정당이 모여 연립정부를 구성한다. 그런데 이 중 한 정당이 변심해 야당 편에 서면 내각불신임이 가능해진다. 불신임을 통해 정부를 무너뜨리면, 야당과 변심한 정당에게는 새로운 집권 기회가 열린다. 마다할 이유가 없다.

보통 정부 구성에 참여하는 정당 수가 많으면 많을수록 정책 협의도 힘들고, 장관 자리 배분도 어려워진다. 따라서 연립내각에 참여하는 정당 수를 의회 내 과반을 살짝 넘기는 선에서 정하는 최소승리연합minimal winning coalition이 상례이다.* 이 경우, 작은 파트너 정당 하나만 변심해도 의회 과반이 무너진다. 정부가 무너진다. 작은 정당 입장에서는 정권 교체에 핵심 역할을 했기에 큰 지분을 갖고 새 정부에 참여할 수 있게 되니 변심은 이익인 셈이다. 역으로, 총리를 배출한 다수

---

* 예컨대 100석 의회에서 정부 출범과 입법에 필요한 의석수는 51석 이상이다. A당 30석, B당 20석, C당 15석, D당 10석, E당 10석, F당 7석, G당 3석, H당 3석, I당 2석일 때, 다수당으로 정부 구성 주도권을 가진 A당이 같은 진영 내 C당 및 F당과 연립내각을 구성하면 52석이므로 과반 의석이 확보된다. 그런데 A + C + D + E + F = 71석으로 정부를 출범시킨다면? 불필요하게 많은 연합이다. 그래서 A + C + F = 52석처럼 이길 수 있는 가장 작은 조합을 '최소승리연합'이라고 한다.

당은 선제적 방어 차원에서, 불신임을 당하기 전에 다른 야당을 끌어들여 연정 파트너를 교체하려는 유인을 갖는다. 잦은 내각 개편의 또 다른 이유다. 이래저래 정국이 불안하다.

반면 영국은 과거 프랑스 4공화국과 이탈리아의 비례대표제와 달리 소선거구제를 채택하고 있다. 소선거구제에서는 1등만 당선되므로, 유권자들은 당선 가능성이 높은 큰 정당 후보에게 투표하는 경향이 있다. 그래서 영국은 미국이나 우리나라처럼 양당제 국가다. 다수의 정당이 경쟁하긴 하지만, 보통 보수당이나 노동당이 단독으로 의회 내 과반을 차지한다. 그리고 단독 과반 정부가 출범한다. 총리도 배출하고 장관도 다 맡은 집권당이 지배하는 의회에서 자기 당 대표인 총리와 내각을 불신임할 이유가 있을까? 없다. 누구 좋으라고 자기 자식 같은 내각을 불신임할까? 야당은 정부를 무너뜨리고 싶을지 모르지만, 의회 과반을 확보하지 못하고 있기에 그럴 힘이 없다. 영국 의회에도 내각불신임권이 있지만 잘 발동되지 않는 이유다. 영국 정부의 안정성이 상대적으로 높은 이유는 양당제 때문이라고 할 수 있다.

독일도 비례대표제 국가이다. 그런데 다당제 문제가 이탈리아처럼 심하지 않다. 나치 정권이 자라났던 바이마르공화국에 대한 반성 때문이다. 1918년 독일의 황제정이 무너지고 들어선 바이마르공화국(1918~1933)은 15년 동안 15명의 총리에 21개 내각이 들어설 정도로 정국이 불안정했다. 당시 가장 민주적인 공화국을 만들었지만, 너무나 민주적이어서 문제였다. 장벽이 없는 순수 비례대표제를 도입한 결과 정당이 난립했다. 의회 안정 의석을 확보하지 못한 채 소수 연립정부가 출범하는 일이 잦았다. 공산당과 나치당은 내각불신임을 주도했고, 이들 정당의 준군사 조직이 거리에서 내전을 방불케 하는 폭력 사태를 일으켜도 질서를 회복하지 못하는 약체 정부였다.

이후 2차 세계대전의 잿더미에서 독일을 재건해야 했던 아데나워Konrad Adenauer 등 국가 지도자들은 정부의 안정성과 통치력 확보를 민주성만큼이나 중요하게 여겼다. 따라서 비례대표제를 유지했지만, 의회 의석 배분에 참여할 수 있는 문턱인 최소정당득표율(봉쇄조항)을 5%로 높게 설정했다(한국은 3%). 적어도 유권자의 5% 지지를 받는 정당만 의회에 진입할 수 있게 만든 것이다. 또한 헌법재판소에 위헌정당심판권을 부여했다. 헌법재판소는 1952년 자유민주주의 체제를 위협하는 나치당의 후신인 사회주의제국당을, 1956년에는 공산당을 해산시켜버렸다. 그 결과 1989년 통일 전까지는 원내에 진출하는 정당이 3~4개에 불과한 온건다당제moderate multi-party system가 됐다(전후 독일의 정당 체제 변화에 대해서는 4장 〈정당, 정치시장의 기업〉에서 자세히 다룬다). 그리고 그중 보통 2개 정당이 연립정부를 구성했다.

게다가 건설적 불신임제konstruktives Misstrauensvotum, constructive

vote of no confidence를 헌법에 규정했다. 후임 총리와 차기 내각을 구성할 과반 연립정부를 미리 확보하지 않고서는 의회가 내각불신임을 하지 못하게 한 것이다. 정부를 무너뜨리는 데는 쉽게 동의한다. 그러나 어느 당과 어느 당이 연립하고 누가 총리를 맡을 것이냐에 대해서는 사전에 합의가 쉽지 않다. 건설적 불신임제 덕분에 전후 독일에서 불신임 투표에 들어간 사례는 세 차례에 불과했다(한 번은 부결, 두 번은 가결). 나아가 불신임안이 통과되어야만 총리가 의회 해산을 대통령에 요청할 수 있게 하여, 총리 맘대로 의회를 해산하는 것도 어렵게 만들었다. 이러한 이유로 독일에서는 내각의 수명이 총선 주기와 사실상 동일하게 나타나고 있다. 이뿐인가? 선거에서 승리하면 총리의 수명은 계속 늘어난다. 영국과 마찬가지로 독일도 의원내각제 국가로서 대통령제 같은 분점정부 문제가 원천적으로 없으면서, 실질적으로 행정 수반의 임기가 더 긴 높은 정부 안정성을 자랑한다.

영국의 웨스트민스터형 내각제, 독일의 협의제 민주주의, 이탈리아의 의원지상주의

같은 의원내각제 국가라 해도 총리의 권위와 권력이 다 다르다. 이 또한 일반적으로 해당 국가의 정당 체제가 무엇이냐에 달렸다. 영국 같은 양당제 국가에서 총리의 권력이 가장 강하다. 영국 총리는 단독 집권하는 여당의 리더로서 장관 임명권을 독점한다. 하원에서 집권당이 안정 의석을 확보하고 있기에 내각의 결정 사항을 법제화하는 데도 문제가 없다. 영국은 의회의 힘이 가장 강한 의회민주주의 국가지만, 아이러니하게도 영국 의회는 '고무도장 rubber stamp'이라고 불리기도 한다. 행정 각부에서 법안을 만들고 내각회의에서 총리가 서명해서 의회로 보내면, 법안의 97%가 무사통과되기 때문이다.[16] 독일의 총리도 힘이 강한 편이다. 전후 대부분의 기간 독일은 '기독교민주연합-자유민주당' 혹은 '사회민주당-자유민주당' 혹은 '사회민주당-녹색당'의 연립정부를 구성해왔다. 독일 총리는 연정을 이끄는 큰 당의 지도자로서 의회로부터 안정적인 지지를 받는다.

반면 이탈리아같이 다수 정당이 연립정부를 구성하는 경우, 총리는 그저 상호 동등한 각료들 가운데 으뜸 정도로 여겨진다. 연립정부를 구성하는 다른 당의 당수들도 내각에 대거 참여한다. 장관 임명권도 이들이 사실상 나눠 갖는다. 한 정당만 변심하면 법안 통과가 어렵고, 내각이 무너질 수도 있다. 총리는 읍소 아닌 읍소를 하며 연정 참여 정당을 상대로 협상과 타협을 반복하지 않을 수 없다.

행정 수반인 총리의 힘이 강하고 정부의 안정성도 높은 영국의 의원내각제를 웨스트민스터형 내각제 Westminster system 라고 부른다. 영국의 대처 총리는 '철의 여인'이란 별명을 얻을 정도로 과감한 신보수주의적 개혁을 밀어붙였다. 영국이 웨스트민스터형 내각제 국가이기에 가능한 일이었다. 양당제하에 의원내각제를 채택한 호주, 캐나다 등이 웨스트민스터형 내각제에 속한다. 반대 극단에는 저명 정치학자 조반니 사르토리Giovanni Sartori가 "의원지상주의assembliarism"라고 부르는 이탈리아가 있다. 총리의 힘도 약하고 내각은 쉽게 와해된다.

> [이탈리아에서 의원들이] 자신의 정부를 죽이는 것은 영국처럼 정부를 남에게 갖다 바치는 게 아니다. 나에게 내각 입성의 기회를 만드는 일이다. 장관 자리를 기다리고 있는 의원에게 내각의 불안정성은 곧 내 경력 발전의 시작인 것이다.[17]

이 양극단 사이에 독일이 있다. 이탈리아보다는 영국에 가까운 지점에 말이다. 온건다당제 국가인 독일은 양당제의 영국과 달리 단독 과반이 불가능하다. 정부를 구성하려면 정당 간 타협과 절충이 불가피하다. 따라서 다수결 민주주의majoritarian democracy가 아닌 협의제 민주주의consensus democracy가 나타난다.[18] 하지만 캐스팅 보트casting vote를 쥔 작은 정당의 영향력이 과대해지는 문제는 감수해야 한다.

전후 독일에서 오랜 기간 제3당의 자리를 차지한 정당은 자유민주당(자민당)이다. 정당 지지율 5~10%의 작은 당이다. 이 정당은 이념적으로 우파이지만 보수가 아닌 자유주의 정당으로 사회민주당(사민당)과도 호흡이 가능하다. 따라서 자민당이 기독교민주연합(기민련)과 손을 잡으면 기민련 주도의 연립정부가 성립하고, 사민당과 함께하면 사민당 주도의 연립정부가 서게 된다. 대부분 원내 제1당과 연립정부를 구성하지만, 1969년 총선에서는 자민당이 의외의 선택을 하기도 했다. 이 선거에서 기민련이 250석,* 사민당이 237석을 얻어 기민련이 승리했다. 그런데 31석을 얻은 자민당이 사민당과 연립정부를 구성하기로 합의한 것이다. 그 결과 제2당인 사민당의 빌리 브란트 Willy Brandt가 총리를 맡고 국가를 이끌어가는 일이 벌어졌다. 총선에서 승리한 기민련은 야당이 되었다.[19] 연립정부 구성을 위한 정책 협상과 각료 배분에서 캐스팅 보트를 쥔 작은 정당이 과도한 영향력을 행사하는 문제를 보여주는 생생한 사례다.

---

* 기민련의 자매 정당 기독교사회연합(기사련)의 49석을 더한 의석이다.

이원집정부제 정부

이원집정부제의 구성 원리

이원집정부제는 프랑스에서 1958년에 탄생했다. 앞서 지적했듯 프랑스 4공화국은 다당제하 의원내각제로 내각 수명이 5.7개월에 불과했다. 단명 정부가 양산되는 정치 불안정의 시기였다. 1954년에 발발한 알제리 전쟁은 프랑스를 통치 불능의 상황으로 몰고 갔다. 프랑스가 160년간 지배하던 알제리의 독립을 놓고 좌우가 분열했다. 1958년 5월 13일 프랑스에서 알제리 독립에 유화적인 플림랭 Pierre Pflimlin 정부가 출범하자, 독립을 반대하는 알제리 주둔 군부가 쿠데타를 일으켜 알제리 지방정부 département d'Alger를 접수했다. 5월 24일에는 코르시카를 점령하고, 나치 독일에 맞서 싸운 전쟁영웅이자 임시정부 수반 샤를 드골 Charles de Gaulle을 권좌에 복귀시키지 않을 경우 파리로 진격하겠다고 선언하기에 이르렀다(2차 세계대전 기간 드골은 한때 알제리의 알제를 망명정부의 수도로 삼고 자유프랑스군을 이끌었다. 알제리 쿠데타의 주역들은 자유프랑스군으로 활동했던 전후 프랑스 군부의 핵심 인사였다).

5월 29일 대통령 르네 코티René Coty는 의회 연설을 통해 드골의 정계 복귀를 청하고, 6월 1일 프랑스 의회는 드골을 총리로 한 내각을 출범시켰다. 드골은 6개월간 긴급명령에 의한 통치와 새로운 헌법을 작성할 권한을 부여받는 조건으로 총리에 취임했다(드골은 취임 즉시 쿠데타군의 원대복귀를 명하고, 이들의 기대와 달리 두 차례의 국민투표를 거쳐 알제리를 독립시켰다). 드골의 정계 복귀와 함께 프랑스 4공화국은 막을 내리고, 1958년 10월 4일 새 헌법에 따라 5공화국이 들어섰다.

5공화국 헌법은 4공화국의 의원내각제 정부에서 상징적인 존재에 불과하던 대통령의 권한을 크게 강화했다. 따라서 총리와 대통령이라는 두 최고 결정권자가 공존한다. 집정부 내에 두 명의 수장이 존재한다는 뜻에서 '이원'집정부제라 부른다. 프랑스 대통령은 미국 대통령이 행사하는 대부분의 권한에 더해 의회해산권까지 가진 막강한 존재다. 하지만 순수 대통령제가 아니기에 준대통령제란 별칭으로 불리기도 한다.

프랑스의 이원집정부제에서 대통령은 대통령제에서와 마찬가지로 국민이 직접선거를 통해 선출한다. 임기도 보장

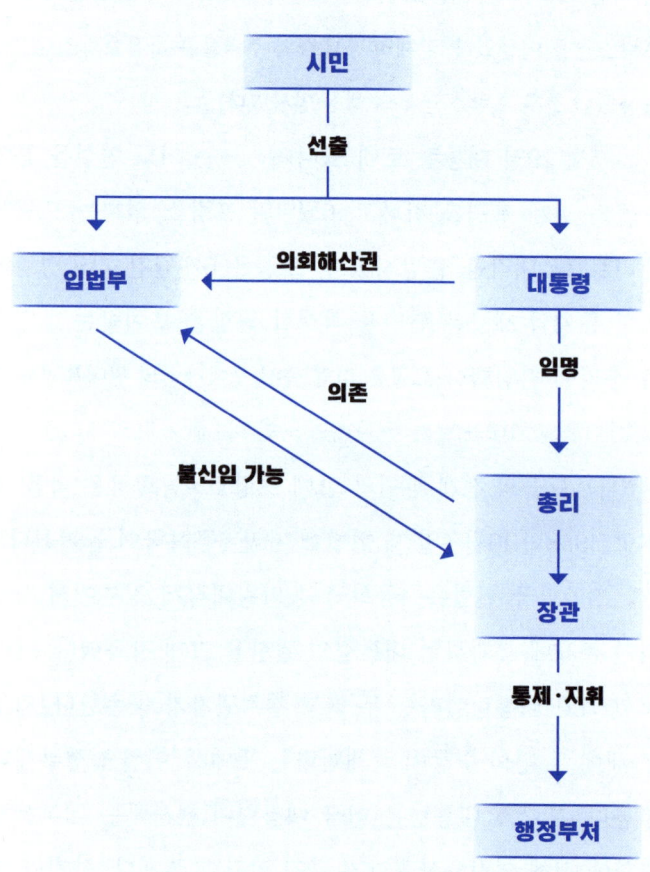

〈그림 3-4〉 이원집정부제 정부[20]

된다(1958년 헌법 제정 시 7년이었으나 2008년부터 5년으로 개정되었으며, 연임이 가능하다). 대통령의 권한도 막강하다. 국가원수로서 국군통수권과 외교권을 갖고, 총리와 각료에 대한 임명권, 국민투표 부의권, 법률안 거부권, 사면권은 물론 미국 대통령이나 민주화 이후 한국의 대통령은 상상도 못 하는 비상대권(국가 위기 시 대통령 조치가 곧 법)과 의회해산권을 갖는다. 프랑스의 이원집정부제를 준대통령제 혹은 분권형 대통령제라고도 부르는데, 이를 대통령의 권한이 약한 것으로 오해해서는 안 된다. 오히려 프랑스의 저명한 정치학자 모리스 뒤베르제Maurice Duverger는 프랑스의 대통령을 "절대권력자all-powerful presidency"라고 부른다.[21]

그런데 프랑스 헌법은 총리에게도 대통령과 비등한 막강한 권한을 부여한다. 총리는 정부 활동에 대한 일반적인 지휘권과 법 집행권을 가짐은 물론 국방에도 책임을 진다. 또한 비상입법권, 법률명령제도, 일괄투표 부의권, 양원합동위원회 소집권 등을 가진다. 총리가 강한 대통령 밑의 '얼굴마담'이 아니다. 의회의 신임만 잃지 않는다면 정부 정책 형성과 입법 과정에서는 대통령보다 더 큰 힘을 발휘할 수 있다.*

이렇듯 헌법이 막강한 통치 권한을 대통령과 총리에게 동시 부여한 것이 이원집정부제의 특징이다. 하지만 이원집정부제와 대통령제를 나누는 가장 결정적인 차이점은 이원집정부제에서는 총리와 내각이 의회(하원, 즉 프랑스는 국민의회)

에 의존적이라는 점이다. 앞서 살펴보았듯이 대통령제에서 대통령은 의회와 상관없이 자신의 내각을 구성하고 바꿀 수도 있다. 반면 이원집정부제에서는 대통령에게 총리와 각료 임명권은 있지만, 이들에 대한 해임권은 없다(총리가 먼저 사퇴서를 제출해야 대통령이 해임할 수 있다). 더 중요한 것은, 의회가 총리와 내각에 대한 불신임권을 갖고 있다는 점이다. 총리와 내각은 대통령이 아닌 의회에 의해 언제든지 해임될 수 있다. 의원내각제와 동일하다.

의원내각제의 행정 수반인 총리와 강력한 대통령이 함

---

* '비상입법권'은 총리가 정부 제출 법안에 내각불신임을 연계할 수 있는 권한을 뜻한다. 이 경우 의회는 48시간 이내에 표결을 해야 하는데, 이때 재적 과반수의 찬성으로 불신임이 가결되지 않으면 해당 법안은 통과된 것으로 간주된다. 이원집정부제에서는 보통 의회 내 다수당에서 총리가 임명되기에 입법안에 대해 논쟁이 있더라도 다수당이 자기 총리를 불신임까지 하지는 않는다. 논쟁적인 법안을 내각이 밀어붙일 때 주로 사용한다. '법률명령제'는 총리가 특정 사안에 대해 의회에게 수권법(입법권 일부를 정부에 넘겨주는 법) 제정을 요청하고 의회가 이를 통과시키면, 해당 사안에 대한 총리의 명령은 곧 법이 되는 제도다. '일괄투표제'는 정부가 제출한 법안에 대해 의원들이 여러 수정안을 동시다발적으로 발의해 정부안의 입법을 지연시키는 경우, 총리가 정부안에 대해 일괄 표결을 요청하고, 정부안이 통과되면 나머지 수정안은 토론 없이 단번에 폐기시키는 제도다. 양원제를 채택한 프랑스에서 법률은 하원과 상원을 모두 통과해야 한다. 상원이 반대하는 경우, 총리는 '양원합동위원회'를 소집할 수 있다. 상원과 하원 동수로 구성된 합동위원회에서 합의가 이루어지지 않을 경우, 총리는 본인의 정당이 다수인 하원에 법률안 확정을 요구할 수 있다. 정종길, "프랑스의 동거정부안에서 대통령과 수상의 권한 배분에 관한 연구", 《세계헌법연구》, 47(1), 2011; 박인수, "입법 지연 및 갈등 극복에 관한 연구", 《공법학연구》, 8(4), 2007.

께 존재한다는 의미에서 이원집정부제인데, 이는 프랑스에서 처음 생겨난 것도, 유일한 것도 아니다. 독일의 바이마르 공화국(1919~1933)이나 2000년 개헌 전의 핀란드(1919~2000)도 이원집정부제로 분류할 수 있다. 근래에 들어서는 아프리카나 동유럽의 옛 공산주의 국가 다수가 이원집정부제를 채택하고 있다. 독립이나 체제 전환 과정에서는 정부 형태를 놓고 정치 세력 간 쟁투가 벌어지게 마련이다. 전국적인 인물을 가진 정치 세력은 대통령제를 선호한다. 반면 정치 세력은 있으나 인기 있는 지도자가 없는 정당은 의원내각제를 주장한다. 보통 이 두 세력의 타협점이 프랑스식 이원집정부제로 귀결된다.

물론 러시아처럼 대통령제에 더 가까운 대통령 우위의 이원집정부제 국가도 있고, 폴란드같이 국민이 직선으로 뽑는 대통령이 있으나 권한이 약해 내각제에 가까운 이원집정부제 국가도 있다. 프랑스도 2008년 헌법 개정을 통해 대통령의 비상대권이나 연임에 제한을 가하는 등 대통령의 권한을 줄여가고 있다. 그럼에도 국민이 직접 선출하며 적어도 외교와 국방을 책임지는 대통령 그리고 의원내각제처럼 움직이는 총리와 내각이 공존하는 이원집정부제의 본질적 특징에는 변함이 없다.

현실에서의 이원집정부제

여대야소 대통령제와 여소야대 동거정부 사이에서

이원집정부제도 대통령제와 마찬가지로 대통령 선거와 총선을 따로 치른다. 양대 선거의 승리자들은 국민으로부터 각각 통치의 정당성을 획득한다. 따라서 대통령제처럼 이원적인 민주적 정통성 문제가 발생한다. 그러나 대통령의 당이 총선에서 승리해 의회를 지배하게 되는 경우, 이원집정부제는 마치 순수 대통령제처럼 굴러간다. 대통령이 원하는 총리와 각료를 임명한다. 대통령의 당(혹은 정치연합)이 의회를 지배하기에 불신임을 받을 염려가 없어서다. 대통령과 내각이 한 몸이 되어 국정을 펼칠 수 있다. 마치 여대야소 단점정부 대통령제처럼 움직인다.

하지만 대통령의 당이 총선에서 패배하는 경우는 다르다. 의회를 지배하는 야당이 총리와 각료를 배출하고 의원내각제처럼 굴러가게 된다. 총선에서 지면 이원집정부제의 대통령은 총리와 각료를 자기 편으로만 맘대로 임명할 수가 없기 때문이다. 물론 대통령은 여전히 총리와 장관에 대한 임명권을 갖고 있다. 하지만 내각은 야당이 지배하는 의회로부터 언제든지 불신임을 받아 무너질 수 있다. 따라서 대통령제의 대통령과 달리 이원집정부제의 대통령은 총리 임명과 내각 구성에 있어서 의회를 지배하고 있는 야당의 불신임 가능성을 늘 염두에 둬야 한다. 불신임당하지 않을 총리와 각료를 임명하는 게 현실적이다. 결국 이원집정부제의 대통령은 하원을 장악한 야당 출신 총리와 각료로 내각을 구성하고 나라 살림을 함께 꾸려나가는 것을 선택하지 않을 수 없다. 프랑스에서는 이를 말 그대로 '동거cohabitation정부'라 부른다.

여소야대 때 동거정부가 성립하면, 대통령은 뒷방 신세를 면하기 어렵다. 국방과 외교는 대통령의 몫으로 인정받아, 국방부와 외무부 장관을 총리와의 협의하에 임명하긴 한다. 그러나 나머지 내치 분야는 모두 야당이 장악한다. 행정 수반인 야당 총리가 내각을 지휘한다. 총리의 소속당이 의회를 지배하기에 입법에도 어려움을 겪지 않는다. 내각제처럼 의회의 지지를 받는 총리가 국정을 주도하게 된다.

사르토리는 이원집정부제를 "유연한 양두제flexible diarchy"라 칭한다. 유럽 역사에서 양두제는 심심치 않게 찾아볼 수 있다. 앞서 살펴보았듯이, 고대 로마 공화정 시기 집정관은 두 명이었다. 명예혁명 후 영국은 윌리엄과 메리의 공동 왕 체제였다. 현대 프랑스의 이원집정부제가 과거 양두제와 다른 점은, 대통령과 총리라는 두 명의 최고 결정권자가 있으나 총선 결과에 따라 한 사람이 앞에 나서고 다른 한 사람은 뒤로 물러나게 된다는 점이다. 특히 대통령이 총선에서 패배할 때를 주목해야 한다. 대통령은 위축되고 야당 출신 총리가 전면에 나서며 내각제처럼 전환된다. 따라서 프랑스에서도 이원적 정통성 문제가 발생하지만, 미국이나 한국에서 여소야대 분점정부가 나타날 때 흔히 보이는 대통령과 의회의 대립과 교착상태가 발생하지는 않는다. 사르토리는 이 점을 높이 평가한다.

> 누구든 총선에서 승리하는 자가 통치권을 가져가는 영수 교체head shifting 방식을 통해 이원적 정통성 문제를 해결하는 데 주목해야 한다. [이원집정부제 헌법 제정 시] 의도한 바는 아니었겠으나, 헌법적 마술이 가장 빛나는 순간이다.[22]

사르토리가 주목하듯이, 이론적으로 프랑스에서는 분점정부가 발생하지 않는다. 대신 여소야대 시 동거정부가 등장한다. 그러나 서로 마음이 맞아 동거하는 것이 아닌 만큼, 평화롭지만은 않다. 분점정부가 나은지 동거정부가 나은지 따져볼 필요가 있다. 최근 프랑스에서는 정당 체제가 파편화되어 의회에 입성한 정당 수가 많아지고 또 극우와 극좌 정당이 성장하면서 여소야대 국면에서 제1야당 주도로 의회 내 과반 의석을 확보한 내각을 구성하기도 쉽지 않다. 대통령 입장에서는 안정적인 동거정부조차 구성하기 어려운 경우가 생기고 있는 것이다.

동거정부의 실제

프랑스에서는 동거정부가 세 번 들어섰다. 1차 동거정부(1986~1988)는 좌파(사회당) 미테랑 Francois Mitterrand 대통령과 우파(공화국연합) 시라크 Jacques Chirac 총리, 2차 동거정부(1993~1995)는 좌파 미테랑 대통령과 우파 발라뒤르 Édouard Balladur 총리, 그리고 3차 동거정부(1997~2002)는 우파 시라크 대통령과 좌파 조스팽 Lionel Jospin 총리였다.

1981년 사회당의 미테랑 대통령은 취임하자마자 우파가 지배하는 의회(하원, 국민의회)를 해산하고 조기 총선을 실시했다. 총선에서 승리한 미테랑은 좌파 내각을 꾸리고, 기간산업의 국유화, 최저임금 인상, 노동시간 단축(주 39시간) 등 전통적인 좌파 정책을 밀고 나갔다. 그러나 1986년 총선에서 우파 연합이 승리하여 5공화국에서 처음으로 여소야대 상황이 연출되었다. 미테랑 대통령은 고민 끝에 우파 진영에서 최대 지분을 가진 공화국연합의 시라크 당수를 총리로 지명했고, 최초의 동거정부가 출범했다. 1988년 대통령 선거에서 미테랑은 우파 대선 후보로 나선 총리 시라크를 물리치고 재선에 성공했다. 미테랑은 대선 승리의 여세를 몰아 의회를 해산하고 조기 총선을 실시해 승리했다. 1차 동거정부는 막을 내렸고, 중도좌파 내각이 출범했다. 그러나 미테랑은 5년 후 실시된 1993년 총선에서 패배했다. 그 결과 2차 동거정부가 들어섰다.

1995년 대선에서 우파 시라크는 좌파 사회당 후보 조스팽을 물리치고 대통령에 당선되었다. 우파가 이미 의회를 지배하고 있었기에 2차 동거정부는 자연스레 종료되고, 우파 정부가 출범했다. 1997년 시라크 대통령은 지지도가 떨어지자 의회를 해산하고, 1998년에 예정된 총선을 1년 앞당겨 실시하는 승부수를 던졌다. 그러나 결과는 시라크의 기대와 달라서 조스팽의 사회당이 제1당이 되었다. 사회당이 과반은 넘지 못했으나 공산당과 녹색당과 함께 연정을 구성해 의회 내 과반을 확보하자, 시라크는 조스팽을 총리로 임명해 3차 동거정부가 출범했다.

대체로 1차와 3차 동거정부는 대통령과 총리 간에 긴장과 갈등이 컸던 반면, 2차 동거정부는 비교적 무난하게 굴러갔다고 평가된다. 2차 동거정부의 대통령 미테랑과 총리 발라뒤르는 정치적 라이벌이 아니었기 때문이다. 또 전립선암 투병으로 쇠약해진 미테랑이 1995년 대선에 출마하지 않은 것도 결정적이었다(미테랑은 1996년 1월 8일 사망). 투병 중이던 미테랑은 유럽 통합 문제에는 끝까지 헌신했으나, 내치에 간섭하지 않고 뒷방 신세를 자처했다. 상대적으로 평화로운 동거정부가 된 이유다.

1차와 3차 동거정부는 그와 달랐다.[23] 다음 대선에서 맞붙을 좌우 진영의 대표 주자들이 대통령이나 총리를 맡아 한배를 탔었기 때문이다(2008년 개헌 전까지 프랑스 대통령은 연임 제한이 없었다). 대통령은 기존 정책을 뒤엎는 야당 출신 총리와 내각의 행보를 가만히 보고 있지 않았다. 1차 동거정부 때, 시라크 총리의 우파 내각은 미테랑 대통령의 국유화 정책을 뒤엎고, 66개 공기업의 민영화를 단행했다. 미테랑은 기자회견을 자처해 시라크 내각의 친시장주의 정책을 비판했다. 민영화 관련 법률에 대한 서명을 거부하기까지 했다.

반대로 3차 동거정부가 시작된 1997년, 우파 시라크 대통령은 7월 14일 프랑스혁명 기념일 방송 인터뷰에서 조스팽 좌파 내각의 국내 정책을 맹공했다. 그리고 '건설적인' 동거정부가 되어야 한다면서, 헌법이 부여한 대통령으로서의 책무를 다하겠다고 선언했다. 뒷방으로 물러나지 않겠다는 선전포고 같은 것이었다. 조스팽 총리도 지지 않았다. 대통령의 고유 영역으로 여겨지는 외교 무대에 총리도 국가 정상이라며 대통령과 함께 참석했다. 유럽연합 정상회담에서 프랑스 이름표가 붙은 자리에는 시라크와 조스팽이 나란히 앉았다. 영국과 프랑스 정상회담 때도 마찬가지였다. 두 나라 정상회담에 세 명이 참석하게 된 것이다. 조스팽 입장에서 외치와 내치를 구분하는 건 불가능했다. 각국 정상들이 만나 국방과 안보만 논의하는 것은 아니기 때문이다. 특히 1999년 유럽중앙은행을 창설하고 유럽 단일 통화인 유로Euro를 출범시키는 일은 프랑스 경제에 엄청난 영향을 미칠 터였다. 내치를 담당한 총리가 당연히 관장해야 할 일로 보았다.

프랑스에서 건설적인 동거정부는 실현되지 못했다. 비교적 순탄했던 2차 동거정부는 예외적인 특수한 상황의 산물이었다. 대선에서 맞붙을 좌우 진영의 대표 선수들이 대통령과 총리로 함께하는 한, 동거정부는 1차와 3차 때처럼 갈등이 끊이지 않을 것이다. 좌우 진영 간 이념의 벽이 높은 경우도 마찬가지다.

이원집정부제의 동거정부나 대통령제의 분점정부나 여야 간 갈등이 끊이지 않기는 매한가지로 보인다. 하지만 의회의 지지를 받는 동거정부의 총리와 내각은 결국 원하는 정책을 입법화하며 적어도 내치는 뜻대로 이끌어간다. 1차 동거정부 때 시라크 총리는 미테랑 대통령의 거부에도 불구하고 민영화를 단행했고, 3차 동거정부 때 조스팽 총리는 시라크 대통령의 반대에도 불구하고 주 35시간 노동제와 전국민의료보험을 실시했다. 분점정부에서 흔히 볼 수 있는 대통령과 의회의 교착상태를 이원집정부제에서는 보기 어렵다.*

대통령과 국회의원 선거를 분리해 실시하면 각기 통치권이 위임되기에, 여야의 승리가 엇갈릴 때마다 여소야대 상

---

* 여기에는 프랑스 대통령이 법률안 거부권을 갖고 있어도, 미국이나 한국과 달리 의회 재의결 요건이 단순 과반인 점도 기여한다. 프랑스 대통령은 거부권을 행사해도 야당이 지배하는 의회에서 쉽게 재의결되어 올 것을 알기에 거부권을 거의 행사하지 않는다. 프랑스 5공화국에서 현재까지 대통령이 거부권을 행사한 경우는 총 세 차례에 불과하다. 참고로, 한국과 미국에서 재의결 요건은 의회 재적 3분의 2 이상 찬성이다.

황을 맞이하게 된다. 대통령제에서는 대통령의 리더십에 의존하여 분점정부 문제를 해결할 수밖에 없다. 반면 이원집정부제에서는 잠재해 있던 내각책임제를 복원해 문제를 해결한다. 리더십보다는 시스템에 의한 해결 방법이라 하겠다. 물론 대통령제에서 대통령과 의회 간 갈등이, 이원집정부제에서는 대통령과 총리의 다툼으로 바뀌는 것은 감수해야 한다.

시라크 대통령은 건설적인 동거정부를 실현해내지 못했다. 하지만 시라크 재임기인 2000년, 동거정부의 발생 가능성을 낮추기 위해 대통령 임기를 하원 의원 임기와 동일하게 7년에서 5년으로 줄이는 개헌안이 통과되었다. 2002년부터 대선 직후 총선이 실시되었다. 동시 선거제 도입 이후 20여 년 동안 대통령은 허니문 기간에 치르는 총선에서 승리해왔다. 그러나 2024년 7월 실시된 조기 총선에서 마크롱Emmanuel Macron 대통령의 중도 연합인 앙상블이 패배해 2위로 내려앉고 여소야대가 되었다(577석 중 150석). 극좌 정당 '불복하는 프랑스'가 이끄는 좌파 연합 신인민전선이 178석으로 1위, 극우 정당 국민연합이 125석으로 3위를 기록했다.

관례상 제1야당으로 다수당의 자리를 차지한 신인민전선이 총리를 배출하고 내각 구성을 주도해야 한다. 신인민전선이 내각 구성에 성공했다면 4차 동거정부가 탄생했을지도 모른다. 그러나 마크롱 대통령은 어떤 정파도 과반 의석을 확보하지 못했고, 극우나 극좌에게 정부 구성을 맡길 수는 없다며, 중도우파 미셸 바르니에Michel Barnier를 총리로 지명하고 소수 내각을 구성하게 했다. 하지만 의회 내 안정 의석을 확보하지 못한 바르니에의 소수 내각은 3개월 만에 불신임을 당해 물러났다. 마크롱 대통령은 다시 2024년 12월 중도우파 프랑수아 바이루François Bayrou를 총리로 임명했고, 다시 소수 내각이 성립했다. 바이루의 소수 내각도 좌파 신인민전선의 발의로 2024년 1월과 2월 두 차례 불신임 투표를 맞이했다. 국민연합의 기권으로 2025년 6월 현재 정부가 유지는 되고 있다. 그러나 마크롱의 소수 내각 사례는 이원집정부제에서 동거정부조차 구성하지 못할 때, 정부의 안정성이 크게 떨어진다는 사실을 보여준다.*

---

* 마크롱이 제1야당으로 다수당인 신인민전선 출신을 총리로 임명해 제4차 좌우 동거정부가 출범했어도, 좌파 진영이 하원의 과반을 점하지 못하고 있기에 소수 내각으로서 불신임에 노출되어 있기는 마찬가지다. 의회의 지지를 받는 안정적인 동거정부가 구성되지 못하는 현실은 정부 구성에서 배제되고 있는 극우 정당인 국민연합이 하원 의석의 25%를 차지한 3당으로 부상한 결과라 할 수 있다.

대한민국의 정부 형태:
의원내각제 기초 위의 대통령제

한국은 대통령제 국가다. 그러나 의원내각제적 요소도 다분하다. 미국과 달리 부통령이 아닌 (국무)총리가 있는 것도 그러하고, 국회의원이 국무위원(장관)을 겸직할 수 있고, 내각회의와 같은 국무회의에서 국정을 심의한다. 총리를 대통령이 임명하지만 국회의 동의를 얻어야 하며, 국무위원도 총리의 제청으로 대통령이 임명한다. 내각책임제 정부가 내각의 집합적 책임을 전제하듯, 대통령의 국법상 행위에 국무총리와 국무위원의 부서(서명)가 필요하다. 이 밖에도 미국과 달리 내각제 국가처럼 행정부가 의회에 법률안을 제출할 수 있고, 국회는 내각불신임권을 연상케 하는 총리와 국무위원에 대한 해임건의권을 갖고 있기도 하다.

대통령제임에도 내각제적 요소가 다분한 이유는 1948년 제헌의회*에서 정당으로서 가장 큰 세력을 갖고 있던 한국민주당과 헌법 초안을 담당한 유진오가 내각책임제와 상·하원의 양원제를 새 나라의 정부 형태로 삼았기 때문이다. 그러나 제헌의회 의장이며 명실공히 최고 정치지도자로 권위가 남달랐던 이승만의 강력한 주장에 따라 대통령제로 헌법 초안을 급하게 수정했다. 기존의 내각제 관련 조항은 그대로 두되, 국회에서 간접선거로 대통령을 선출해 국가원수이자 행정부 수반으로 삼게 하고, 국회의 국무위원(내각)에 대한 불신임권은 삭제하는 식으로 대통령제로 바꾸었다.

초대 대통령 이승만은 1952년 1차 개헌(이른바 발췌개헌) 때, 대통령을 간접선거가 아니라 국민이 직접 선출하게 하여 대통령제의 원형에 다가가게 했다. 그러나 개헌을 반대하는 이들에게 협상 카드로 내각불신임권을 국회에 부여함으로써 이원집정부제적 권력 구조가 되었다. 그렇지만 여당인 자유당이 국회 안정 의석을 확보하였기에, 실제로는 여대야소 대통령제처럼 굴러갔다. 1960년 이승만 정권의 부정선거와 독재에 항거한 4·19 혁명 이후 집권에 성공한 민주당은 과거 제헌헌법 초안을 환원하여 제2공화국 헌법을 만들고 의원내각제 정부를 실현했다. 하지만 1961년 박정희의 5·16 군사정변

* 대한민국 최초의 보통·평등·직접·비밀선거로 선출된 국회의 전신으로, 헌법 제정을 목적으로 만들어진 한시적 특별 의회다.

으로 2공화국은 얼마 안 가 무너졌다. 제3공화국은 대통령제로 복귀했다. 그래도 내각제적 요소가 많이 남아 있었다. 국무총리를 그대로 둔 것뿐 아니라, 국무총리에게 부여된 국무위원 임명제청권, 국회의 국무총리 및 국무위원 해임건의권, 정부의 법률안 제출권, 그리고 국무총리 및 국무위원의 국회 출석 발언권 등이 그것이다. 1972년 제4공화국 유신헌법과 1980년 제5공화국 헌법이 대통령에게 각각 긴급조치권과 비상조치권을 부여하여 국민의 자유와 권리를 정지시킬 수 있게 하는 등 자유민주주의를 벗어난 강력한 대통령제를 만들기도 했다. 그러나 국무총리를 포함한 내각제적 요소는 거의 그대로 유지되었다. 1987년 민주화 이후 현재 우리가 갖고 있는 민주헌법도 마찬가지다.

대한민국 헌법에 내각제적 요소가 다분하다보니, 제왕적 대통령이 문제로 지목될 때마다 권력분산 차원에서 '책임총리제'란 이름의 이원집정부제로의 개헌 주장이 끊이지 않는다. 헌법 조문 몇 개만 바꾸면 되기 때문이다. 그러나 앞서 살펴보았듯이, 이원집정부제는 대통령의 권한을 일부 총리에게 떼어주고 양자가 자연스레 협치하는 분권형 시스템이 아니다. 실제 어떻게 작동하게 될지 깊이 있는 고민이 필요하다.

3장을 마치며

자유민주주의 국가의 정부 형태는 크게 세 가지로 나눠볼 수 있다. 권력분립을 전제로 한 대통령제, 권력융합을 특징으로 하는 의원내각제, 그리고 총선 결과에 따라 대통령제와 의원내각제가 교차하는 이원집정부제가 그것이다. 한국은 대통령제 국가다. 카리스마 넘치는 강한 대통령이 대한민국을 독립, 번영, 민주의 길로 성공적으로 이끌어왔다. 적어도 김대중 대통령 시기까지는 그러했다. 그러나 한국 정치와 민주주의에 문제가 있다고 느끼는 순간, 그 원인을 한국의 대통령제에서 찾곤 한다. 정치 불신과 불만이 불거질 때마다 권력 구조 개편 논의가 끊이지 않는다. 2024년 12월 3일 윤석열 대통령이 계엄령을 선포하면서 벌어진 일련의 사태는 대통령제에 대한 비판 여론을 다시 불러일으키고 있다.

이제껏 대통령제, 의원내각제, 이원집정부제의 원리와 실제에 대해 차례대로 살펴보았다. 그러나 각 제도마다 장점과 단점이 있기 마련이고, 어느 제도가 더 우월하다고 결론 내리기는 쉽지 않다. 한국 정치의 문제가 대통령 5년 단임제를 버리고 4년 중임제로 가면 해결될지, 이원집정부제로 개편해 실패한 대통령의 퇴로를 열어주는 게 좋을지, 아예 의원내각제로 바꿔 대통령이라는 최고 결정권자를 없애는 게 근본적인 해결책인지 판단 내리기 쉽지 않다. 각자 선호는 있겠으나, 어떤 것이 정답이라고는 아무도 자신할 수 없다.

사실 대통령제의 성패는 제도 자체에 있지 않다. 누가 대통령이 되느냐에 따라 크게 좌우되고, 정당이 제 기능을 다하는지, 정당 체제는 안정되어 있는지, 어떤 야당과 어떤 의회를 만나는지에 따라 달라진다. 따라서 우리가 취해야 할 정부 형태를 판단하기 전에, 대통령 리더십과 정당, 그리고 의회에 대해 먼저 알아볼 필요가 있다. 따라서 다음 장에서는 대통령을 배출하고 의회 활동의 주체가 되는 정당에 대해 살펴보고자 한다.

4장

정당, 정치 시장의 기업

대중민주주의 시대에 정당은 경제 세계의 기업과 같은 존재다. 농업이나 가내수공업이 지배적이던 시대에는 농민과 자영업자가 생산을 담당했다. 자본주의 시장경제가 성립하면서 기업이 생산 활동의 주체로 등장했다. 기업의 소유주는 경영을 책임지고, 고용된 노동자는 생산을 담당한다. 전문화된 분업 체계로 기업은 시장에서 우위를 점하게 되었다. 자영농이나 자영자는 기업을 당해내기 어렵다. 기업은 자본주의 시장경제의 승자이고, 자본주의 시장경제를 이끌어가는 주체이다.

　　군주제, 귀족제에서 파당 faction 은 있었을지언정 지금과 같은 정당 political party 은 없었다. 평민에게 선거권이 확대되어 대중민주주의 시대가 열리자 정당이 등장한다. 자본주의 시장의 무한한 자유경쟁 속에서 기업이 적자생존하듯이, 정치 시장의 선거 경쟁에서 정당은 우월한 존재가 되었다. 기업 없이 자본주의 시장경제를 생각할 수 없듯이, 정당 없는 대중민주주의는 상상할 수 없다. 정당은 대중의 지지를 동원하고, 이들을 정치 과정에 참여시킨다. 다양한 개인의 이해관계를 고려해 공공 정책을 만들고, 집권하면 정부를 이끌어간다. 이러한 공적인 일을 담당할 정치가들을 양성하는 것도 정당이다. 정당은 국가기관이 아니다. 그러나 정치 사회에 필수 불가결한 공적인 역할을 행한다. 그래서 국민이 낸 세금으로 보조금을 지급해 육성하기까지 한다.

물론 시민들이 기대하는 만큼 주어진 역할을 잘 수행하는 정당은 많지 않다. 우리 국민의 공공기관에 대한 신뢰도는 OECD 최저 수준이다. 그중에서도 정당에 대한 평가는 최하위이다. 그럼에도 대중민주주의에서 경쟁적 선거가 존재하는 한 정당은 정치의 중심이 될 수밖에 없다. 민주주의와 정치의 수준은 정당의 수준에 좌우된다. 이토록 중요한 정당의 탄생과 발전의 역사, 정당의 기능, 그리고 정당 체제에 대해 알아보도록 하자.

정당의 역사와 유형

일반적으로 정당은 이념과 정책적 지향을 공유하며 정치권력을 획득하기 위해 경쟁에 나서는 결사체로 정의된다.[1] 물론 모든 정당이 정권을 잡고자 하지는 않는다. 집권보다는 기존 시스템에 항의하고 저항하며 분노를 표출하는 데 목적을 두는 항의 정당 protesting party도 있다. 과거 프랑스 공산당이나 최근 스웨덴 민주당이 대표적이다. 극우 정당인 스웨덴 민주당은 2022년 총선에서 우파 진영의 제1당으로 자리매김했다. 그럼에도 우파 연정에 참여하지 않는다(우파 연정은 진영 내 제2당인 보수당이 총리를 배출하고 주도한다). 국정 운영의 키를 쥐는 순간 불가피하게 선명성을 잃게 되기 때문이다. 대신 의회의 내각불신임 권한을 흔들어 보이며 정부를 압박해 원하는 정책이 실현되게 노력한다. 많은 나라에서 극우와 극좌에 이러한 항의 정당들이 늘고 있다. 정당 체제의 안정성과 정당의 공적 기능 행사가 예전 같지 않다. 그럼에도 연정에 참여하지 않는 항의 정당은 아직 예외적인 사례다. 정당이 선거 경쟁에서 승리해 국가 운영을 책임지고 원하는 정책을 펼치고자 노력하는 정치결사체라는 점은 변함없다.

3장 〈더 우월한 정부 형태가 있는가〉에서 살펴보았듯, 1688년 영국에서 명예혁명 이후 정치적 실권은 의회로 넘어갔다. 선거도 주기적으로 열렸다. 의회 안에서 정당이 등장했다. 토리Tory라 불리는 왕당파(보수당의 전신)와 휘그라 불리는 의회파(자유당의 전신)가 그것이다. 지금처럼 당대표와 당원 그리고 정강을 갖춘 모습은 아니었다. 의정을 펼침에 있어서 이념과 정책적 색채가 맞는 의원들끼리 집단적인 결속을 다지는 정도였다. 선거 때는 공약을 조율하고 서로 도움을 주었다.

미국의 경우도 비슷하다. 1787년 제정된 미국 헌법에는 당파적 활동에 대한 비판적 인식 때문에 정당 결성의 자유 같은 기본권을 다룬 논의가 하나도 담겨 있지 않다. 초대 대통령 조지 워싱턴도 당적이 없었다. 그러나 연방정부와 13개 주 정부의 권한 배분을 둘러싸고, 알렉산더 해밀턴이 이끄는 연방당과 지방 권력 유지를 꾀하는 토머스 제퍼슨의 민주공화당이 형성되었다. 이 초기 정당들은 의원들이 개인적으로 의회에 입성한 다음 결성한 단체였다. 그래서 원내 정당 parliamentary party이라고 불린다. 간부 정당이나 엘리트 정당의 성격이 짙다.

반면 19세기 중반 들어서 성인 남성에게 보통선거권이 확대되자 대중정당 mass party이 등장했다. 대중정당은 원내에서 결성된 엘리트 정당과 달랐다. 의회 밖에서 결성된 후, 새로 선거권을 획득한 시민 대중의 지지를 얻어 원내 진출을 꾀했다. 많은 경우 노동조합을 기반으로 대중정당이 결성되었다. 현존하는 가장 오래된 노동자 정당으로 1875년에 창당된 독일 사회민주당을 들 수 있다. 대중정당은 엘리트 정당과 달리 의회 밖에 중앙 조직(중앙당)과 지방 조직(지구당)을 두고 많은 당원을 거느린다. 그리고 이들이 납부하는 당비로 운영된다. 당의 중앙 조직이 공천권을 갖고 당 이념에 충실한 후보를 공천해 의회에 진출시키고자 한다. 따라서 정당 규율 party discipline이 강하다. 소속 의원들은 자유투표보다 당론에 따른 투표를 한다. 강한 이념성을 가졌기에 이념 정당 ideological party이라 불리기도 한다. 또 의회 밖에서 만들어졌기에 원외 정당이라고 할 수 있다.

우파 쪽에서도 대중정당이 나타났다. 스칸디나비아와 중부 유럽 등에서는 선거권을 획득한 농민들이 농민당 같은 대중정당을 만들어냈다. 유권자 동원력이 월등한 대중정당에 밀리지 않기 위해 기존의 엘리트 정당들도 대중정당화를 꾀했다. 중앙당과 지구당을 만들고 당원을 모집하고 교육하는 등 대중정당의 면모를 갖추어나갔다. 그리고 국가의 세속화와 체제 변혁을 모색하는 노동자 정당에 대항해 교육권과 기존 질서를 지키고자 가톨릭교회와 운동가들도 정당 결성에 나섰다. 독일 바이마르공화국 시절의 중앙당(전후 결성된 기독교민주연합의 모태)이 대표적이다.[2]

    2차 세계대전 이후 좌우의 대중정당들은 점차 계급과 종교에서 벗어나 폭넓은 지지를 추구하는 국민정당 people's party 으로 거듭나는 모습을 보였다. 먼저 우파 진영의 가톨릭 정당들은 범기독교 세력을 흡수하고 가톨릭 사회 교리에 기반해 노동권과 사회권에도 전향적인 태도를 보이는 기독교민주당으로 발전했다. 우파에 머물던 지지 기반을 중도를 넘어 노동 계급까지 확장한 것이다. 국민정당의 지도자는 당원을 매개로 사회에 침투하기도 하지만, TV 같은 대중매체를 통해 직접 시민에게 지지를 호소했다. 그리고 이념성보다는 국정 운영 능력을 앞세웠다.

    1959년 고데스베르크에서 열린 전당대회를 통해 노동 계급의 정당에서 국민정당으로 변모한 독일 사회민주당도 주목할 만하다. 역사적 상징성 때문에 당 강령에 남아 있던 '계급투쟁'이나 '생산 시설의 국유화' 같은 마르크시즘적 용어는 폐기했다. 대신 '자유시장경제'와 '사적 소유권'을 인정하고, 자유·정의·연대의 기치하에 케인스주의적 경제 개입, 보편주의적 교육, 사회복지, 양성평등, 작업장 내 공동 의사결정 등 사회 개혁을 앞세웠다. 당시 소련과 동독의 사회주의를 전체주의적 사회주의 totalitarian socialism라고 비판하고, 스스로를 민주적 사회주의 democratic socialism라 칭했다.[3] 동구 공산주의와의 단절을 명확히 하며 이념성을 약화하고 중도로 외연을 확장한 것이다.

이렇듯 전후에 좌우가 이념적으로 중도를 지향하고 지지 기반을 상호 침투하며 진화한 정당을 포괄정당 catch-all party, big tent party이라 부른다. 앞서 언급한 독일의 사민당과 기민련, 스웨덴 사민당, 일본의 자민당 등이 포괄정당의 대명사로 여겨진다. 사실 현시대 선진 자유민주주의 국가의 집권당들은 모두 포괄정당으로 분류해도 무방하다.

한편 서구에서 1960년대 말에 68혁명과 함께 반전, 여성 해방, 성소수자 권리, 환경보호 등을 주장한 신사회 운동이 크게 일어났다. 이후 녹색당 같은 쟁점에 기반한 정당이 다수 등장했다. 최근에는 세계화의 어두운 그림자에 기대어 반反이민 정당 같은 항의 정당도 여러 나라에서 크게 성장하고 있다.[4]

정당의 기능

정당은 집권을 위해 선거 경쟁에 특화된 조직이다. 그러나 단지 선거만을 위한 조직은 아니다. 자유민주주의 정치체제에서 정당은 민주정치에 필수 불가결한 여러 역할을 담당한다.[5]

첫째, 정당은 이익 집약 interest aggregation 을 통해 정책을 형성한다. 사회에서는 다양한 이해관계가 중첩된다. 수많은 개인과 집단이 각자 자기 이익을 표출한다. 자신의 이익은 증진하고 예상되는 피해는 막으려 한다. 정당은 이런 다양하고 상충하는 개별 특수 이익들을 여과하고, 합칠 것은 합쳐서 관리 가능한 수준의 정책 패키지로 만들어낸다. 각 정당이 대표하는 이념·지역·세대의 이해관계를 조율하여 선거에서 공약화하고, 의회에서 법안을 발의해 가결되면, 행정부의 예산 편성과 국회 내 예산 심의 과정에서 이를 반영한다. 민주정치가 정상적으로 작동하면, 여야 각 정당은 이익 집약 기능을 발휘해 법안을 발의하고, 정당 간 토론과 협의를 통해 이를 공익에 최대한 부합하게 만든다. 정당의 이익 집약과 정책 형성 기능이 제대로 작동하지 않으면 우리 사회는 갈등은 해소되지 않고 이익 표출만 넘쳐나게 된다. 무정부 상태와 별반 다르지 않다.

둘째, 정당은 정치인을 발굴하고 이들을 정책결정자로 키운다. 대의민주주의는 대표자를 필요로 한다. 수요가 있으면 공급이 따라오는 법. 대표자 역할을 전문으로 하는 직업 정치인이 나타났다. 대통령, 국회의원, 지방자치단체장과 시·도·구의원까지. 이들 선출직 공무원뿐만 아니라 의원 보좌관이나 청와대 비서진처럼 정무직에 임명되는 자들도 모두 직업 정치인이다. 우리나라의 경우, 2024년 현재 선출직만 해도 4,400명이 넘는다. 대통령에서부터 300명의 국회의원, 17명의 시·도지사, 226명의 시·군·구청장, 872명의 광역의원(서울시의회, 부산시의회, 경기도의회 등 도 단위 이상의 의회 의원), 2,987명의 기초의원(시·군·구의회 의원) 등이 그들이다. 여기에 국회의원 보좌관 2,400명을 더하고, 청와대 비서실 400여 명에 장관 보좌관 38명까지 더하면 당장 월급 받는 직업 정치인만 7,200명이 넘는다. 이 자리에 들어가고자 준비

중인 정치인 지망생 또한 부지기수다.

    이들 대다수는 정당 활동을 통해 정책 이슈를 이해하고, 이해관계를 조정하는 능력을 키운다. 정당은 공천을 통해 선출직 공직자 후보를 선발해 유권자에게 선보인다. 선출되면 이들은 자신을 선출해준 시민들을 구속하는 의사결정을 내릴 권한을 갖게 된다. 인사가 만사인 만큼 직업 정치인의 자질이 정책의 품질은 물론 정치의 품격을 좌우한다. 그러나 모든 정당이 인재 양성에 성공하지는 못한다. 이념성이 강한 정당이나 부패한 정당이 길러낸 정치인의 정책 능력이 높을 리 없다.

    셋째, 정당은 여론을 주도하고, 집권하면 국가를 이끌어간다. 오늘날 좋은 정당은 시민의 목소리에 즉각 반응하고 이들의 요구를 적극적으로 수용하는 존재로 그려진다. 하지만 현실에서 정당은 수동적이지만은 않다. 오히려 정당과 정치인은 능동적으로 자기에게 유리하게 여론을 만들어낸다. 당 대변인의 논평이나 당 지도부가 던지는 한마디는 시민들에게 시시각각 발생하는 정치·사회 이슈를 해석하는 프레임이 된다. 또 국가 운영의 비전도 제시하며, 경쟁하는 정당보다 더 나은 미래를 약속한다. 선거에서 승리해 집권하면 국가관료제를 이끌어간다. 고도로 발전하고 복잡한 현대 사회에서 2,500년 전 아테네의 시민들처럼 무작위로 돌아가면서 국가를 운영할 수는 없다. 시민은 선거를 통해 정당이 내놓은 후보 중 국가라는 배를 운항할 선장과 선원을 선발할 뿐이다. 그렇기에 정당의 이념과 국정 운영 능력에 따라 그 나라와 국민의 운명이 결정된다고 해도 과언이 아니다.

당대표 선출과 공천 방식

대중민주주의 시대의 주역인 정당의 정점에는 당총재, 당수 혹은 당대표라 불리는 정당 지도자가 있다. 대통령제 국가에서 당총재는 대통령 후보이기도 하다(한국도 2002년 당대표와 대통령 후보를 분리하기 전까지 당총재가 대통령 후보였다). 내각책임제 국가에서는 일반적으로 집권당 대표가 곧 총리가 된다. 총선에서 승리하면 당대표에서 내려오지 않는 한 총리직을 유지한다. 앞서 3장 〈더 우월한 정부 형태가 있는가〉에서 언급했듯이, 영국의 마거릿 대처가 11년, 독일의 메르켈이 16년, 스웨덴의 엘란데르가 23년간 총리를 할 수 있었던 이유다.* 같은 내각제 국가라도 일본은 유럽과 달리 총리가 계속 바뀐다. 자유민주당(자민당)이 줄곧 집권하는데도 말이다. 자유당과 일본민주당의 합당으로 자민당이 출범한 1955년 이후 2024년까지 70년간 총리가 49명이나 된다(이 중 자민당 총리는 43명). 자민당 당규상, 당총재 임기가 2년으로 짧고 연임이 1회만 허용되기 때문이다. 2003년부터 당총재 임기가 2년에서 3년으로 늘고, 2017년부터는 2회 연임까지 가능해지면서 아베 신조 같은 7년짜리 최장수 총리가 나올 수 있었다.

궁극적으로 총리와 대통령은 국민이 만들어낸다. 하지만 집권당 내부에서 먼저 선택받지 못한다면 총리나 대통령은 꿈조차 꿀 수 없다. 이토록 중요한 당대표는 어떻게 선출될까?

이념적·정책적 친소 관계에 따라 의회 내에서 정당이 태동했던 엘리트 정당 시대에는 의원들이 대표를 선출하는 게 상례였다. 한국에서 원내대표 뽑듯이 말이다. 그러나 대중정당 시대로 넘어오면서 당대표 선출은 당원들이 참여하는 방식으로 바뀌었다. 물론 무 자르듯이 대표 선출 방식이 둘로 나뉘는 것은 아니다. 영국의 예를 들자면, 엘리트 정당의 뿌리가 깊은 보수당의 경우, 의원들이 두 명의 당대표 후보를 선출하고 나면, 전체 당원 투표로 이 중 한 명을 당수로 선택하는 방식을 쓴다. 반면 대중정당으로 출범한 노동당은 당대

* 독일에서는 총리가 반드시 당대표여야 하는 것은 아니다. 슈뢰더Gerhard Schröder 총리의 경우, 7년의 재임 기간(1998~2005) 중 당대표를 맡은 기간은 5년(1999~2004)이었다.

표 후보가 되려면, 원내 의원들뿐만 아니라 지구당과 노동조합의 추천을 받아야 한다. 이후 최종적으로 모든 당원이 1인 1표를 행사하고, 가장 많은 표를 받은 후보가 당대표가 된다.[6]

일종의 간접선거라 할 수 있는 당대표 선출대회나 전당대회에서 대표를 뽑는 경우도 많다. 이런 경우에는 당원들이 1인 1표를 동등하게 행사하기보다는, 청년위원회나 여성위원회 같은 정당 하부 조직의 대의원별로 표의 무게를 달리해 투표한다. 이 또한 세부적으로 들어가면 매우 다양하다. 스웨덴 사민당은 형식적으로는 전당대회에서 선출하지만, 내용적으로는 당대표를 추대한다. 먼저 전국 290개 지방 조직에서 각자 원하는 당대표 후보를 추천한다. 그럼 26개 권역위원회에서 각각 5인씩 후보를 추려서 중앙에 올린다. 그러면 중앙추천위원회에서 추천을 가장 많이 받은 최상위 5인을 추린 후, 최종적으로 한 명만을 전당대회에 당대표 후보로 올린다. 물론 이 추천위원회의 추천을 거치지 않고, 자천으로도 후보 등록이 가능하다. 그러나 추천위원회의 추천을 받지 못한 자천 후보가 당대표가 된 적은 1918년 이래 아직 없다.[7] 스웨덴 사민당의 당수이자 총리 후보는 선거가 아닌 추천과 협의로 결정되는 것이다.

이처럼 정당정치의 역사가 긴 자유민주국가들에서는 대체로 당 지도부, 의원, 당원들의 의사를 반영해 당대표를 선출한다. 최근 한국의 정당들이 채택한, 국민 여론조사 결과를 당대표 선출에 반영하는 방식은 매우 이례적이라 할 수 있다. 비상대책위원장 식으로 외부 인사를 추대해 한시적 당대표를 맡기는 경우는 더욱이 찾아보기 어렵다. 유럽처럼 의원들이나 추천위원회를 거쳐 당대표가 선출되는 경우, 그간의 의정 경험과 정치 경력이 많이 참작된다. 반면 일반 당원 투표 혹은 나아가 여론조사로 당대표를 선출하는 경우, 대중적 인기가 주요 득점 포인트가 된다. 현직 의원이 당대표일 필요도 없기에 새로운 리더십의 등장이 용이하고 빠른 변화를 가져올 수는 있다. 그러나 정당의 안정성과 예측 가능성이 떨어지고, 포퓰리즘으로 흐르는 단점이 동반된다.

당대표 선출 못지않게 중요한 이벤트는 각종 선거에 출전할 선수들을 뽑는 공천이다. 이 또한 다양한 방법이 사용되나, 크게 보아 중앙집권형(당 지도부가 결정)과 분권형(당원, 나아가 일반 국민이 결정)으로 구분해볼 수 있다. 소선거구제에서 지역구 선거에 출마할 후보를 뽑을 때, 당대표나 중앙당 공천위원회 같은 기구가 공천권을 행사하는 경우가 간혹 있다(민주화 이전 한국, 멕시코 제도혁명당, 노르웨이 극우 정당). 이 경우, 정당 규율이 매우 강하다(《그림 4-1》). 개개 의원들이 독자적으로 의정활동을 하기보다는 당대표와 지도부의 의중에 따라 움직인다. 눈 밖에 났다가는 다음 공천을 받을 수 없기 때문이다. 반대로 미국처럼 지역구의 일반 국민이 국민 경선 open primary 방식으로 상향식 공천을 하는 경우도 있다. 이 경우

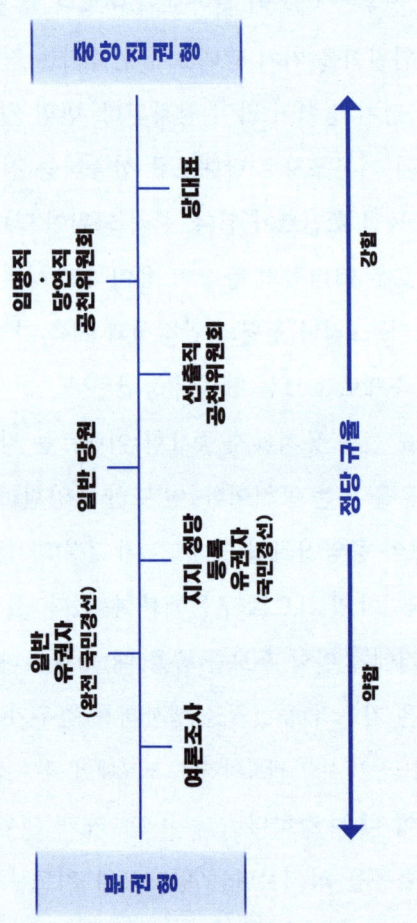

〈그림 4-1〉 공천권 행사 소재에 따른 정당 규율의 강도

상대적으로 개개 의원의 자율성이 높아진다. 당 지도부보다는 지역구민의 지지로 공천이 되기 때문이다. 따라서 지역구민과 일체감이 높아지나, 정치의 개인화가 문제될 수 있다.[8]

　많은 나라에서 대부분의 정당은 이러한 양극단의 중간 어딘가에 위치한다. 정치의 개인화를 막고 정당 규율을 유지하면서도 일반 당원과 지역구민에게 공천권을 나눠주기 위해서다.

　영국의 예를 보자.[9] 보수당의 경우, 먼저 중앙당에서 후보 자격 요건이나 공천 규정을 만든다. 이에 의거해 중앙공천위원회에서 공천 신청자들에 대한 1차 검증을 실시한다. 이를 통과한 신청자는 중앙심사위원회에서 면접을 통한 선발 과정을 다시 거친다. 이에 합격하면 이른바 롱리스트longlist라 불리는 공천후보 명부에 오른다. 이 공천후보 명부에 오른 자만이 원하는 지구당에 공천 신청을 할 수 있다(복수 신청도 가능).

　지구당후보선출위원회는 서류 심사와 면접을 거쳐 지구당 공천 신청자 중 3인 이상을 선별해 지구당이사회에 보낸다. 지구당이사회에서 최종적으로 지역구 경선에 나설 후보를 결정한다. 한편 현 보수당 의원 지역구나 전략적 요충지에는 중앙당에서 현역 의원과 영입 인사 등을 우대자 리스트priority list에 올려 지구당에 내려보낸다. 해당 지구당이사회는 이들을 무조건 최종 경선 후보 중 한 명으로 선발해야 한다. 최종 경선 후보자 결정 과정에서 외부 인사를 심사위원으로 참여시켜 공개 면접 등을 거쳐 경선 후보자를 선발하면, 지구당원들의 투표만으로 한 명을 선출하고 끝난다. 하지만 외부 심사위원 없이 자체적으로 경선 후보를 선발하는 경우에는, 지역구민이 참여하는 국민경선을 실시해야 한다. 전반적으로 볼 때 영국의 보수당은 중앙당과 지구당이 함께 공천권을 행사하고, 어떤 식으로든 외부인이나 지역구민의 참여하에 공천이 이루어지게 하고 있음을 알 수 있다.

영국 노동당도 유사한 공천 절차를 갖고 있다. 현역 의원도 모두 경선을 거쳐야 하는 점은 보수당과 같다. 그런데 한 가지 크게 다른 점은, 중앙당을 거치지 않고 바로 지구당에 공천을 신청하고 지구당원만 참여하는 경선을 통해 선발되는 길이 열려 있다는 점이다. 그러나 이 경우에도 중앙당의 최종 면접을 통과해야 공천 여부가 확정된다. 중앙당이 일종의 거부권을 갖고 있는 셈이다. 또 국민경선이란 선택지는 없고 당원들의 투표로만 공천이 결정된다는 점도 보수당과는 다른 점이다. 전반적으로 볼 때 보수당에 비해 노동당은 지구당의 공천 자율성이 높다. 하지만 중앙당이 거부권을 갖고 있다는 점에서 노동당도 중앙당과 지구당이 함께 공천권을 행사한다고 볼 수 있다.

비례대표제의 후보 명부 작성에도 '중앙집권형 대 분권형'의 구분이 적용된다. 선거 전에 비례대표 의원 후보를 당

대표나 지도부에서 미리 정하고 순번까지 확정해버리는 폐쇄형 명부closed list의 경우, 정당 규율이 강하게 선다. 반대로, 선거 때 투표자가 지지하는 후보를 표시해 순번에 영향을 주는 개방형 명부open list를 채택하는 경우, 상대적으로 정당 규율은 약해진다. 정당 지도부의 발탁이 없어도 인기 관리를 통해 높은 순위로 올라가기만 한다면 의원이 될 수 있기 때문이다. 이 경우, 상향식 국민경선에서 나타나는 정치의 개인화 문제가 비례대표제에서도 나타날 수 있다(선거제도와 그 영향에 대해서는 5장 〈선거제도가 바뀌면 정치가 바뀔까〉에서 자세히 다룬다).

사회경제적 균열과 정당 체제

정당은 대중민주주의 시대에 필요한 전투 조직이다. 정치인들은 총이 아닌 말로 싸운다. 시민들도 각자 지지하는 정당이 선거라는 전쟁에서 승리하길 바라며 소중한 한 표를 던진다. 선거는 주기적으로 돌아오기 때문에 전투도 주기적으로 벌어진다. 그런데 전투 대상은 꽤 일률적이다. 우리의 휴전선 같은 정치적 전선戰線이 형성되어 있다. 이 전선은 종교, 사회, 경제적 균열 등에 기인한다. 시민들은 이 균열선을 따라 정치적 이해관계를 달리하는 집단으로 나뉘어 서로 갈등한다.

선거권 확대로 대중민주주의와 정당의 발달이 앞섰던 유럽의 역사를 보자. 대체로 가톨릭과 개신교의 종교 갈등, 그리고 노동자와 자본가의 계급 갈등을 축으로 균열이 생기고, 이에 근거해 정당 간 대결 구도가 형성되었다. 종교적 균열은 산업사회의 진전에 따라 점차 계급 균열에 덮였지만, 1970년대까지 여전히 중요한 정당 간 대결 구도의 한 축을 이루었다. 후기 산업사회로 넘어오면서는 새로운 정치 균열이 더해지고 있다. 네덜란드가 이 시대의 대표적인 균열 구조를 보여준다.

1970년대 중반 네덜란드의 5대 정당을 보면, 가톨릭국민당, 개신교 계열의 반혁명당, 기독교역사연합, 노동당, 자유주의 정당인 자유민주국민당이었다.* 그러다 사회경제적 변화에 따라 환경, 여성 해방 같은 신사회운동에 근거한 새로운 균열이 더해지자 이를 대변하는 좌파 성향의 녹색당 등이 등장했다. 최근에는 세계화의 수혜자와 낙오자 간 균열이 생기면서 후자의 지지를 동원하는 극우 성향의 반反이민 정당이 크게 성장하고 있다.

이 밖에도 나라마다 독립, 통일, 민주화, 경제위기 등 사회적 격변에 따라 균열이 생기고, 중대선거critical election를 통해 정당 간 대결 구도가 재정렬되기도 한다. 대표적인 예가 대공황기 미국에서 실시된 1932년과 1936년 선거다. 과거에는 남부 백인들의 지지에만 기댔던 민주당이 루스벨트Franklin Roos-

---

* 1977년 가톨릭국민당, 반혁명당, 기독교역사연합이 합당해 중도우파 성향의 기독교민주당을 설립해 2000년대 초반까지 다수당의 위치를 차지했다. https://en.wikipedia.org/wiki/Cleavage_(politics)

evelt 대통령의 뉴딜 New Deal 개혁으로 북동부 대도시, 노동자, 지식인, 흑인 등의 지지까지 동원하며 공화당과의 대결 구도를 뒤집어엎었다. 이 대결 구도는 1980년에 신보수주의와 감세를 앞세운 레이건 Ronald Reagan 대통령이 민주당의 텃밭이었던 남부 주를 공화당 지배로 바꿔버리는 재정렬이 이루어질 때까지 이어졌다.

역사적으로 사회경제적 균열이 층층이 더해짐에 따라, 의회에 새롭게 진출하는 정당들이 늘어가고 있다. 독일의 예를 보자. 전후 초기에는 기독교민주연합, 사회민주당, 자유민주당, 공산당의 4당 체제였다. 1956년 공산당이 위헌정당 심판을 받아 해산되자, 1980년대까지 3당 체제가 되었다(물론 무소속이나 한두 석짜리 작은 정당들이 여러 차례 의회에 진입했었다). 1983년 녹색당이 새롭게 의회에 진입하여 다시 4당 체제가 되었다. 1990년 독일 통일 이후 민주사회당(구동독의 공산당, 현재 당명은 좌파당)*이, 그리고 2017년 총선에서 반유럽연합과 반이민을 표방한 '독일을 위한 대안당'이 의회에 진입해 6당 체제로 불어났다.

앞에서 살펴본 독일과 네덜란드 등 대부분의 유럽 국가들은 다당제 국가로 분류된다. 반면 한국은 미국, 영국 등과

*   2000년대 신新중도를 표방한 슈뢰더 사민당 정부의 노동시장 유연화와 복지 개혁에 반대하여 2005년에 탈당한 사민당 좌파가 결성한 '노동과 사회정의를 위한 선거 대안'과 민주사회당이 합당해 2007년 좌파당이 되었다.

함께 양당제 국가다. 다당제와 양당제만 있는 것은 아니다. 한 정당이 다른 당을 압도하는 지배정당 체제도 있다. 44년 동안 사민당이 단독으로 내리 정권을 잡았던 1932년부터 1976년까지의 스웨덴, 그리고 자민당이 1955년부터 1992년까지 37년 동안 단독 집권했던 일본이 자유민주주의 국가에서는 이례적으로 지배정당 체제를 경험했다.

한국이 양당제라고 해서 더불어민주당과 국민의힘만 있는 것은 아니다. 2024년 22대 총선에서 비례대표 선거에 나선 정당만 38개다. 그리고 22대 국회에는 더불어민주당과 국민의힘만이 아니라 조국혁신당, 개혁신당, 진보당 의원도 있다. 양당제의 원조 영국에서도 2024년 총선 결과 노동당, 보수당뿐만 아니라 자유당과 스코틀랜드국민당을 포함해 총 14개 정당이 의회에 진출했다. 그럼에도 한국과 영국은 양당제로 분류된다. 이유는 단순히 의회에 진출한 정당의 숫자로 정당 체제를 구분하지 않기 때문이다. 유효 정당 수가 중요하다.

의회에 7개 정당이나 진입했다고 하더라도, 제1당이 50%의 의석을 가지고 있고, 제2당이 40%, 나머지 5개 정당이 각각 2%의 의석만 점유한 경우에는 유효 정당 수가 2.4로 계산된다. 정부 구성이나 정책 결정에 영향을 미치는 정당은 사실상 2개 정도이고, 나머지 5개 정당은 크게 의미가 없다는 뜻이다. 양당제다. 반면에 의회에 4개 정당밖에 없어도 이

4개 정당이 모두 25%씩 의석을 동등하게 나눠 가지고 있다면, 유효 정당 수는 4.0이 된다.* 4당 모두 정부 구성과 정책 결정에 유의미한 영향을 미치기 때문이다. 다당제가 된다.

다음 장에서 자세히 다루겠지만, 정당 체제에 결정적인 영향을 미치는 것이 선거제도다. 한국, 영국, 미국 등 양당제 국가로 분류되는 나라는 소선거구제(즉 단순 다수대표제)를 채택하고 있다. 반면에 다당제 국가들은 비례대표제를 채택하고 있다. 사회가 다양화하고 이질화해 사회경제적 균열이 중첩되면 정당의 수는 늘어가는 게 상례다. 그러나 1등만 의회에 진출하는 소선거구제에서는 한두 개 큰 정당의 후보가 절대적으로 유리하다. 아무리 사회가 복잡해지고 정당이 늘어나도, 큰 정당 후보가 1등 하기는 마찬가지이기에 유효 정당은 2개 정도로 고정된다.

반면 1등을 하지 않아도, 30%든 3%든 정당 지지율만큼 의회 의석을 가져가는 비례대표제 국가는 사회경제적 균열이 중첩될수록 정당도 많아지고 의회에 진입하는 정당 수도 늘어간다. 의회에 다양한 정당들이 들어가서 사회 각계각층을 모두 대변하는 것이 민주적이고 바람직하다. 그러나 사공이 많아지면 구속력을 갖는 중요한 의사결정을 내리기가 쉽

* 유효 정당 수는 정당 지지율의 집중도와 의석 점유 집중도로 구분할 수 있는데, 의석 점유 집중도만 계산한 결과다. 계산 공식과 방법은 다음을 참조했다. 문우진, 《대의 민주주의와 한국 정치제도》, 버니온더문, 2024, 64~66쪽.

지 않다. 통치가능성governability이 떨어진다. 민주성과 통치가능성이라는 두 마리 토끼를 잡으려면 정치제도 설계를 어떻게 해야 할까? 이 책에서 계속되는 고민이다.

한국의 정당 발전과 현실

한국의 정당은 1945년 해방과 함께 봇물 터지듯이 결성됐다. 1946년에 미 군정청에 등록된 정당 수만 107개에 달했다. 최초의 정당은 박헌영이 주도하여 재건한 조선공산당이라 할 수 있다. 우파 진영의 김성수, 송진우, 김병로, 조병옥 등의 한국민주당(한민당), 중도우파인 안재홍의 국민당, 중도좌파인 여운형의 조선인민당 등이 의미 있는 정당이었다. 이 당시 결성된 정당들은 엘리트 정당의 성격을 지녔다. 해방 정국에서 이승만은 미국의 초대 대통령인 워싱턴이 그랬던 것처럼 초당적인 국부國父가 되길 바랐다. 그랬기에 정당을 따로 결성하지는 않았다. 이승만은 1948년 대한민국 정부 수립 때까지 한민당의 지원을 받았다. 그러나 이승만 대통령이 초대 내각을 독립운동가들로만 채우고 한민당 인사를 기용하지 않자 관계가 틀어졌다.* 이승만은 1951년 초대 내각에서 국무총리를 맡았던 이범석과 손잡고 자유당을 창당했다. 1955년에는 반反이승만-반反자유당의 기치 아래 과거 한민당 세력 등이 뭉쳐 민주당이 창당되었다.

자유당과 민주당이 대결한 1958년 선거는 한국에서 첫 중대선거 혹은 정초선거founding election로 불린다. 한국전쟁 때문에 더욱 강고해진 반공 이데올로기의 영향으로 좌파 정당 활동은 용납되지 않았다. 자본과 노동 간 사회경제적 균열은 묻혔다. 대신 1958년 선거에서 정당 간 경쟁은 독재로 치닫는 대통령 및 여당과 민주주의를 외치는 야당의 대결, 즉 민주 대 반反민주 구도로 치러졌다. 이후 1986년까지 권위주의 시대 내내 '민주공화당(박정희) 대 신민당(김대중·김영삼)'과 '민주정의당(전두환) 대 신한민주당(김영삼·김대중)'으로 민주 대 반민주의 대결 구도가 이어졌다.[10] 민주 대 반민주 구도는 여촌야도與村野都, 즉 여당은 농촌, 야당은 도시에서 지지를 받는

---

* 대한민국 초대 내각에는 이시영(부통령, 상해 임시정부 재무총장), 이범석(국무총리 겸 국방장관, 광복군 참모장), 김도연(재무장관, 2·8 독립선언 투옥), 이인(법무장관, 항일 변호사), 안호상(문교장관, 조선어학회), 이정천(무임소장관, 광복군 총사령관), 임영신(상공장관, 3·1운동 투옥), 장택상(외무장관, 독립운동 투옥), 윤치영(내무장관, 독립운동 투옥), 전진한(사회장관, 노동운동), 윤석구(체신장관, 상해 임시정부 국내지부 활동), 민희식(교통장관, 재미 유학생 항일운동), 조봉암(농림장관, 사회주의 계열 독립운동), 이윤영(무임소장관, 3·1운동 투옥)이 참여했다.

구도와 겹쳤다. 여촌야도 경향은 이승만의 농지개혁으로 하루아침에 소작농에서 자영농으로 탈바꿈한 대다수 농민의 지지, 그리고 박정희의 새마을운동으로 1970년대 한때 도시 근로자보다 소득이 높아지기까지 했던 농촌 지역의 지지 때문이다. 그러나 물가 안정을 최우선 과제로 삼은 전두환 정부에서 추곡수매가를 동결한데다, 1980년 5·18 광주민주화운동에 대한 폭력적 진압으로 인해 곡창지대인 호남이 등을 돌리면서 여촌야도의 공식은 깨진다. 권위주의 시기는 여당이 항상 의회의 과반을 차지하는 지배정당 체제였다. 여당에게 유리한 선거제도와 관권선거가 작용한 결과였다(이 부분은 다음 5장 〈선거제도가 바뀌면 정치가 바뀔까〉에서 다시 다룬다).

1987년 민주화 이후 치러진 1987년 대통령 선거와 1988년 총선은 또 다른 중대선거였다. 민주 대 반민주 대결 구도가 성공적인 민주화로 인해 약화되자, 지역 간 대결로 정당 구도의 재정렬이 이루어졌다. 1987년 대선에서 후보자 출신 지역별로 지지가 갈렸다. 노태우(민주정의당, 경북), 김영삼(통일민주당, 경남), 김종필(신민주공화당, 충청), 김대중(평화민주당, 호남)의 대결 구도는 1988년 총선에서도 그대로 이어졌다. 많은 시민이 자신의 지역 연고대로 해당 정당과 일체감 party identification을 형성했고, 4개 정당은 각각 자기 지역을 석권했다. 소선거구제하에서 이례적으로 다당제가 연출되었다. 헌정사상 처음으로 여소야대 국회가 발생하기도 했다.

1989년 상대적으로 진보적이었던 김대중의 평화민주당을 제외하고, 노태우·김영삼·김종필의 3당이 합당하여 거대 여당인 민주자유당(민자당)을 만들었다. 이로써 다시 여대야소의 양당 체제로 복귀했다. 영남을 기반으로 하는 보수 여당과 호남을 기반으로 하는 상대적으로 진보적인 야당의 대결 구도가 형성되었다.

1997년 대통령 선거에서 야당 후보 김대중이 당선되었다. 정부 수립 이후 처음으로 평화적인 정권 교체가 이루어진 것이다. 1987년 시작된 민주화가 공고해지기 시작했음을 알리는 일대 사건이다. 김대중 정부는 과거 보수 정권과는 달리 대북 포용 정책과 친노동-친복지 정책을 펼쳤다. 이는 이후 민주당 계열 정당에 이어져 내려와, 최근에는 지역 균열뿐만 아니라 보수 대 진보의 사회경제적 균열도 정당 대결에 반영되고 있다.

한국의 정당은 정당 규율이 유럽 정당들 못지않게 강하다. 지역 텃밭에서는 당내 공천이 곧 당선인 소선거구제를 채택하고 있고, 공천권이 사실상 당대표와 지도부에 있기 때문이다. 정당 규율은 책임정치를 가능하게 한다. 일반적으로 유권자들은 정당에 대한 정서적 호감도와 정당이 추구하는 가치와 정책을 보고 후보자를 지지한다. 따라서 정당 공천을 받아 당선되었으나 실제 의정활동은 당의 노선과 상관없이 자기 맘대로 한다면, 책임정치와는 멀어지게 된다. 따라서 정당

정치에서 정당 규율은 필요하다. 그런데 문제는 한국의 강한 정당 규율이 당의 이념과 정책을 실현하는 책임정치가 아니라, 여야 간 정쟁에 동원되고 있다는 점이다. 국가와 국민을 위해서 하지 말아야 할 일도, 당 지도부가 결정하면 줄 서서 따라 한다.

자유민주주의 국가 대부분은 정당에 국고보조금을 지급한다. 한국도 마찬가지다. 2023년 더불어민주당은 223억 4,000만 원, 국민의힘은 202억 3,000만 원의 국고보조금을 받았다. 대통령 선거와 지방선거가 있었던 2022년에는 두 당이 각각 462억 1,000만 원과 404억 6,000만 원을 추가로 받았다.[11] (매년 2,449억에 달하는 국회의원 세비와 사무실 운영비 등은 제외한 금액[12]). 국가가 막대한 보조금을 지급하는 이유는 정당에 기대하는 순기능에 있다. 앞서 논했듯이 정당은 사회 각계에서 표출되는 이해관계를 조율하여 공익에 부응하는 정책을 만들어내야 한다. 그리고 이를 업으로 삼는 경험과 실력을 갖춘 정치인들을 길러내야 한다.

그러나 한국의 정당은 공직 후보자를 키우는 가장 기본적인 역할을 하지 않는다. 선거에 나설 인사는 당장 외부에서 영입한다. 그리고 한두 번 당선되고 나면 다른 영입 인사로 교체해버린다. 이러한 경향은 최근 들어 더 심해졌다. 3선 초과 금지를 정치 개혁이라며 법제화하려 하기까지 한다. 국회를 초·재선 의원만으로 채우겠다는 뜻이다. 다행히 법제화하지는 않았지만, 이미 21대 국회(2020. 5. 30~2024. 5. 29)는 초·재선 의원이 전체의 4분의 3을 차지했다. 그런데 이들의 평균 연령은 50대 후반이다. 나이는 많으나 정치 경험이 없는 초짜들의 의회다.[13] 2022년 독일 연방의회를 보자. 13선이 최다선 의원이고, 상임위원장은 평균 5선이며, 초선의원의 평균 연령은 42세다. 이 초선의원도 당적 보유 기간이 평균 15.3년에 달하고 지방의원 등 선출직 경험자가 88.3%나 된다.[14] 우리와는 딴판이다.

당원도 마찬가지다. 지역에서 활동하고, 노동조합·경제단체·의사협회 등의 직능단체와 협력하며, 지역과 사회경제적 문제를 연계해 당 차원에서 논의하는 당원들은 어느덧 뒤로 밀려났다. 대신 온라인상에서 손가락만 까딱하는 팬덤 당원들이 당대표 선출부터 공천까지 좌지우지한다. 일부 정당에서는 직접민주주의라며 당원들이 당대표와 직거래하고 홍위병처럼 극렬한 행동도 마다하지 않는다.

한국에서는 팬덤 당원들과 외부에서 영입된 인사들이 당론이라는 이름으로 당쟁에 동원되고, 초짜 의원들이 당론에만 끌려다니다가 그냥 버려지는 형국이다. 이런 구조 속에서 정책 정당의 길은 요원하다. 당의 이상과 비전을 현실에 적용 가능한 정책으로 만들어내는 일은 쉽지 않다. 그런데 이념과 선의만 앞세우며, 부작용이 큰 법도 다수결 우격다짐으로 일단 만들고 본다. 탁상공론이 따로 없다. 뒷감당은 국민

몫이다. 선거에서 승리하면 국가관료제도 잘 이끌어가야 하는데, 초보 운전자로 그득한 집권 정당은 운전이 서툴고 거칠다. 그나마 운전대도 정당 인사가 아닌 선거 캠프 출신들이 잡는다. 내비게이션도 당이 아닌 캠프에서 만든다. 민주화만 되면 정치 발전을 이끌 것으로 기대되었던 한국의 정당은 국고보조금 받고 정쟁만 일삼다가, 집권하면 공직 배분 경쟁에 나서는 조직으로 타락하고 있다.

4장을 마치며

정당 없는 대중민주주의는 없다. 정당 간 경쟁이 부재한 자유민주주의도 없다. 자유민주주의 정치 시장에서 정당은 의회에 파견할 시민들의 대표를 키우고 선발해 국민에게 제시한다. 국가의 미래를 이끌 비전과 정책도 내놓는다. 그리고 유권자의 선택을 기다린다. 국민의 선택을 받으면 일정 기간 국가를 이끌어간다. 다음 선거에서 경쟁자에게 정권을 내놓지 않기 위해서 정책을 가다듬고 국정 운영 능력도 키운다. 시민은 후보와 정책을 보고 몇 년에 한 번씩 지지 정당을 선택할 뿐이지만, 경쟁이 존재하기에 주인이 될 수 있다.

정당 간 경쟁이 불공정해서는 안 된다. 독과점 시장도 문제지만, 허위·불법 광고, 거짓 홍보, 흑색선전으로 경쟁을 왜곡해서는 안 된다. 시민들도 표를 던질 때 상품의 질을 따지지 않고 연고나 관성에 의해 묻지 마 투표를 해서는 경쟁의 미덕을 기대할 수가 없다. 이런 혼탁한 정치 시장에서는 정당의 발전과 민주주의의 발전을 기대할 수 없다.

1987년 민주화가 이루어지고 자유로운 정당 경쟁의 문이 열렸을 때, 우리나라의 경제와 사회가 발전하듯 정치 발전도 당연한 것으로 기대했다. 그러나 그 기대는 무산된 지 오래다. 발전은커녕 지속적인 퇴보를 걱정하고 있다.

걱정만 하고 있을 수는 없다. 공정거래위원회가 시장에서 독과점을 규제하고 허위·과장 광고와 매점매석을 단속하듯이, 혼탁한 정치 시장에 질서를 다시 바로 세워야 한다. 선거제도 개혁은, 충분하지 못하더라도, 하나의 해법이 될 수 있다. 선거제도는 당선이 우선인 정당과 후보자의 전략과 행태에 강한 영향을 미치기 때문이다. 나아가 지지하는 정당이나 후보자의 승리를 바라는 유권자의 행태에도 큰 영향을 준다. 이뿐인가? 독과점 구조를 깨는 것도, 과당경쟁을 막는 것도 선거제도에 달렸다. 그래서 다음 장에서는 선거제도를 다룬다. 소선거구제와 비례대표제를 중심으로 하위 변형 제도까지 다루고자 한다. 우리나라 정당과 정치 발전의 계기가 될 수 있는 선거제도에 대해 함께 고민해보자.

5장

선거제도가 바뀌면 정치가 바뀔까

인류 역사에서 정권 쟁취는 피를 동반하는 경우가 많았다. 무력으로 왕조가 교체될 때 혁명이라는 이름으로, 왕자의 난으로 피를 흘렸고, 근대 이후에는 쿠데타도 세계 곳곳에서 심심치 않게 발생한다. 피까지는 아니더라도 폭력을 동원하고 부정한 방법으로 권력을 쟁취하는 나라도 흔치 않게 볼 수 있다. 자유민주주의 국가에서는 폭력이 아닌 자유경쟁 선거를 통해 승자가 결정되고, 정부를 일정 기간 담당한다. 그러나 애초부터 자유민주주의였던 나라는 없다. 민주화되었다가 다시 전체주의로 혹은 권위주의로 회귀하는 경우도 다반사다. 2010년 튀니지, 리비아, 이집트 등에서 민주화의 바람이 불며 '아랍의 봄'이 오나 했지만, 현재의 모습은 '아랍의 겨울'이다. 이슬람 극단주의 세력이 권력을 잡거나, 서로 권력을 잡겠다고 내전을 벌이고 있다.

정치학자들은 민주주의가 자리를 잡았다는 뜻으로 '민주주의의 공고화 democratic consolidation'라는 개념을 사용한다. 그렇다면 민주주의가 공고해졌다는 판단 기준은 무엇인가? 널리 쓰이는 지표는 선거에 의한 두 번의 평화적인 정권 교체다. 이에 비추어 보면 한국은 1997년 대선에서 만년 야당 후보였던 새정치국민회의의 김대중이 승리하고 대통령이 되면서 첫 번째 평화적인 정권 교체를 맞이했다. 새정치국민회의의 후계정당인 새천년민주당 노무현 대통령에 이어, 2007년 대선에서 보수 정당인 한나라당(현 국민의힘)이 이명박 대통령의 승리로 정권을 되찾으면서 두 번째 평화적인 정권 교체를 경험했다. 선거를 통해 두 번 평화적인 정권 교체를 했으니, 한국의 민주주의는 공고해졌다고 말할 수 있다. 이제 권력은 선거에서 승리한 자나 정당이 갖는 것이라는 데 누구도 이의를 달지 않는다.

그래서 선거는 '민주주의 꽃'이 되었다. 이제 우리는 대표를 뽑아 이들에게 의사결정을 맡기는 대의민주주의를 실천하고 있다. 선거를 통해 대표를 선출하고, 잘못한다 싶으면 책임을 물어 대표를 바꾼다. 주기적으로 실시되는 경쟁적 선거가 있기에 시민이 주인 행세를 하고, 정치 엘리트들과 연결고리를 유지할 수 있다. 그런데 선거제도에 따라 시민과 정치가의 연결 방식은 달라진다. 즉 시민들이 대표를 선택하고 또 처벌하는 강도가 달라지고, 정치인이 시민을 대하는 전략과 태도가 달라진다. 정치 엘리트들이 정치 활동을 위해 만든 정당 또한 선거제도에 따라 생존 전략부터 유력한 정당의 숫자까지 다 달라진다.

민주주의의 꽃이 선거라면, 정치공학 political engineering 의 꽃은 선거제도다. 정치 개혁을 논할 때마다 선거제도 개혁을 이야기하는 이유다. 선거의 역사와 의미를 살펴보고, 선거제도에 따라 정치가와 정당 그리고 유권자의 행태가 어떻게 달라지는지 알아보자.

선거권의 역사

대한민국 헌법 제41조는 "국회는 국민의 보통·평등·직접·비밀선거에 의하여 선출된 국회의원으로 구성한다"라고 규정한다. 이른바 '보비직평'이라 부르는 이 4대 원칙은, 성인이면 누구나 투표권을 갖는 보통선거, 자신의 선택을 남에게 공개하지 않는 비밀선거, 자신의 투표권을 타인에게 양도하거나 위임할 수 없는 직접선거, 그리고 1인 1표의 평등선거를 뜻한다. 보비직평은 다른 모든 민주국가에서도 보장하는 기본권이고, 우리나라에서도 제헌헌법 제32조로 처음 규정되어 지금까지 이어져 내려오는 원칙이다. 지금은 너무나 당연하게 받아들여지지만, 보비직평은 민주공화정의 역사와 궤를 같이하는 수백 년에 걸친 오랜 논쟁과 투쟁의 산물이다.

먼저 **보통선거권**을 보자. 과거 영국, 미국, 프랑스같이 근대 민주주의를 선도한 국가에서도 선거권은 매우 제한적으로 주어졌다. 영국의 경우, 헨리 6세 Henry VI 때인 1432년 선거권이 정비되었는데, 매년 40실링의 가치를 생산할 수 있는 사유지를 소유한 사람에게 투표권이 부여되었다. 토지 소유로 지역사회에 직접적인 이해관계를 갖게 된 사람에게만 참정권이 부여된 것이다. 아파트 재개발이나 재건축 때, 오직 소유권자만이 투표권을 갖고 조합장을 선출하고 총회에서 결정권을 행사하는 것과 같은 이치였다. 그래서 영국에서는 1830년대 초까지도 선거권을 가진 사람이 최대 40여 만 명에 불과했다. 산업화 시대에 사람들이 도시로 떠나자 지방에서는 유권자가 지나치게 적어 유력 후원자의 매표나 입김에 의해 당선이 좌우되는 이른바 '부패 지역구 rotten boroughs'가 곳곳에 생겨났다. 1832년 선거법 개혁은 부패 지역구를 일소하고, 비자산가에게도 선거권을 주기 시작했다. 선거권을 매년 10파운드 이상의 임대료를 지불하는 남성 임차인에게까지 확대하자, 인구가 늘어난 상공업 도시에 선거구가 늘어났다. 그래도 임대료 기준이 높아, 잉글랜드 전체를 통틀어 유권자는 65만 명에 불과했다.[1]

프랑스의 경우, 왕정복고 시기(1815~1830)에 실시된 하원 의원 선거를 보면, 선거권과 피선거권은 각각 직접세 300프랑과 1,000프랑 이상 납부자로 제한되었다. 그 결과 프랑스 유권자는 당시 전체 인구의 1%를 넘지 못했다.[2] 당시 유럽뿐 아니라 미국을 비롯한 신대륙의 모든 나라도 재산과 납세 규정을 두어 선거권을 제한했다.

한편 산업혁명의 결과로 무산자인 임금 노동자들이 대거 등장했다. 이들은 유산자에게 한정된 선거권을 비판했고, 사회주의 혁명 운동과 더불어 노동자들의 참정권 운동이 유럽 각지에서 벌어졌다. 엥겔스 Friedrich Engels는 1847년에 쓴 〈공산주의 원리 Prinzipien des Kommunismus〉에서 "오직 자본의 소유자, 즉 부르주아만이 선거권을 갖는다. 부르주아 유권자가 부르주아 대표를 뽑고, 이들 부르주아 대표가 부르주아 정부를 선출한다"며, 유산자 계급만의 부르주아 민주주의를 조롱했다. 1848년 3월 독일에서 시민혁명이 발발하자 마르크스 Karl Marx와 엥겔스는 〈독일 공산당의 요구 Forderungen der Kommunistischen Partei in Deutschland〉 17개 항 중에서 두 번째로 "범죄 이력이 없는 21세 이상의 독일인에게 선거권과 피선거권을 부여"하라고 요구하기도 했다.[3]

후대에 가장 큰 영향을 끼친 노동자들의 선거권 확대 운동은 영국의 차티스트 운동 Chartist Movement이다. 차티스트 운동은 1838년에 시작되어 1848년 지도부가 대거 검거되기까지 런던, 버밍엄, 글래스고 같은 산업도시의 노동자들을 중심으로 활발하게 전개되었다. 이들은 ① 21세 이상 남성 보통 선거권, ② 비밀투표, ③ 인구수에 따른 선거구 획정, ④ 의원 출마시 재산 자격 폐지, ⑤ 의원 세비 지급, ⑥ 의회 선거의 연례화 등 6개 항의 인민헌장 People's Charter을 내걸고 선거권 쟁취 운동을 전개했다. 이들의 요구가 즉각적으로 수용되지는 않았으나 단계적으로 대부분 실현되었다. 1858년 의원의 재산 자격 폐지, 1867년 일부 도시 남성 노동자들에게, 1868년 모든 남성 가장家長에게 선거권 부여, 1872년 비밀투표제 도입, 1885년 인구수에 따른 선거구 획정, 1911년 의원 세비 지급, 마침내 1918년 모든 성인 남성에게 선거권이 주어졌다.[4]

남성 보통선거권은 프랑스(1848), 미국(1856), 독일(1871) 등에서 선구적으로 인정되고, 20세기 전후에 대부분의 산업국가에 퍼졌다. 그러나 여성 보통선거권은 상당히 뒤늦게 인정되었다. 오히려 자산 규모와 납세 여부에 따라 선거권이 주어졌던 19세기 이전에는 자산가인 미망인이나 여성 가장에게 선거권이 부여되곤 했다. 영국이 그랬고, 미국의 뉴저지도 그러했다. 그러나 영국에서는 성인 남성에게 선거권 확대가 시작된 1832년 선거법 이후, 오히려 재산 소유자인 여성의 선거권이 남성이 아니란 이유로 박탈되었다(뉴저지는 1807년에 박탈).

여성 보통선거권은 영국의 자치령 뉴질랜드에서 1893년에 선도적으로 인정되었다. 그러나 영국을 비롯한 구대륙에서는 1차 세계대전(1914~1918) 이후에야 여성에게 선거권이 부여되기 시작했다. 1차 세계대전은 인류 역사상 첫 총력전이었다. 남성들이 공장과 농장에서 전선으로 떠나자, 후방에서 여성들이 생산을 담당하고 가장이 되었다. 독일에서는 중공업 종사자의 3분의 1이 여성으로 채워질 정도였다. 이에 종전과 더불어 영국(1918), 독일(1918), 오스트리아(1919), 네덜란드(1919), 미국(1920) 등에서 여성 선거권이 실현됐다. 물론 예외도 있었다. 프랑스는 뒤늦게 1944년, 스위스는 1971년이 되어서야 연방 선거에서 여성 선거권이 인정되었다.*

비밀투표도 확립된 지 그리 오래되지 않았다. 비밀투표는 여러 이점이 있다. 매수자가 돈 받은 유권자를 감시할 수 없게 되어 매표의 효과가 떨어진다. 금권정치가 약화된다. 무엇보다 지주나 공장주 혹은 동료가 가하는 유무형의 압력에서 자유롭게 자신의 뜻에 따라 투표할 수 있다. 선택의 자유와 프라이버시가 보호되는 것이다. 보통선거권이 '민주주의'를 완성한다면, 비밀선거권은 '자유'를 신장시킨다.

    그러나 지금 보면 상식적인 비밀투표는 고대 그리스부터 19세기까지는 일반적으로 받아들여지지 않았다. 물론 몇몇 예외는 있었다. 호민관들의 요구로 집정관 선거가 비밀투표로 실시된 기원전 2세기 후반의 로마 공화정, 고대 아테네 도편추방 투표, 콘클라베conclave라 불리는 추기경들의 교황 선

---

*   스위스의 주정부에 해당하는 행정구역이 칸톤canton인데, 1990년에야 모든 칸톤에서 여성 선거권이 인정되었다.

출, 르네상스 시대 베네치아와 제네바 공화국의 행정관 선출 등이 그러했다. 그러나 일반적으로는 기립, 호명, 거수, 구두로 의사를 표현했다. 투표함을 사용해도 이는 계수의 정확성과 신속성을 위함이었다. 가림막이 없었기에 찬반은 물론 누구에게 투표하는지도 알려면 알 수 있었다.[5]

비밀투표권이 19세기에 들어서도 널리 인정되지 않은 데는 아이러니하게도 자유민주주의의 사상적 기초를 제공한 근대 자유주의 사상가들의 반대도 한몫했다. 토크빌, 매디슨, 몽테스키외Charles-Louis de Secondat, 칸트Immanuel Kant, 존 스튜어트 밀 등 기라성 같은 당대의 자유주의 사상가들이 비밀투표가 아닌 공개투표 편에 섰다. 최대 다수의 최대 행복이 선善이라고 믿은 공리주의자 벤담Jeremy Bentham과 제임스 밀James Mill만이 예외였다.

비밀투표에 대한 존 스튜어트 밀(이하 J. S. 밀)의 비판을 보자. 그는 남성 노동계급뿐만 아니라 여성 투표권도 일관되게 주장한 적극적인 보통선거권 옹호론자였다. 그런데 그에게 투표는 개인의 권리가 아니라 시민으로서의 '공적 의무'였다. 투표는 정치 행위다. 투표로 어떤 결정이 내려지면 이는 자신뿐만 아니라 다른 동료 시민 모두를 구속한다. 따라서 투표권은 공공의 이익을 증진하는 방향으로 행사되어야 한다고 믿었다. 그런데 비밀의 방패 뒤에 서면 "개인이나 계급의 사악한 이해관계나 근거 없는 감정에 휘둘리는" 나쁜 투표로 변질될 것이라고 봤다.[6] 따라서 J. S. 밀은 시민들의 감시와 비판이 가능하도록 의회에서의 표결이 공개되듯이, 시민들의 투표도 "공중의 감시와 비판하에서만 수행되어야 한다"고 주장했다.[7]

공리주의 입장에서는 공론장에서의 토론과 그 연장선상에서 공개투표는 불필요한 일이다. 개인이 사적 이익을 좇더라도 다수가 원하는 대로 결정이 되면, 그게 곧 최대 다수의 최대 행복에 이르는 길이기 때문이다. 그러나 계몽주의적 자유주의 사상가들은 사적 이해관계가 아니라 시민적 덕성이 발휘되어야 한다고 봤다. 시민의 정치 행위는 사적 이익 추구와 달라야 했다. 그들에게 공개 토론과 공개투표는 시민의 공적 의무였던 것이다.

그러나 금권정치를 약화시키고 선택의 자유를 보장하기 위해 비밀투표는 마침내 1856년 세계 최초로 호주에서 법제화되었다. 식민지 모국인 영국도 1872년에 비밀투표권을 인정했다. 오늘날 비밀선거는 자유민주주주의 선거제도의 기본 원칙으로 자리 잡았다.

1인 1표를 뜻하는 **평등선거권**은 비밀선거만큼 논쟁적이지는 않았다. 그러나 남성 보통선거권이 '우매한' 민중 다수의 지배를 불러올 것을 염려한 일부 국가에서는 차등투표제를 도입하기도 했다. 벨기에가 대표적이다. 1894년 25세 이상 모든 남성에게 1인 1표씩 보통선거권을 주면서 동시에 학교 졸업장 소지자, 5프랑 이상의 주민세 납부자, 2,000프랑 이상 저축예금 소지자에게는 추가로 최대 2표씩 얹어 주는 차등투표제를 도입했다(1913년 폐지).[8]

J. S. 밀도 차등투표제를 주장했다. 모든 미숙련 노동자에게는 1표, 숙련 노동자는 2표, 노동 감독자는 3표, 제조업자와 상인은 4표, 법률가·의사·성직자 등 고등교육을 받은 직업인에는 5~6표를 주는 식으로 말이다. J. S. 밀은 누구보다 일관성 있게 보통선거권을 강하게 주장했다. 그러나 동시에 보통선거권이 중우정치와 계급정치를 낳을 가능성에 대해서도 우려했다. 따라서 공개투표와 함께 또 하나의 보완책으로 차등선거권을 제안한 것이었다.[9]

하지만 그가 실토했듯, 차등투표제는 별다른 호응 없는 정책이었고 받아들여지지 않았다. 막스 베버가 지적한 대로, 1인 1표 평등선거권은 국가시민 Staatsbürger 으로서 주어지는 것이지 특정 직업, 가족 지위 혹은 물질적 부나 사회적 지위에 따라 달라지는 게 아니라는 인식이 자리 잡았기 때문이다.[10] 그리고 현실적으로 차등을 둘 수도 없었다. 노동계급이 보통선거권과 함께 평등선거권을 강하게 요구했기 때문이다. 앞에서 언급한 대로 1894년 보통선거권 도입과 함께 차등투표제를 실시했던 벨기에도 노동자들의 파업에 부딪혀 차등투표제를 도입 19년 만에 폐지할 수밖에 없었다.

보비직평은 시민의 권리로서 100년이 넘는 쟁취의 역사를 갖고 있다. 노동계급의 요구, 여권 신장 등 민주주의적 요소와 프라이버시 보호, 부정선거 방지 등 자유주의적 개혁이 함께한 결과였다. 보비직평은 자유민주주의의 시작이자 완성을 알리는 제도적 기반이라 하겠다.

인물을 뽑는 다수대표제에서 정당 비례대표제로의 대전환

선거로 대표를 뽑고 이 대표들이 공동체에 구속력을 가하는 의사결정권을 갖는다면 대의제가 된다. 하지만 대의제가 모두 자유민주주의적 정치체제가 되는 것은 아니다. 경쟁이 살아 있는 정치 시장에서 대의제가 작동해야 자유민주주의가 된다. 경쟁이 있어야 시민이 대표에게 책임을 지우고 또 물을 수도 있다. 경쟁 속에서 누구를 의회에 앉히고, 누구를 대통령으로 만들 것인가? 이들을 선출하기 위한 게임의 룰이 선거제도다.

대표를 뽑는 가장 자연스러운 방식은 '반장 선거'다. 이를 다수대표제라고 한다. 표를 가장 많이 얻은 사람, 즉 1등이 반장 하고, 의원 하고, 대통령 하는 것이다. 고대 로마에서 집정관을 선출할 때부터 수천 년간 선거는 대부분 반장 선거였다. 그러다 19세기 중후반부터 성인 남성에게 선거권이 주어지고 대중민주주의 시대가 도래했다. 새로 선거권을 획득한 노동자들은 의회 밖에서 대중정당을 결성하고 선거 경쟁에 뛰어들었다. 경쟁의 주체가 '사람 대 사람'을 넘어 '정당 대 정당'으로 확대됐다. 그러자 1등 한 사람이 대표로 당선되는 다수대표제 외에도, 선호 정당을 가르는 정당명부 비례대표제(이하 비례대표제)가 제안되기 시작했다.

비례대표제는 다수대표제와 달리, 유권자들이 사람이 아닌 정당에 표를 던진다. 1등 하는 정당만 의회에 가는 것이 아니라, 정당의 득표율(지지율)만큼 의회 의석을 나눠 가진다. 작은 정당도 의회에 진출할 수 있다. 비례대표제는 벨기에(1899), 핀란드(1906), 스웨덴(1907)에서 선도적으로 도입되었다. 잠시 숨 고르기를 하다가 1차 세계대전 후 독일(1918), 이탈리아(1919)를 비롯, 영국을 제외한 대부분의 유럽 국가로 퍼져나갔다.[11] 선거제도 개혁은 매우 어렵다. 기존 선거제도의 승리자인 의원들이 게임의 룰을 바꾸려고 하지 않기 때문이다. 이런 면에서 19세기 후반에서 20세기 초반에 걸쳐 발생한 다수대표제에서 비례대표제로의 대전환은 매우 이례적인 혁명적 변화라 할 수 있다.

비례대표제는 새로이 선거 경쟁에 나선 노동자들의 요구와, 전멸을 피하고 일정한 지분이라도 지키고자 한 보수주의자들의 이해관계가 맞아떨어져 도입되었다. 보통선거권이 도입되자 신규 유권자 대부분이 노동자 정당의 지지자가 되었다. 기존 보수 엘리트 정치인들은 생존에 위협을 느끼지 않을 수 없었다. 다수대표제에서는 1표라도 지면 낙선이기 때문이다. 날로 늘어만 가는 노동계급의 유권자를 보며 보수주의자들은 선거 경쟁에서 살아남을 방도를 찾아야 했다. 한편, 노동자들의 전폭적인 지지를 받는다지만 신생 노동자 정당의 후보가 지역구에서 현역 의원을 제치고 1등 하기는 여전히 쉽지 않았다. 노동자 정당 입장에서도 의회 진입이 용이한 비례대표제가 안전한 선택이었다.

따라서 생존 위협을 강하게 느낀 집권 보수 엘리트 정당일수록 비례대표제를 도입하고자 했고, 노동자 정당은 이를 반대하지 않았다. 이례적으로 노동자 정당인 사민당의 당세가 애초부터 강했던 스웨덴에서는 사민당이 비례대표제 도입에 반대했다. 농민과 보수 정당들은 남성 보통선거권 도입 조건으로 비례대표제 실시를 주장했다. 실제로 스웨덴에서는 1907년에 비례대표제를 먼저 도입해 기존 보수 정당이 의회에 남아 있을 수 있게 안전판을 만든 후, 1909년에 25세 이상 남성 보통선거권을 실시했다. 반면 미국처럼 노동자 정당이 강하지 않거나, 영국처럼 보수당이 지역에서 농민, 소상공인 등과의 연대를 통해 노동자 정당의 도전을 물리칠 수 있다는 계산이 선 경우에는 다수대표제가 유지되었다.[12]

의회 선거제도의 유형별 특징과 이해

의회에 누구를 앉힐 것인가? 시민의 대표 선출 방식은 '인물 선거'로 사람에게 투표하는 다수대표제와, '정당 선거'로 정당에 투표하는 비례대표제로 크게 나뉜다. 그리고 여기에 이 양자를 합친 1인 2표 혼합제가 추가될 수 있겠다. 혼합제는 다수대표제로 지역구 의원을 뽑고, 동시에 비례대표제로 정당 추천 비례대표 의원도 뽑는 방식이다. 다수대표제와 비례대표제는 〈그림 5-1〉에서 보듯, 각각 그 안에 다양한 유형을 포함한다. 하나씩 살펴보자.

정부의 원리

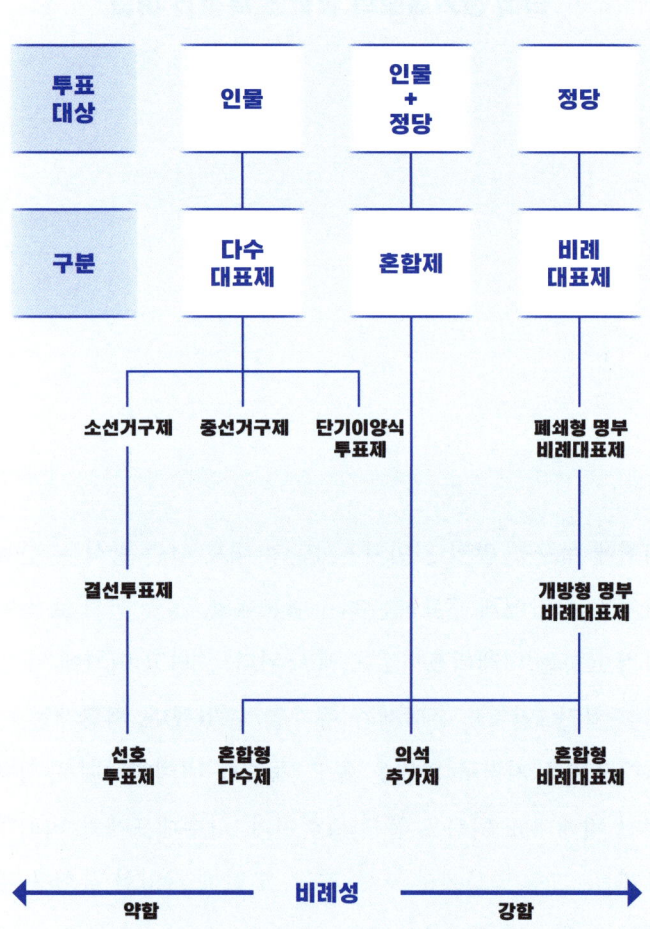

〈그림 5-1〉 투표 대상에 따른 선거제도의 구분과 다양한 유형

다수대표제

소선거구제

소선거구제 혹은 1인 선거구제는 다수제 중 역사가 가장 오래되고 널리 쓰이는 선거제도다. 영국, 미국, 캐나다 등이 채택하고 있다. 지역구에서 가장 많은 표를 얻은 1인을 대표로 뽑아 의회로 보내는 '반장 선거'의 전형이다. 한 지역구에서 한 명씩만 뽑기 때문에 선거구 크기가 작다. 선거구가 작다는 뜻에서 흔히 소선거구제라 부른다. 경마의 종주국 영국에서는 맨 먼저 the first 결승점 finishing post 을 통과한 past 말이 우승하는 것에서 머릿글자를 따서 FPTP First-Past-the-Post 라고 부르기도 한다. 한국은 정당명부 비례대표제를 일부 혼용하고 있으나, 국회 300석 중 대다수인 254석이 단순 다수제로 뽑히기에 소선구제 국가라 봐도 무방하다.

　　소선거구제에서는 1등이면 된다. 과반의 표를 획득할 필요도 없다. 그래서 단순 다수제라고도 한다. 보통 한 지역구에서 여러 후보가 경쟁을 벌이기에, 일반적으로 40% 내외로 득표하면 1등을 한다. 투표율이 70%라고 가정하면 지역구 유권자 28% 내외의 표를 획득하면 의원이 되는 셈이다. 따라서 다수제라지만 실제로는 '소수의 대표'라는 조롱을 받기도 한다. 선거에 참여한 사람으로만 한정해도 60% 정도는 다른 사람을 지지한 셈이다. 이들의 표는 모두 사표死票, 즉 죽은 표가 된다.

　1표차로도 승패가 갈리고 1등만이 의미가 있는 승자독식 구조에서, 후보자들은 치열하게 경쟁하고 지역구에서 한 표라도 더 얻기 위해 지역 밀착형 선거운동을 펼친다. 유권자들이 많이 다니는 시장에서 국밥 먹고 지하철역에서 명함을 돌린다. 지역구 관혼상제도 챙겨야 한다. 다른 데는 모르겠고 자기 지역구 개발에 올인한다. 내 지역구에 학교도 만들어야 하고, 재건축을 위해 개발 제한도 풀어야 하며, 지하철이 우리 지역을 거쳐 가도록 노선 변경은 물론 지하철역도 신설해야 한다. 반대로 하수처리장이나 열병합발전소는 여기가 아닌 다른 지역에 지어야 한다. 의원이 되면 국고에서 예산을 따내 자기 지역구에 돈 폭탄을 쏟아부어야 한다. 전체 국민의 복리 증진을 위한 안보, 경제, 고용, 공공복지 정책에 관심이 없지 않지만, 이런 정책과 공약에 시간 투자해 공부하고 신경 쓸 여력이 없다. 우선순위에서 밀린다.

　유권자들도 1등만 의회에 진출하고, 2, 3등은 의미가 없는 것을 안다. 따라서 사표 방지 심리가 작동한다. 가장 마음에 들지만 낙선이 확실한 후보보다는 될 성싶은 차선에게 표를 던지는 경향이 발생한다. 2004년 총선에서 이 문제가 불거진 바 있다. 열린우리당(현 더불어민주당)의 유시민 의원이 민주노동당(민노당, 현 정의당) 지지자들에게 "민노당 찍으면 사표"가 되니 열린우리당 후보에게 표를 던지라고 해서 민노당의 반발을 크게 산 적이 있다. 진보 진영의 표가 민노당에 가서 죽어버리면, 한나라당(현 국민의힘)이 어부지리로 1등 될 수 있다며 이를 경계해 던진 말이었다.

실제로 작은 정당이나 신생 정당 후보가 지역구에서 1등을 하기는 매우 어렵다. 대개 좌우 진영의 큰 정당이 1등 아니면 2등을 한다. 그래서 보통 양당제가 된다. 일찌감치 뒤베르제가 밝힌 사회과학의 3법칙 중 1번이 "소선거구제는 양당제를 견인한다"이다. 보통은 자연현상이 아닌 사회현상을 두고 감히 법칙을 운운하지 않는다. 하지만 정치학에서 적어도 뒤베르제의 1번과 2번 명제는 법칙으로 인정한다(2번 법칙은 "비례대표제는 다당제를 견인한다"이다).[13]

소선거구제에서 작은 정당은 1등을 한 후보가 아예 없거나, 있다 하더라도 가뭄에 콩 나듯 특정 지역구에서만 몇 명 배출되고 만다. 작은 정당들이 차지하는 의회 의석은 정당 지지율에 비추어 보면 턱없이 낮다. 반대로 큰 정당은 지역구에서 40% 내외의 지지로 1등을 하지만, 의회에서 차지하는 의석은 보통 50% 내외가 된다. 작은 정당이 과소 대표된다면, 큰 정당은 과대 대표되는 것이다. 그리고 의회에서 가장 많은 의석을 차지한 다수당이 제2당보다 더 과대 대표되는 경향이 있다. 2024년 한국 총선에서 더불어민주당의 지역구 득표율은 50.4%이나 지역구 254석의 63.4%인 161석을 차지했다. 반면 전국적으로 45.2%의 득표율을 보인 국민의힘은 90개 지역구에서만 1등을 하여 지역구 의석 점유율은 35.4%에 불과했다. 2024년 영국 총선에서도 1등 당에게 쏠림 현상이 유독 심했다. 14년 만에 권좌에 복귀한 노동당이 전국 득표율은 33.7%이지만, 지역구에서 1등을 많이 차지해 하원 650석의 63.2%인 411석을 차지해버렸다.

    소선거구 제도는 큰 정당에 유리해 양당제가 나타난다. 하지만 작은 정당도 특정 지역에 확고한 지지 기반만 있다면 지지율보다 많은 의석을 차지할 수 있다. 캐나다의 프랑스계 주민이 다수인 퀘벡주의 퀘벡당, 영국의 스코틀랜드국민당, 과거 한국에서 충청도에 지지 기반을 둔 김종필의 자민련이 대표적인 예이다. 2021년 캐나다 총선에서 퀘벡당의 전국 득표율은 7.6%에 불과했다. 하지만 퀘벡주 지역구 32개를 모두 휩쓸어 총 338석의 하원 의석 중 32석을 차지해 제3당의 지위를 지켰다. 반면 지역 기반이 약한 신민주당은 전국 득표율이 퀘벡당의 2.5배에 달하는 17.8%였음에도, 25석만을 차지해 제4당에 머물러야 했다.

    이렇듯 소선거구제는 공공 정책보다는 지역 정책에 선심 쓰게 만들고, 사표가 많이 나와 실제로는 소수의 대표가 의원이 되며, 큰 정당들은 과대 대표되고 작은 정당들은 과소 대표되는 문제를 안고 있다. 그럼에도 게임의 룰이 누구든 이해하기 쉽고 승패가 명확하기에 책임성 확보와 정치 리더십을 세우는 데는 이만한 제도가 없기도 하다.

결선투표제

결선투표제도 소선거구제처럼 한 지역구에 한 명을 뽑는 1구 1석 제도다. 그러나 소선거구제의 단점인 '소수의 대표' 문제를 극복하고자, 의도적으로 과반수 지지를 받은 사람이 대표가 되도록 만든 제도다. 의회 선거 차원에서는 서구 선진 민주주의 국가 중 프랑스만 채택하고 있다. 하지만 대통령 선거에서는 프랑스, 브라질, 아르헨티나 등 다수의 나라가 결선투표제를 시행하고 있다. 결선투표제는 대표의 통치 정당성을 높여준다.

소선거구제처럼 지역구에서 복수의 후보들이 경쟁한다. 1차 투표에서 누구든 투표 참여자의 50% 이상을 득표하면 바로 당선자가 된다. 그러나 아무도 과반을 확보하지 못하면 상위 1, 2등만을 놓고 2차 투표를 실시해 이 중 1등을 뽑는 방식이다. 두 명이 붙는 2차 투표에서 승자는 무조건 과반을 득표하게 되기에 진정으로 다수의 대표가 선출되게 된다.

프랑스 하원의 실제 사례를 보자. 1차 투표에서 당선되려면 투표자의 과반인 50% 그리고 지역구 총 유권자의 25%에 해당하는 표를 얻으면 된다. 그러나 1차 투표에서 당선자가 결정되지 않으면, 지역구 '총 유권자'의 12.5% 이상을 득표한 후보들만 결선투표에 진출한다. 따라서 투표율이 아주 높거나 제3당이 약진하는 상황에서는 3인 이상도 결선투표 진출이 가능하다. 하지만 일반적으로 총 유권자의 12.5%에 해당하는 득표가 쉽지는 않으므로, 결선투표는 보통 두 개의 큰 당 후보들끼리 치른다.*

투표를 최대 두 번 해서 의도적으로 과반 대표를 만들어 내는 것 말고는 소선거구제와 별반 다르지 않다. 의회 내에 양당제가 견인되고, 큰 정당은 과대 대표, 작은 정당은 과소 대표될 수밖에 없다. 2022년 선거에서 승리한 마크롱 대통령의 여당 앙상블은 1차 투표 득표율 25.8%, 결선투표 득표율 38.6%였으나, 의석 점유율은 42.5%나 된다. 그만큼 작은 정당들은 의석수에서 손해를 본다.

그러나 결선투표제가 있는 경우, 일단 유권자는 사표 걱정 없이 1차 투표에 임한다. 만약 한국에 결선투표제가 있었다면, 유시민이 2004년 총선에서 민노당 당원들에게 욕을 바가지로 먹으면서 '민노당 찍으면 한나라당 도와주는 꼴'이라고 훈계하지 않았을 것이다. 어차피 결선투표에는 열린우리당 후보가 진출할 테니 민노당을 찍도록 뒀을 것이다.

작은 정당은 결선투표에 진출하지 못하더라도, 소선거구제와 달리 1차 투표에서 확인된 지지를 가지고 정치사회에서 이에 상응하는 영향력을 발휘한다. 1차 투표 결과가 나오면, 결선투표에 진출하는 큰 당의 후보들은 작은 정당의 지지

---

*　프랑스에서 후보자 3인 이상이 결선투표에 진출한 선거구 수는 1997년 79개로 이례적으로 많았으나, 보통 10개 내외다. 근래에 치러진 선거를 보면 2022년 8개, 2017년 1개였다. 오창룡, "프랑스 의회의 선거제도", 국회입법조사처 보고서 《이슈와 논점》, 2069호, 2023.

선언을 확보하기 위해 동분서주한다. 작은 정당들은 자신들이 획득한 1차 투표의 득표율을 가지고 큰 정당과 협상을 벌인다. 총선이면 지역구 공약을 주고받는다. 대선이면 외교나 공공 정책을 놓고 마치 의원내각제 국가에서 연정 협상하듯이 합종연횡이 일어난다.

작은 정당 후보에게 던진 표는 소선거구제에서는 사표가 된다. 하지만 결선투표제에서는 협상 카드가 된다. 의회에 자기 지지율만큼 진출하지는 못하더라도, 작은 정당도 정치 사회에 지분을 갖고 존재한다. 뒤베르제가 사회과학의 제3법칙으로 "결선투표제는 다당제를 견인하고, 정치적 연합을 유도한다"고 주장한 이유다.[14]

선호투표제

선호투표제(혹은 대안투표제)도 1구 1석 제도로, 결선투표제처럼 의도적으로 과반의 지지를 만들어낸다. 그러나 2차 선거를 따로 치르지 않고, 1차 선거만으로 과반 지지자를 만들어내기에 '즉석 결선투표제'라는 별명도 가지고 있다. 1918년부터 호주 하원 선거에서 사용하고 있다.

호주 시민들은 지역구 후보 중 한 명만 찍지 않는다. 출마자 전체에 대해서 선호하는 대로 순위를 매긴 투표용지를 투표함에 넣는다. 개표 시에는 먼저 1순위로 표시된 후보자만 집계한다. 1순위 표에서 1등 한 사람이 과반 득표를 했다면 바로 당선이 확정된다. 여기까지는 소선거구제나 결선투표제와 비슷하다. 다만 선호투표제가 다른 점은, 1등이 과반 득표를 못 하면 1순위 집계에서 꼴찌를 한 득표자를 집계에서 탈락시키고, 탈락한 후보를 1순위로 지지했던 유권자의 2순위 후보들에게 탈락한 후보의 표를 나눠준다. 분배 결과 누군가(아마도 1차 집계에서 1등 혹은 2등 후보) 과반 득표로 1등이 나오면, 그가 바로 당선자가 된다. 만약 과반 득표자가 나오지 않으면 나올 때까지 동일한 방법으로 '꼴찌 탈락 → 재배분 → 재집계'를 반복한다.

    호주에서는 작은 정당 후보를 지지한 유권자의 표가 바로 사표가 되지 않는다. 나의 1순위가 1, 2차 집계에서 탈락하더라도, 나의 2순위 선호자에게 그 표가 더해지기 때문이다. 당선자도 과반의 지지를 받게 되어 정당성이 높아진다. 물론 의회는 결국 작은 정당 후보에게 투표한 유권자의 2순위자 표를 흡수한 큰 정당들이 차지하는 양당제가 된다. 하지만 당선 가능성이 큰 좌우의 큰 정당 후보는 작은 정당 지지자들의 2순위자가 되려고 노력한다. 2순위 표에 따라 1위와 2위가 뒤바뀔 수 있기 때문이다. 당장 2022년 호주 총선에서 1순위 집계 2위를 한 노동당이 역전 승리를 일궜다. 1순위 집계에서 득표율 35.7%로 1위를 한 자유국민연합을 제치고 승리한 것이다. 제3당인 녹색당이 지지자들에게 노동당 후보를 2순위로 적으라고 호소한 것이 주효했다. 녹색당은 1순위 집계에서

12.3%의 전국 득표율로 만만치 않은 지지세를 확보한 제3당이지만, 지역구에서 최종 1등을 하기는 쉽지 않았다. 151개 지역구 중 네 곳에서만 당선자를 배출했다. 그렇지만 노동당 후보를 2순위자로 기재하라고 지지자들에게 호소한 만큼, 노동당 정부와 암묵적인 연대를 맺고 녹색당의 정책들을 실현할 수 있다. 다른 작은 정당도 마찬가지다. 한계는 분명하지만, 호주의 작은 정당들은 우리 같은 소선거구제 국가의 작은 당과는 처지가 다르다.

중선거구제

중선거구제(혹은 다인선거구제)는 소선거구제에서 과소 대표되는 작은 당 후보의 의회 진출 가능성을 높이기 위한 선거제도다. 학문적으로는 단기비이양식 선거제도 single non-transferable vote(SNTV)라고 부른다. 1910년부터 1993년까지 일본 하원인 중의원衆議院 선거에 사용되었다(1996년 총선거부터는 1인 2표의 혼합형 다수제).

중선거구제는 1구 1석이 아니라 1구 다석 제도다. 선거구가 소선거구 몇 개를 합친 크기인 만큼, 한 지역구에 배정된 의원도 여러 명이다. 중선거구제 당시 일본은 의원을 한 지역구에서 2~5인 뽑았다. 한국도 박정희 대통령 시기인 1973년과 1978년 그리고 5공화국 때인 1981년과 1985년에 한 지역구당 2인씩 뽑는 중선거구제를 실시했다. 소선거구제와 마찬가지로 유권자는 한 표만 행사한다. 그런데 1등만 당선되지 않는다. 중선거구제에서는 해당 지역구에 배정된 선출 인원 수만큼 당선된다. 4인 지역구면 1등, 2등, 3등, 4등까지 모두 의원이 된다. 작은 당 후보도 3등, 4등은 할 수 있다. 작은 당의 의회 진출 가능성이 상당히 커진다. 그래서 사르토리는 일본의 중선거구제를 "유사 비례대표제"라 불렀다.[15]

그러나 중선거구제에서 주목해야 하는 현상은, 작은 당의 의회 진출보다는 거대 정당의 출현과 당내 계파 갈등이다. 일본의 자민당은 선거구당 1인만 공천하지 않았다. 평균적으로 한 지역구에 4개의 의석이 배정되었는데, 자민당은 보통 2인에서 3~4인까지도 복수 공천을 했다. 작은 당이 가져가야 할 2, 3, 4등 중 상당수를 자민당이 가져갔다. 한 지역구에서 여러 명을 성공적으로 당선시키다보니 자민당은 자유민주주의 국가에서 손꼽히는 거대한 지배정당이 되었다.

자민당은 복수 공천으로 '재미'를 보았지만, 사실 복수 공천은 위험이 크게 따른다. 자민당 후보끼리 싸우다 표가 갈려 타당 후보가 어부지리를 얻을 수 있기 때문이다. 따라서 복수로 공천하더라도 서로 지지 기반이 다른 사람을 공천하는 전략을 썼다. 농민 대표, 소상공인 대표, 화이트칼라의 지지를 받을 수 있는 전문직이나 관료 출신 등으로 지지가 겹치지 않게 공천했다. 그러다보니 자민당은 정당으로서의 단일한 이념과 지지 기반을 갖기보다는 오히려 서로 다른 이념과 서로 다른 지지 기반을 가진 집단의 모임처럼 돼버렸다. 사르토리의 표현대로 "계파가 있는 정당이 아니라 계파가 모인 정당"이 된 것이다.[16] 자민당이 선진국 중 대표적인 포괄정당이 된 이유다. 또 내적으로 뭉치기보다는 끊임없는 계파 갈등에 시달리는 정당이 된 이유이기도 하다.

한국에서 중선거구제를 실시했을 때는 일본과 달리 복수 공천이 아니라 단수 공천이었다. 다만 한 지역구당 2인을 선출했기에, 1등 아니면 적어도 2등을 하는 집권 여당은 대부분의 지역구에서 당선자를 배출했다. 분열된 야당은 나머지 한 자리를 나눠 가졌다. 결과적으로 일본처럼 일당 우위 지배정당 혹은 일당 우위 양당제의 모습을 띠었다.

중선거구제에서 작은 당의 의회 진출 가능성이 큰 것은 사실이다. 특히 4인이나 5인 선거구일 때 그러하다. 그러나 과대 대표되는 다수당을 낳기도 한다. 그리고 다인선거구에서는 1등 당선자와 4등, 5등 당선자의 득표율이 몇 배씩 차이가 난다. 꼴등으로 당선한 의원보다 열 배나 많은 표를 받은 1등 의원도 의회에서는 동일한 결정권을 갖는다. 표의 등가성이 확보되지 않고 민의가 왜곡된다. 그러면서 여전히 인물 중심 선거, 지역 문제에 매몰되는 선거를 벗어나지 못한다.

한국에서 선거제도 개혁 얘기가 나올 때마다 정치가들이 도농복합선거구제라는 이름으로 도시와 농촌 지역이 함께 포함되는 중선거구제를 들고 나온다. 하지만 일반적으로

학자들은 권하지 않는다. 일본이 1996년, 대만이 2008년 중선거구제에서 탈피한 이후, 어떤 선진 민주주의 국가도 중선거구제를 전국 단위 선거에서 쓰지 않는다. 일부 지방선거에서만 사용될 뿐이다.

단기이양식 투표제

단기이양식 투표제single transferable vote(STV)는 호주의 선호투표제와 유사한 제도지만, 호주처럼 최종적으로 한 명만 당선시키는 1구 1석 제도는 아니다. 여러 명을 뽑는 1구 다석 제도다. 이 점에서 일본의 중선거구제(단기비이양식 투표제, SNTV)와 유사하다. 다른 점은 일본처럼 유권자들이 지지하는 한 명에게만 투표하는 게 아니라는 점이다. 호주처럼 투표용지의 후보자 이름 옆에 선호하는 순서대로 순위를 기재해 투표함에 넣는다. 단기이양식 투표제는 1857년 영국의 헤어Thomas Hare가 제안했다. 소선거구제에 비판적이었던 J. S. 밀이 극찬한 선거제도이기도 하다. 현재 선진국 중 전국 선거에서 단기이양식 투표제를 사용하는 나라는 아일랜드가 유일하다.

아일랜드의 하원 정수는 174명이다. 지역구는 43개로, 한 지역구에서 3~5명씩 뽑는다. 어떤 선거구에서 나온 유효 투표수가 1만 표였고, 의원 정수는 4명이라고 가정해보자. 헤어가 고안한 대로 하면, 4명을 뽑는 것이므로 득표율 25%(즉 2,500표)가 당선 쿼터가 된다(유효 투표수 1만 / 선거구 의원 정수 4 = 2,500).* 호주에서처럼 1차 개표에서는 1순위자 숫자만 센다. 이때 2,500표 이상을 획득한 사람은 모두 당선된다. 만약 두 사람만 2,500표 쿼터를 넘었고, 이 두 사람이 초과로 받은 잉여표를 모두 합치면 2,000표라고 하자. 그러면 이 2,000표를 아직 25% 당선 쿼터에 도달하지 못한 나머지 후보에게 배분한다.** 잉여 2,000표에 2순위로 기재된 후보가 누군지 확인한 다음 비율로 환산해 나눠주는 것이다. 2순위자 표를 더했을 때, 누군가 25%(2만 5,000표) 쿼터에 도달하면 당선자가 된다. 추가 당선자의 잉여표는 또다시 같은 방식으로 배분된다. 더는 쿼터를 넘는 후보가 없어 잉여표가 없게 되면, 호주에서처럼 꼴찌 후보를 탈락시키고, 이 탈락한 후보가 받은 표에서 2순위자를 확인 후, 남은 후보에게 배분한다. 당선자 4명이 다 결정될 때까지 이 과정을 반복한다.[17]

* 아일랜드가 채택한 쿼터 산정 방식은 헤어가 제안한 방식이 아니라, 소수당 후보에게 좀 더 유리한 드루프Droop 방식이다. 드루프 방식으로는 2,001표가 당선 쿼터가 된다[유효 투표수 1만 / (의원 정수 4 + 1) + 1 = 2,001]. https://www.electoralcommission.ie/irelands-voting-system/#votecount

** 당선 쿼터를 초과한 시점부터 개표된 2,000표를 단순하게 나머지 후보에게 배분하면 2순위자 카운트에서 왜곡이 일어날 수 있다. 잉여표 2,000표가 특정 지역에서 투표된 것이라면, 특정 후보가 이 지역에서 2순위 몰표를 받을 수도 있기 때문이다. 따라서 아일랜드에서는 1차 개표에서 당선된 후보가 받은 모든 표의 2순위자를 다 확인한다. 잉여표 2,000표는 총 유효 투표수 1만의 20%이므로, 확인된 2순위 수의 20%만큼만 해당 후보자에게 더해주는 방식을 쓴다. 박동천, 《선거제도와 정치적 상상력》, 책세상, 2000, 145쪽.

단기이양식 투표제는 일정한 쿼터만 넘으면 당선되므로, 작은 당 후보도 선출될 가능성이 매우 크다. 2순위도 중요하기에 좌우 양쪽 진영 큰 정당의 극단화보다는 중도화를 유인하는 효과도 있다. 그리고 정확히 쿼터당 1석씩 배분되므로, 큰 정당도 확보한 쿼터 수만큼 의원을 배출할 수 있다. 정당 득표율에 따른 정당명부식 비례대표제와 비슷한 결과가 나온다. 그래서 비례대표제로 분류되기도 한다. 그러나 정당 간 대결이 아니다. **인물** 선거다. 그리고 결국에는 지역 대표를 뽑는 선거다. 정당 간 정책 대결을 유도하는 정당명부식 비례대표제와는 다르다. 또한 1순위 표로만 당선된 의원과 2순위 표가 많이 섞여서 당선된 의원이 의회에 나란히 앉아 동등한 권한을 행사하는 것이 비례적 정의라고 하기도 어렵다. 무엇보다 복잡하고, 유권자의 일반적인 기대와 달리 의외의 선거 결과가 나올 수 있다는 단점을 안고 있다.

정당명부 비례대표제

폐쇄형 명부제

정당명부 비례대표제는 정당이 획득한 득표율만큼 의회 의석을 차지하는 선거제도다. 유권자는 소선거구제와 달리 후보 개인이 아닌 지지 정당에 표를 던진다. 각 정당은 정치 집단으로서 함께 의정 활동을 할 의원 후보의 이름과 순위를 담은 정당명부를 선거 전에 확정 지어 유권자에게 공개한다. 정당이 확정한 순번은 유권자에 의해 바뀔 수 없기에 폐쇄형 명부라고 부른다. 총선에서 각 정당이 획득한 득표율에 따라 확보한 의석(할당 의석)수만큼 정당명부의 1순위자부터 순서대로 의석에 앉힌다.

  순수 비례대표제라면, 300명 의회라고 가정할 때, 총선에서 10% 지지를 받은 정당은 30명, 1% 지지를 받아도 3명, 불과 0.34% 지지를 받은 정당도 1명의 의원을 배출한다. 아주 작은 정당이나 1인 정당도 의회에 진입할 수 있다. 의회 내 정당 수가 많을 수밖에 없다. 뒤베르제의 제2법칙 "비례대표제는 다당제를 견인한다"는 틀린 말이 아니다.

  그러나 앞서 3장 〈더 우월한 정부 형태가 있는가〉에서 논한 대로, 군소정당이 난립하는 극심한 다당제가 낳을 폐해는 방지할 필요가 있다. 따라서 정도의 차이는 있으나 보통 진입장벽을 둔다.

  첫째, 봉쇄조항(혹은 문턱)이다. 의회에 진출하기 위한 최소정당득표율 규정이다. 한국의 비례대표 선거에서 최소 득표율은 3%다. 300석 의회에서는 2%만 얻어도 6명, 2.4% 득표율이면 7명의 의원을 배출할 수 있다. 그러나 최소 득표율 3% 규정 때문에 3% 미만의 지지를 받는 정당은 의석 배분에 참여할 수 없다. 봉쇄조항에 걸려 의회 진출이 좌절된 군소정당이 확보했던 의석은 3%를 넘은 정당들이 득표율에 비례해 추가로 나눠 갖는다. 문턱이 높을수록 의회에 진출하는 정당 수는 적어지고, 큰 정당일수록 득표율보다 많은 의석을 가져간다. 이 문턱이 튀르키예 7%, 독일·벨기에·폴란드·체코·뉴질랜드·러시아·대만은 5%, 스웨덴·노르웨이·오스트리아·헝가리는 4%다. 한국과 같은 3% 국가로는 스페인과 그리스가 있다. 한국보다 낮은 국가는 덴마크(2%)가 있다.[18]

둘째, 전국에 걸친 단일 선거구를 쪼개서 권역별 선거구로 작게 만드는 것이다. 300명을 뽑는데, 이를테면 서울 강북권, 서울 강남권, 충청권, 영남권 등의 30개 권역별 선거구에서 10명씩 나눠 뽑는다고 가정해보자. 그럼 명시적으로 법적인 봉쇄조항이 없더라도, 실질적 문턱이 10%까지 높아진다. 10인 선거구에서는 10%를 받으면 1개 의석을 배정받을 수 있다. 그런데 A정당이 9%를 얻었다고 치자. 이 9% 득표율로는 0.9개 의석을 받게 된다. 사람을 쪼개서 0.9명만 의회에 보낼 수는 없기 때문에, A정당이 받은 9%는 사표가 된다.* 하지만 300명 단일 선거구를 가정하면 A정당의 9% 정당 득표율은 무려 27명이 의석을 가져갈 수 있음을 의미한다. 선거구를 작

---

* 이 책에서 예로 든 정당명부 비례대표제의 의석 배분 방식은 가장 고전적인 헤어 방식이다. 헤어 방식에서는 소수점 이하 잔여 의석이 생기면, 소수점 이하 나머지 숫자가 가장 큰 정당이 의석을 가져간다. 의석 배분 방식은 이 외에도 드루프, 돈트 D'Hondt, 생트라고 Sainte-Laguë 방식 등이 있다. 참고로 한국 비례대표제의 의석 배분은 헤어 방식에 의한다. 의석 배분 방식에 대한 설명은 다음을 참조. 문우진, 《대의 민주주의와 한국 정치제도》, 버니온더문, 2023.

게 쪼개면 쪼갤수록 군소정당에게는 엄청난 장벽이 생김을 알 수 있다. 핀란드의 예를 보자.

200명의 의원을 뽑는 핀란드에는 명시적인 봉쇄조항이 없다. 그러나 13개 권역으로 나눠 인구 비례로 의석을 할당하고 선거를 치른다. 가장 작은 선거구는 산타클로스 마을이 있기로 유명한 북쪽 끝 라플란드다. 6명의 비례대표를 정당 투표로 뽑는다. 6명이면 문턱이 16.7%나 된다(1/6 × 100 = 16.7). 2023년 총선에서 좌파동맹은 정당 득표율 9.9%를 획득했지만, 라플란드 지역의 의석 배분에는 참여할 수 없었다. 이런 식이다보니 200명의 의원을 뽑는 2023년 핀란드 총선에 총 27개 정당이 참여했으나, 의회 진입에 성공한 정당은 10개뿐이었다.[19] 봉쇄조항이 없어도, 권역별로 선거구를 작게 쪼개면 군소정당의 의회 진입은 무척 어려워진다.

개방형 명부제

1899년 벨기에가 최초로 비례대표제를 도입할 때, 폐쇄형 명부에 기반한 비례대표제였다. 앞서 언급했듯이, 정당 득표율에 따라 배정된 의석에 앉힐 의원 후보자들을 정당이 직접 추리고 순서까지 정해서 유권자에게 제시하는 게 폐쇄형 명부다. 우리도 비례대표 선거에서 폐쇄형 명부를 사용한다. 그러나 이 경우, 시민들이 자신의 지지 정당과 일체감을 갖고 있더라도 의회에서 활동하는 의원과는 거리감을 느낀다. 소선거구제에서 유권자가 '내 손으로 뽑은' 지역구 의원에게 느끼는 것과 같은 유대감을 기대하기 어렵다. 따라서 비례대표제에서 유권자가 후보를 직접 선택할 수 있게 한 것이 개방형 명부제이다.

개방형 명부제를 채택한 핀란드의 예를 보자. 투표소에 간 유권자는 해당 선거구에 출마한 후보 중 한 명을 선택해 기표한다. 그러면 그 후보가 속한 정당을 지지하는 것으로 집계된다. 인물 선거 같지만, 내용상으로는 정당 투표가 되는 것이다. 소속 후보들이 모은 정당 지지율을 바탕으로 의석을 배분한다. 단, 확보한 의석에 누구를 보내느냐를 결정할 때, 이미 순서가 정해진 폐쇄형과 달리 개방형에서는 득표를 많이 한 후보 순으로 의석을 차지한다.

핀란드식 개방형 명부는 유권자의 관심과 선호가 반영된다는 장점이 있다. 반면 정당 규율이 약화될 수 있다. 정당 지도부가 순위를 정하지 않기에, 후보자는 정당 지도부 눈치를 보기보다는 권역별 선거구 주민의 인기에 기대기 때문이다. 그래서 개방형 명부를 사용하더라도 유권자의 명부 순위 결정에 제한을 가하는 나라가 많다.

스웨덴에서는 지지 정당에 기표한 후, 원하는 유권자에 한해 선호하는 후보를 선택할 수 있다. 만약 어떤 후보자가 받은 표가 소속 당 전체 득표수의 5%를 넘으면, 명부 맨 상단으로 직행한다. 그러나 대부분의 유권자는 정당 투표만 하고 말기 때문에 5%를 넘기기는 쉽지 않다. 결국은 당이 사전에 정한 순서대로 의원이 된다. 사실상 폐쇄형 명부다.

네덜란드에서는 공식적으로 개방형 명부지만, 정확히 말하자면 순위가 바뀔 수 있는 폐쇄형 명부를 사용한다. 한 개 의석 할당 기준 득표율인 0.67%(150명 의회이므로, 1/150 × 100 = 0.67)의 4분의 1 이상을 획득하면 국민에게 제시된 비례대표 명부 순위와 상관없이 당선권 상위 순번으로 올라간다. 그러나 명부 하위에 배정되었던 후보자가 의석 할당 기준 득표율의 4분의 1 이상을 득표하는 경우는 거의 없다. 이미 상위에 랭크된 당수 등 유명 정치인들이 몰표를 받아버리기 때문이다. 의미 있는 순위 변동은 거의 발생하지 않는다.[20] 유권자에게 선택권은 주지만, 정당 규율을 지키는 선에서 타협하고 있는 것이라 하겠다.

혼합형 선거제도

모든 나라가 다수대표제와 비례대표제 중 하나만을 선택하지는 않는다. 상당수는 다수대표제와 비례대표제를 함께 사용한다. 그러나 혼용 비율과 혼용 방법은 매우 다양하다. 우리와 관계 있는 제도를 중심으로 대표적인 혼합형 선거제도를 살펴보자.

혼합형 비례대표제

혼합형 비례대표제mixed member proportional(MMP)는 최근 우리나라에서 연동형 비례대표제로 불리는 선거제도다. 독일에서 개발된 제도이기에 독일형 비례대표제라고도 한다. 혼합형 비례대표제는 말 그대로 **비례대표제**다. 따라서 각 정당은 정당 이름을 내걸고 총선에 임하고, 정당 득표율에 따라 의석을 차지한다. 그런데 각 정당이 확보한 의석에 자기 당의 비례대표만 앉히지 않는다. 지역구 선거에서 1등을 한 자기 당 당선자도 함께 자리를 차지한다. 지역구 당선자도 비례대표와 함께 의석을 구성한다는 의미에서 '혼합형' 비례대표제라고 부른다.

한국에서 2020년 21대와 2024년 22대 총선을 독일형 비례대표제를 차용한 '준연동형 비례대표제'로 치렀다는 말을 들은 적 있을 것이다. 덕분에 독일의 혼합형 비례대표제를 한국 시스템과 비슷한 무언가로 생각하는 사람이 많다. 그러나 이는 오해다. 현행 한국의 선거제도를 중앙선거관리위원회에서조차 '준연동형 비례대표제'라고 부르지만, 이는 잘못이다. 우리 시스템은 비례대표제가 아니다. 독일처럼 정당 득표율에 따라 국회 의석 규모가 결정되는가? 전혀 아니다. 그런데 어떻게 OOO 비례대표제라고 하는가? '준'자를 붙인다고 해결될 문제도 아니다. 굳이 가까운 모델을 찾자면, 현행 우리 선거제도는 스코틀랜드 의회 선거에서 사용하는 의석 추가제라 할 수 있다(추후 설명하겠다).

    2021년 총선에서 독일 연방하원의 의원 정수는 598명이었다. 그런데 지역구에서는 딱 절반인 299명의 의원만 뽑았다. 나머지 299명은 비례대표 의원이다. 그리고 우리처럼 1인 2표제다. 한 표는 소선거구제로 뽑는 지역구 후보에게, 나머지 한 표는 지지하는 정당에게 던진다. 여기까지는 지역구와 비례대표 비율만 다를 뿐 한국과 비슷하다. 그러나 앞서 강조했듯이 독일은 비례대표제 국가다. 각 정당이 차지하는 의회 의석 분포는 지역구 선거가 아닌 정당 득표율이 좌우한다.

    이해를 돕기 위해 독일과 유사한 가상의 사례를 들어보자. 600석 의회(지역대표 300석 + 비례대표 300석)에서 정당 득표율 30%를 얻은 A정당은 전체 의석의 30%인 180석을 차지하게 된다. 정당 득표율 10%를 얻은 B정당은 60명 의원을 배출하게 된다. 정당 득표율만큼 의석을 가져가니 비례대표제다. 그런데 A정당은 1~2위를 다투는 큰 정당으로서 지역구 선거에서 과대 대표되며 높은 승률을 자랑한다. 지역구 300개 중 50%를 휩쓸어 150개 지역에서 당선자를 낸 것이다. 반면에 작은 정당인 B정당은 지역구에서 당선자를 1명밖에 배출하지 못했다. 이 상황에서 의회 의석은 어떻게 채우는가? 정당 득표율 30%에 따라 180개 의석을 확보한 A정당은 지역구 승리자 150명을 의회로 보내고, 나머지 30명은 비례대표

명부에서 1위부터 30명을 끊어 보낸다. 정당 득표율이 10%이기에 60석을 확보한 B정당은 지역구 당선자 1명에 비례대표 명부에서 1위부터 59위까지 총 60명을 의회로 보낸다. 정당 득표율로 확보한 의석에 지역구 당선자를 먼저 보내기에, 나머지 의석을 채울 비례대표의 숫자는 지역구 당선자 수에 '연동'되어 결정된다. 예시로 든 B정당의 경우, 지역구에서 1명이 아니라 10명이 당선되었다면, 비례대표는 59명이 아니라 50명이 되었을 것이다. 따라서 독일 선거제도의 별명이 '연동형' 비례대표제인 것이다.

지역구 숫자(300개)가 전체 의석(600석)의 2분의 1밖에 안 되는 상황에서는 A당같이 큰 정당이라도 정당 득표율로 확보한 할당 의석(180석)을 모두 지역구 의원으로 채우기는 쉽지 않다. 예컨대 정당 득표율 30%인 A정당이 확보한 할당 의석 180석을 모두 지역구 의원으로 채우려면, 300개 지역구 선거구의 60%인 180개 지역에서 1등을 해야 한다. 어려운 일이다. 그런데 독일은 가능하다. 나아가 할당 의석보다 더 많은 지역구 당선자를 낼 수도 있다. 연방정부인 독일은 전국에서 얻은 정당 득표율을 16개의 주에 동일하게 적용하면서 '권역별'로 비례대표를 뽑기 때문이다.

2021년 독일 총선을 보면, 전체 의원 정수는 598명, 이 중 지역구는 2분의 1인 299개다. 각 주는 인구 비례로 의석을 할당받는다. 인구가 가장 많은 바이에른주가 93석, 가장 작은 브레멘주는 5석을 배정받았다. 그리고 주별 지역구 의석은 권역별로 배정받은 의석의 절반가량씩으로, 바이에른주는 46석, 브레멘은 2석이 된다. 그런데 가톨릭 세가 강한 독일 남부에 위치한 부유한 바이에른주는 기민련의 자매당인 기독교사회연합(기사연)의 강세 지역이다. 총 46개 지역구 선거구에서 기독교사회연합 후보 45명이 당선되었다. 기민련-기사연의 전국 정당 득표율은 31.7%로, 이에 따라 바이에른주에서 확보한 전체 의석이 34석인데 말이다. 기민련-기사연의 지역구 당선자(45명)는 정당 득표율에 따른 할당 의석 34석 대비 11명이 초과되었다. 이를 초과 의석이라 부른다. 의원 정수를 11명 늘려 모두 의회에 앉히기 때문이다. 연방하원의 의원 정수가 598명에서 11명이 더해져 609명이 된다. 문제는 여기서 끝나지 않는다. 사민당 같은 다른 큰 당 또한 강세 지역인 함부르크 같은 주에서 할당 의석보다 많은 지역구 당선자를 내곤 한다. 여기에서도 초과 의석이 발생한다.[21]

독일에서 이런 초과 의석이 과거에는 많지 않았다. 1990년 총선까지도 6석 이하였다. 그런데 앞서 4장 〈정당, 정치 시장의 기업〉에서 언급했듯 녹색당, 좌파당, 대안당 같은 신생 정당들이 정당 지지율 5% 문턱을 넘어 의회에 입성하게 되었다. 기민련-기사연과 사민당 같은 양대 정당의 정당 득표율을 갉아 먹으면서 말이다. 따라서 이 양대 정당이 총선에서 정당 득표율에 따라 얻는 할당 의석수가 많이 줄었다. 그래도 여전히 지역구 선거의 승리는 이 양대 정당, 특히 기민련-기사연의 몫이다. 그러자 각 당의 권역별 텃밭 지역에서 전국 정당 득표율에 따른 할당 의석보다 많은 지역구 의석을 차지하는 경우가 빈발했다.

독일에서 작은 정당들은 큰 당과 달리 초과 의석이란 보너스를 받지 못한다. 따라서 의회에서 차지하는 의석 비율이 정당 득표율에 미치지 못하게 된다. 이들은 계속 비례성이 훼손되고 있다며 문제를 제기해왔다. 헌법재판소는 과다한 초과 의석은 헌법이 규정한 비례대표제의 비례성을 왜곡한다며 연방선거법에 대해 헌법 불합치 판정을 내렸다. 이에 비례성을 회복하고 불균형을 보정하고자 2013년 보정 의석 levelling seats 제도를 도입했다. 의석 비율이 정당 득표율에 일치할 때까지 작은 정당에 보정 의석을 더해주는 것이다. 초과 의석에 보정 의석까지 더해지자 연방 하원의 총 의석수는 애초의 598명을 넘어 2017년 총선에서는 111명이 더해진 709명, 2021년 총선에서는 무려 137명이 초과된 735명으로 크게 늘어났다.[22]

끝없이 늘어나는 의원 정수 문제를 해결하기 위해 2023년 독일의 사민당-녹색당-자민당 연정은 의원 정수를 630명으로 고정하고 초과 의석을 인정하지 않는 연방선거법을 새로 마련했다(지역구는 종전과 같이 299개). 초과 의석을 인정하지 않으므로 비례성이 왜곡될 염려가 없고, 따라서 보정 의석을 줄 필요도 없어진다. 그냥 의원 정수 총 630명의 비례대표제가 되는 것이다. 2025년 총선에서는 정당 득표율에 따라 각 정당이 확보한 의석수를 넘는 지역구 당선자가 23명 배출되었다(기민련-기사연 18명, 대안당 4명, 사민당 1명). 과거에는 23명 모두 초과 의석에 앉았을 것이다. 그러나 이를 인정하지 않는 새 선거법에 따라, 기민련-기사연의 경우 각 지역구 1위자 190명 중 득표율 순으로 172명만 의회에 보내야 했다. 전국적으로 23개 지역구는 당선자는 냈으나 연방의회 의원은 배출하지 못한 '고아' 지역구 orphaned constituency, 즉 대표 부재 선거구가 됐다. 2025년 총선에서 승리한 기민련-기사연은 이것도 문제라며 선거법 개정을 약속하고 있다.

독일의 혼합형 비례대표제는 "인물화된 비례대표제"로 불린다.[23] 지역구 대표를 통해 일반적인 정당명부 비례대표제의 단점을 보완하고 있다. 유권자와 시민 대표 사이의 유대감을 높이고, 지역의 이해관계도 중앙에서 수용하는 우수한 선거제도로 평가받아왔다. 그러나 사회가 다원화되고 분화하면서 많은 새로운 정당들이 정치사회에 등장하고 있다. 지역대표의 초과 의석 문제 없이 비례대표성을 지키는 묘안이 필요한 상황이다.

혼합형 다수제

혼합형 다수제 mixed member majoritarian(MMM)도 혼합형 비례대표

제처럼 인물에 투표하는 다수제와 정당 투표인 비례대표제가 공존하는 제도다. 그러나 독일과 달리 의석 배분이 비례대표제에 의한 정당 득표율에 달려 있지 않다. 또한 지역구 선거 결과에 따라 비례대표 의원 수가 왔다 갔다 하는 연동형이 아니다. 혼합형 다수제에서는 전체 의석을 지역대표와 비례대표 둘로 나누고 병립시킬 뿐이다(그래서 별명이 병립제). 일반적으로 다수제인 소선거구제가 기본이고, 불비례성을 완화하기 위해 의석의 일부만을 비례대표로 뽑기에 혼합형 **다수제**라 부른다.

2020년 '준연동형 비례대표제'라며 새로 도입한 선거제도가 실시되기 전, 한국은 전형적인 혼합형 다수제 국가였다. 2016년 총선에서는 소선거구제로 지역구 253석, 정당명부 비례대표제로 비례대표 47석을 뽑았다. 일본과 대만도 혼합형 다수제로 분류된다. 일본은 하원인 중의원 선거에서 지역구 289명과 비례대표 176명, 대만은 하원인 입법원 선거에서 각각 79명과 34명을 뽑았다.

다수제로 의원 전원을 선출할 때에 비해 비례대표를 더해서 뽑으면 정당 지지율과 의회 의석 비율의 불비례성이 완화된다. 그러나 그 완화 정도가 크지는 않다. 첫째, 혼합형 다수제 국가에서는 말 그대로 다수제가 기본이고, 비례대표제를 병행하는 것뿐이어서 그러하다. 둘째, 병립제인 만큼, 지역구를 석권하는 큰 정당들이 비례대표 선거에도 참여해 당 지지율만큼의 큰 몫을 가져가기 때문이다. 이 후자의 문제는 다음의 의석 추가제를 통해 일부 해소된다.

의석 추가제

의석 추가제additional-member system(AMS)도 혼합제로 1인 2표제다. 혼합형 비례대표제나 혼합형 다수제처럼 지역구 선거와 정당명부 비례대표제를 동시에 실시한다. 다만 혼합형 다수제보다는 혼합형 비례대표제에 가깝다. 혼합형 다수제와 달리 지역구 의석과 비례대표 의석이 병렬적으로 나뉘어 있지 않고, 혼합형 비례대표제처럼 양자가 연동되기 때문이다. 그래서 의석 추가제와 혼합형 비례대표제를 모두 연동형 비례대표제라 부르기도 한다. 다만 후술하겠지만 연동 방식이 다르다. 무엇보다 의석 추가제는 다수제가 주가 되고 비례대표 의석은 보조 역할을 한다. 이 점에서 독일의 혼합형 비례대표제와 질적인 차이를 보인다. 의석 추가제는 높은 수준의 지방자치권을 누리는 스코틀랜드 의회가 채택한 선거제도다.[24] 한국이 2020년 도입한 준연동형 비례대표제도 의석 추가제라고 할 수 있다.

의석 추가제에서는 정당 득표율로 확보할 수 있는 의석보다 지역구 당선자를 많이 배출한 정당(보통 큰 정당)은 보정용인 비례내표 의석 배분에 참여하지 못한다(지역구 초과 의석은 인정). 정당 득표율에 의한 할당 의석보다 지역구 당선자

수가 적은 정당(보통 군소정당)만 비례대표 의석을 추가로 배분받는다. 단, 독일과 달리 정당 득표율에 따라 할당된 의석을 모두 받지는 못한다.* 의석 추가제에서는 한정된 숫자의 비례대표 의석을 보정용으로 삼아 군소정당에게 나눠주고 끝낸다. 의석 배분 후 비례성이 높아지나, 진짜 비례대표제만큼은 되지 못한다.

예를 들어 총 100석인 의회를 가정해보자(70석은 지역구, 30석은 비례대표). 지역구에서 A정당이 40석, B정당이 20석, C정당이 10석, 그리고 D, E, F 정당이 각각 0석을 얻었다고 하자. 정당 득표율은 A정당이 35%, B정당이 35%, C정당이 5%, D정당이 15%, E정당이 5%, F정당이 5%를 얻었다고 가정하자. 정당 득표율이 5%에 불과한데도 지역구 10석을 얻은 C정당은 특이한데, 이는 캐나다의 퀘벡당이나 한국의 과거 자민련같이 특정 지역에서 강세를 보이는 지역정당이기 때문이다. 봉쇄조항은 따로 없다고 하자.

독일의 혼합형 비례대표제 방식이었다면, A정당은 정당 득표율이 35%이니 100석 중 35석을 할당받아야 한다. 그런데 가장 큰 당으로서 70개 지역구 중 40석을 휩쓸었다. 이미 5석이 초과되었으니 보정해줄 필요가 없다. 그냥 40석으로

---

* 독일처럼 의원 정수를 늘려서라도 비례를 맞춰주거나(2023년 선거제도 개혁 이전), 지역구 초과 의석을 없애 비례를 맞춰주지(2023년 개혁 이후) 않기 때문이다.

확정된다. B정당은 정당 득표율이 35%이니 할당 의석은 35석인데, 지역구에서 20석밖에 얻지 못했다. 나머지 15석은 비례대표 명부에서 1위부터 15위까지 의회로 보내 불비례성을 보정받아야 한다. C정당은 정당 득표율 5%니 5석이면 족하다. 그런데 지역구에서 10석이나 얻었다. C정당은 보정이 필요 없고 10석으로 확정된다. D정당은 정당 득표율이 15%이니 15석을 차지해야 한다. 그런데 지역구에서 한 명도 당선시키지 못했다. 비례대표를 15명 데려와 보정해야 한다. 지역구 당선자 0명인 E정당과 F정당도 정당 득표율은 5%이니, 비례대표를 각각 5명씩 데려와야 한다. 이렇게 되면 필요한 보정 의석은 총 40석이다(B정당 15석 + D정당 15석 + E정당 5석 + F정당 5석 = 40석). 그런데 의석 추가제에서 보정용으로 사용되는 비례 의석은 30석뿐이다. 의석 추가제에서는 필요한 보정 의석(40석)보다 비례대표 의석(30석)이 적으면 적은 대로 30석만 나눠주고 끝낸다. 40석이 필요한데 비례대표가 30석이니, 정당 B와 D는 15석이 아닌 11석씩, 정당 E와 F는 5명이 아닌 4명씩 비례적으로 줄여서 보정 의석을 받고 만다(〈표 5-1〉 계산 참조).*

    의석 추가제는 혼합형 다수제보다 비례성을 크게 개선한다. 정당 득표율 이상으로 지역구에서 선전하는 큰 정당들은 비례대표 의석 배분에 참여하지 못하고, 비례대표 의석은 모두 작은 정당들의 몫이 되기 때문이다. 우리나라에서 정의

(총 100석 = 지역구 70석 + 비례대표 30석)

정당명	A	B	C	D	E	F	계
정당 득표율	35%	35%	5%	15%	5%	5%	100%
할당 의석	35석	35석	5석	15석	5석	5석	100석
지역구 당선 의석(a)	40석	20석	10석	0석	0석	0석	70석
초과 의석	5석	-	5석	-	-	-	10석
필요 보정 의석		15석		15석	5석	5석	40석
실 배분 비례 의석(b)*		11석 (11.25)		11석 (11.25)	4석 (3.75)	4석 (3.75)	30석
의석 합계 (a + b)	40석	31석	10석	11석	4석	4석	100석
의석 점유율	40%	31%	10%	11%	4%	4%	100%

* '실 배분 비례 의석(b)' 계산은 최다 잔여표 방식(헤어 방식)을 따름.

⟨표 5-1⟩ 의석 추가제에 따른 의석 배분

당과 군소정당들이 비례대표에 할당된 46석을 분배하는 데서 더 많은 몫을 차지하고자 준연동형 비례대표제라고 이름 붙인 의석 추가제를 도입하는 데 앞장섰던 이유다.

그러나 큰 정당들은 자신들이 비례대표 의석 배분에 참여하지 못하게 되리라는 것을 쉽게 예상할 수 있다. 따라서 위성정당을 통해 비례대표 의석을 차지하고자 하는 유혹이 생긴다. 만약 총선마다 큰 정당이 지역구 선거에 나서고, 큰 정당의 위성정당이 비례대표 선거에 참여해 쌍끌이로 표를 긁어 가면, 의석 추가제의 취지는 무력화된다. 사실상 병립제인 혼합형 다수제가 되고 마는 것이다. 오늘날 한국의 상황이 딱 이러하다.

---

* 만약 2023년 개혁 전 독일식 혼합형 비례대표제였다면, 정원을 늘려서라도 필요한 40석을 모두 보정해줘야 한다. 보정 결과, 정원이 100명에서 110명으로 늘어나게 된다. 그러면 다시 늘어난 정원에 맞춰서 각 정당에 추가 보정 의석을 준다. B정당의 경우, 정당 득표율이 35%이니 정원 110명에서는 할당 의석이 35석이 아니라 38.5석(110 × 0.35 = 38.5)이 돼야 한다. 최소한 3석의 추가 보정 의석을 받는다. 이렇게 되면 총 정원이 또 늘어나게 된다. 여기에 맞춰 또다시 추가 보정 의석이 주어진다. 균형이 이뤄질 때까지 이 과정이 반복된다. 초과 의석에 대응하는 보정 의석 도입 후 독일의 의회 총정원이 크게 늘어난 이유다.

대통령 선거제도의 유형별 특징과 이해

직접선거

대통령 선거는 인물 한 명을 뽑는 것이므로 다수제일 수밖에 없다. 한국을 비롯한 대부분의 대통령제 국가는 단순 다수제를 택하고 있어 선거에서 1등 한 후보가 당선된다. 그러나 단순 다수제에서는 단둘이 붙는 게 아닌 이상 1등 한 후보가 50% 이상을 득표하는 경우는 많지 않다. 1987년 한국의 13대 대통령 선거에서 노태우 민정당 후보가 단 36.64%의 득표율로 김영삼(28.03%), 김대중(27.04%), 김종필(8.06%)을 제치고 대통령에 당선되기도 했다. 노태우 대통령은 다수가 아닌 소수의 대표라는 비아냥을 들어야 했다. 통치의 정당성이 낮았다.

따라서 프랑스, 브라질 등 다른 일군의 국가들은 단순

다수제가 아닌 결선투표제를 채택하고 있다. 앞서 지적했듯이 결선투표제는 1차 투표에서 50% 이상의 과반 지지를 얻은 사람이 없으면, 1차 투표에서 1등과 2등을 한 두 사람만 놓고 2차 투표(결선투표)를 실시한다. 단둘이 붙는 상황이므로, 당선인은 무조건 과반의 지지를 받게 된다. 통치의 정당성을 높일 수 있다.

또한 결선투표제에서는 노태우 대통령 같은 '어부지리' 승자가 나오기 힘들다. 만약 한국의 13대 대선이 결선투표제로 시행되었다면 대통령은 김영삼이었을 것이다. 1위 노태우와 2위 김영삼이 결선투표에서 다시 만났다면 3위로 탈락한 김대중의 지지표가 같은 민주화 운동 지도자인 김영삼에게 몰렸을 것이다. 김영삼이 노태우를 이겼을 것이 거의 확실하다. 진영 간 대결이 우열을 가리기 힘든 팽팽한 상황에서는, 좌든 우든 단일화에 실패해 표가 갈리면 그 자체로 패자가 된다. 2022년 20대 대통령 선거에서 윤석열이 안철수와 단일화를 이루지 못했다면, 이재명에게 득표율 0.73%포인트, 득표수 24만 7,077표 차이의 박빙 승리를 거두지 못했을 것이다.

결선투표제에서 1차 투표는 선거 전 합당이나 단일화의 필요성을 없앤다. 1차 투표는 단일화를 위한 여론조사 같은 성격이 된다. 사표 방지 심리도 작동하지 않는다. 마음껏 원하는 후보에게 표를 던진다. 결선투표에서 1등과 2등 중 자기 진영 후보에게 표를 던지면 되기 때문이다. 1차 투표 후 득표율을 바탕으로 진영 안팎에서 지지 표명을 놓고 정당 간 합종연횡이 일어난다. 그러나 한국은 단순 다수제이기에 2022년 안철수의 국민의당은 윤석열의 국민의힘과 합당을 통해 선거 전에 단일화를 했다. 결선투표제였다면 굳이 합당할 이유가 없다. 결선투표제가 도입되면 정당 체제는 다당제에 더 가까워지고, 정당 간 연합정치도 더 활발해진다.

간접선거

대통령을 뽑는 데 직접선거가 아닌 간접선거를 한다면 이는 의원내각제 국가 경우이다. 의원내각제 국가인 독일의 예를 보자. 독일의 연방 대통령은 연방총회에서 선출된다. 연방총회는 연방하원 의원 전원과, 이와 동일한 인원의 16개 주 대표로 구성된다(즉 하원 의원 수 × 2). 연방총회에 파견되는 주州 선거인단 수는 각 주의 인구 규모에 비례해 배분되며, 주 선거인단은 주의회에서 선출한다. 연방총회에서 선거인단은 비밀투표로 1인 1표를 행사한다. 그러나 대통령 선출 전에 정당 간 사전 합의가 이루어지기에, 선거 결과는 대체로 이에 부응한다.

미국, 대리인을 통한 직접선거

4년마다 11월 초에 열리는 미국 대통령 선거는 우리에게도 큰 관심사다. 초강대국 미국의 대통령을 뽑는 선거여서이기도 하지만, 독특한 선거 방식이 이목을 끈다. 형식적으로 보면 미국 대통령은 선거인단을 통해 선출하기에 간접선거라고 할 수 있다. 하지만 내용적으로는 우리와 같은 직접선거라고 보는 게 맞다. 미국 유권자들도 우리처럼 투표소에 가서 자기가 지지하는 대통령 후보에게 표를 던진다. 선거인단을 뽑으러 투표장에 가는 것이 아니다.

주정부는 자기 주에서 특정 대통령 후보가 1등을 하게 되면, 자기 주의 선택을 대리해서 투표해줄 선거인단을 1등한 후보의 소속 정당이 지명해놓은 선거인으로만 채운다.* 이 1차 선거의 선거인단 선출로 사실상 대통령 당선인이 확정된다. 그러나 요식행위인 2차 선거가 있다. 선거인단은 약 한 달 후 12월 중순에 주정부 소재지, 즉 주도에 모여 그 주에서 승리한 대통령 후보에게 표를 던진다. 이 투표는 비밀투표가 아니다. 만약 자기 맘대로 투표하면 처벌받는다(보통 벌금, 그리고 선거인 교체 후 다시 주 의사를 반영해 투표). 선거인단은 대리인으로서 자기 주 주민의 선택에 따라 대리 투표를 할 뿐이다.

* 메인주와 네브라스카주는 승자독식제가 아니다. 후보자별 득표율만큼 선거인을 나눠 갖는다.

각 주 선거인단이 던진 표들은 다음 해 1월 6일 연방하원에서 열리는 상·하원 합동 회의에서 개표된다. 최다 득표자가 대통령으로 공식 선출되고 대통령 선거는 마무리된다.[25]

그냥 11월에 시민들이 직접 투표한 결과대로 대통령을 뽑고 말지, 왜 중간에 주마다 대리인들을 끼워 넣고, 이들이 주민 투표 결과대로 다시 투표하게 만드는가? 건국 당시 1인 1표에 의한 다수대표제로 연방 대통령을 뽑자는 '상식적인' 안에 대해서, 작은 주와 노예가 많은 남부 주에서 반대가 많았다. 정당이 존재하지 않던 시절, 작은 주는 늘 큰 주가 지지하는 후보가 대통령이 될 것을 염려했다. 또 남부 주들은 노예가 주민의 상당수를 차지하는데(당시 주민 수가 가장 많았던 버지니아는 40%가량이 흑인 노예), 백인 남성 시민권자들만 대통령 선거에 참여하게 되면 상대적으로 불리하다고 보았다. 따라서 시민 수가 아닌 주민 수에 비례하는 선거인단을 주별로 두고, 이들의 투표로 대통령을 뽑게 한 것이다(흑인 노예는 1인이 아닌 5분의 3인으로 계산). 작은 주를 위해서는 '주민 수에 비례하는 선거인단' 규정에서 '비례성'을 작은 주에 유리하게 조정했다. 그 결과 주별 선거인단 배정 공식을 각 주의 '하원 의원 수(인구 비례로 주마다 상이) + 상원 의원 수(2명 고정)'로 정했다. 2024년 현재 선거인단은 총 538명이다. 3,900만 명의 캘리포니아주에 배정된 선거인단은 54명, 57만 명의 와이오밍주는 3명이다. 인구수로는 68:1인데, 선거인단 수로는

18 : 1이다.

　미국 대통령 선거에서 미국 시민들은 1인 1표를 행사하지만, 1표가 동등한 가치를 갖지는 않는다.[26] 선거인단 제도 때문에 와이오밍주의 유권자가 던지는 1표는 캘리포니아 유권자 표의 3.8배 가치를 지닌다. 따라서 지난 2020년 대선에서 힐러리 Hillary Clinton가 전체 득표수에서는 트럼프를 287만 표 앞섰어도, 선거인단 투표에서는 지는 결과를 낳았다.

　앞서 설명했듯이 선거인단은 자기 주에서 1등 한 후보에게 의무적으로 투표하게 되어 있기에, 사실 이들의 투표는 의례적인 행사일 뿐 의미는 없다. 누가 각 주에서 승리했는지, 그래서 그 주에 배정된 선거인단을 몇 명 확보했는지만 알면 된다. 12월에 각 주 선거인단이 투표하고 1월에 워싱턴에서 개표해 대통령을 공식 선출하더라도, 이미 11월 대통령 선거 결과가 주별로 나오면, 선거인단 538명의 과반인 270명을 확보한 후보가 대통령이 되는 것이다.

　250년 된 낡은 선거제도를 바꿔 진정한 평등선거 one man, one vote, one value를 실현해야 한다는 목소리가 날로 커지고 있다. 그러나 미국의 대통령 선거인단 제도는 총기 소유의 자유처럼 헌법에 규정된 사항이다. 헌법 개정은 상·하원 각각 3분의 2가 모두 찬성해야 발의할 수 있고, 발의된 개정안은 전미 50개 주 중 4분의 3 이상의 주에서 비준되어야 한다. 성사되기 매우 어려운 일이다.

5장을 마치며

대한민국은 제도상으로는 보비직평 선거권을 많이 늦지 않은 시기인 1948년에 도입했다. 그리고 처음부터 자유민주주의를 정치체제의 이념으로 삼았다. 2,000년 동안 왕정에 이어 천황이 다스리는 제국의 식민지만 경험하다가, 하루아침에 서구의 정치 이념과 제도를 이식한 것이다. 개인의 자유와 인권에 기반한 민주주의가 바로 작동할 리가 없다. 금권, 관권으로 얼룩졌지만 그래도 경쟁적 선거는 전쟁 중에도 부단히 이어졌다. 권위주의 정부에서도 의회 선거는 계속되었고, 대통령을 운동장에서 간접선거로 뽑더라도 선거는 끊이지 않았다. 1987년 민주화 이후에는 경쟁적 선거와 보비직평의 원칙이 잘 지켜지고 있다. 선거 민주주의는 정착됐다.

하지만 선거 민주주의가 민주공화국의 목표 지점은 아니다. 출발점일 뿐이다. 우리 민주공화국에 자유민주주의의 호흡을 불어넣어야 한다. 변화의 시작은 의회여야 한다. 입법·사법·행정 중 입법을 담당하는 의회는 시민사회의 대표 기구로, 민주주의를 상징한다. 우리 국회는 어떠한가? 다음 장에서 의회의 기능, 역할, 구조 그리고 실제 작동에 대한 이해를 통해 한국 민주주의를 되돌아보고, 미래를 조망해보고자 한다.

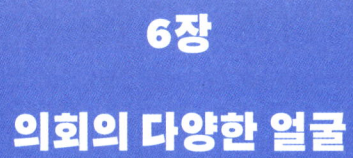

6장

의회의 다양한 얼굴

민주공화국의 삼권(입법·행정·사법) 중 민주주의를 상징하는 기관은 입법부인 의회다. 의회는 행정부처럼 통치기구는 아니다. 행정부 관료제가 없는 국가는 없다. 하지만 의회가 없어도 국가의 존립에는 문제가 없다. 의회민주주의가 성립하기 이전에 모든 국가는 사실 의회 없이 왕과 행정부만 존재하는 형태였다. 그러나 의회가 없는 민주공화국은 없다. 의회 없는 민주주의는 상상할 수 없다. 의회는 시민사회를 대표한다. 시민사회의 대표들이 상호 견제 속에서 지배하는 체제가 민주공화정인 것이다. 민주공화정의 성립과 작동에 의회는 어떤 기여를 하고 있는가? 의회의 역사부터 구조와 기능에 대해 알아보자.

시민사회의 대표, 의회의 근대적 의미

의회의 기원은 오래되었다. 앞서 2장 〈민주공화국의 뿌리와 원리〉에서 살펴보았던 고대 그리스 아테네의 민회나 로마 공화정의 민회, 그중에서도 평민회로부터 기원을 찾을 수 있다. 930년에 설립된 가장 오래된 의회로 유네스코 세계문화유산에 등재된 아이슬란드의 알싱기Alþingi에서 의회의 역사가 시작되었다고도 볼 수 있다. 그러나 근대적 의미의 민주공화정 형성에 영향을 준 역사적 사례에서 그 기원을 찾자면, 그것은 영국 의회라 할 수 있다.

1215년 존John I 왕이 대헌장Magna Carta에 서명한 이후 영국의 국왕들은 각 군shire에서 2~4명의 귀족과, 각 읍town에서 동일한 수의 자유 상공업자burgher(부르주아)들을 수도 런던으로 불러 통치와 관련된 사항들을 논의했다. 1340년부터 상인과 시민 대표들은 현재 하원이라 부르는 평민원House of Commons을, 귀족과 고위 성직자는 현재 상원이라 불리는 귀족원Hose of Lords을 구성했다. 이들은 현재도 의사당으로 사용하는 웨스트민스터 궁전에서 만났다.[1]

영국 하원이 시민사회의 대표로서 질적 변화를 이루며 통치의 전면에 나서게 된 계기는 1649년 의회파가 왕당파를 이기고 찰스 1세를 참수해버린 영국 내전(청교도혁명)과 입헌군주제의 초석을 닦은 1688년 명예혁명이라 할 수 있다. 군주가 군림하는 왕정은 유지하되, 내용적으로는 통치의 실권을 시민사회의 대표인 하원이 장악한 것이다. 근대 민주공화제의 시작이다.

프랑스도 영국보다 100년 정도 뒤늦었지만 유사한 역사를 갖고 있다. 1302년 필리프 4세Philippe IV는 로마 교황과의 분쟁에서 국민들의 지지를 동원하고자 성직자, 귀족, 도시 상인계급의 대표자 회의를 소집한 바 있다. 이것이 신분제 의회인 삼부회États généraux의 기원이다. 이후 후대 왕들도 전쟁 비용 조달을 위한 조세 징수나 교황과의 다툼이 있을 때 삼부회를 소집해 지원과 동의를 구하곤 했다. '태양왕' 루이 14세Louis XIV로 상징되는 절대왕정기에는 소집되지 않다가, 1789년 루이 16세Louis XVI가 프랑스혁명의 도화선이 된 삼부회를 175년 만에 소집했다. 전국적으로 회의에 참가할 대표자 선출 선거가 신분별로 열렸다(제1신분인 성직자 대표 300명, 제2신분인 귀족 대표 300명, 제3신분인 평민 대표 600명). 삼부회 소집 사유는 국가 재정 확충을 위한 세금 신설이었다. 베르사유 궁전 건축 같은 사치 그리고 7년전쟁(1756~1763)과 미국독립전쟁(1775~1783) 지원으로 인해 1788년 채무불이행 상태에 빠졌기 때문이다.

600명으로 숫자가 가장 많은 평민 대표들은 합동 회의와 1인 1표를 주장했고, 성직자와 귀족 대표들은 관례대로 신분별 집단 투표를 고집했다. 신분별 집단 투표는 신분별로 따로 회의해 다수 의견이 무엇인지 확인 후, 신분 집단마다 1표씩 행사하는 방식이다. 평민 대표들은 면세 특권층인 성직자와 귀족에게 세금을 징수하는 조세 개혁안은 2:1(성직자 1표 + 귀족 1표 : 평민 1표)로 부결되고, 반대로 평민에게 부과되는 증세안은 2:1로 통과될 것을 염려했다. 성직자 대표와 귀족 대표 중에도 개혁적인 사람이 있었으므로, 이들과 함께 1인 1표를 행사하길 바란 평민 대표들은 독자적으로 국민의회 Assemblée nationale를 결성하고, '자신들의 동의 없이는 어떠한 세금도 신설할 수 없다'고 선언했다.

국왕이 국민의회를 인정하지 않고 회의장을 봉쇄하자, 왕립 실내 테니스 코트에 모인 576명의 대표는 정치권력은 국왕이 아니라 국민과 그 대표들에게서 나온다고 선언하고, 이에 기초한 헌법을 제정할 때까지 회합을 이어갈 것을 서명으로 약속했다.[2] 세금 문제에서 정치체제 문제로 논의가 질적 변화를 겪은 것이다. 프랑스혁명의 시작이었다. 이때 프랑스 인권선언(1789)에서 프랑스 최초의 성문헌법 제정(1791)까지 이끈 국민의회가 현 프랑스 하원이다. 프랑스 민주공화국을 상징하는 대표 기관인 것이다.

영국과 프랑스처럼 시민혁명을 주도하며 자가 발전하지 않았더라도, 근대 모든 민주국가에서 의회는 시민사회의 대표로 정치의 중심에 서 있다.

의회의 권한과 기능

첫째, 의회의 가장 중요한 기능은 시민사회를 대표하는 것이다. 일반적으로 시민사회를 구성하는 개인과 집단이 골고루 입법부에 대표되어 발언권을 가질 수 있다면 의회의 대표 기능이 잘 발휘되고 있다고 본다. 비례대표 후보 공천 시, 여성과 남성의 비율을 50:50으로 맞추는 이유다. 그러나 시민사회의 미니어처로서의 의회가 늘 바람직한 것은 아니다. 범죄자도 대표되어야 하나? 어린아이와 청소년은? 초·중·고·대학 졸업자 비율을 맞추기 위해 의원들의 학력을 제한해야 할까? 직능 대표로서 농민과 노동자 대표가 들어가듯, 전업주부 대표도 필요하지 않나? 시민사회를 대표하는 의회의 구성이 편중되면 안 된다. 하지만 시민사회의 기계적인 소우주인

것도 곤란하다.[3]

　　의원들에게 기대하는 것이 주인인 시민의 대리인일 뿐인가? 그렇다면 시민사회의 소우주인 것이 바람직할지도 모른다. 그러나 공익을 추구하는 입장에서 국정을 논하고 입법 과정에 참여하는 시민사회 리더들의 모임을 기대한다면, 의회가 시민사회의 미니어처일 수는 없다. 사회 발전에 대한 정책적 비전과 이데올로기는 다양하다. 그러나 부패하지 않고 일정한 식견과 삶의 경륜을 갖춘 대표자들이어야 한다는 점에서 이질적이기보다 다소 동질적인 집단이 될 수밖에 없다.

둘째, 의회는 숙의熟議의 장이다. 의회는 직접민주주의가 아닌 대의민주주의의 산물이다. 직접민주주의에서는 불가능한 숙의가 대의민주주의에서는 가능하다. 대한민국 국민 5,200만 명이 필요한 정보를 바탕으로 토론을 벌여 일정한 합의에 도달하는 것은 물리적으로 불가능하다. 그러나 300명의 의원들은 가능하다. 기획재정위원회, 보건복지위원회 같은 전문적인 상임위원회별로 20여 명씩 배속된다면 숙의의 가능성은 더 커진다. 만약 의원들이 서로 경쟁하고 이해 다툼을 벌이는 시민사회 내 개인과 집단의 대리인으로서 의회에 앉아 있다면 숙의를 기대하긴 어렵다. 여야 간 토론과 합의 없이 다수결이 민주주의의 전부인 양 밀어붙이기가 판친다면, 숙의의 가능성은 사라진다. 개발도상국이나 독재국가의 의회 혹은 민주주의의 역사가 짧은 한국에서 흔히 보이는 모습이다. 그러나 의회민주주의의 역사가 긴 나라에서는 숙의를 통한 합의 형성이, 합의 형성이 어렵다면 협의와 타협의 정치가 단순 표결의 정치를 앞선다.

영국의 저술가이자 보수주의 철학자로 이름을 날린 에드먼드 버크 Edmund Burke의 1774년 하원 의원 당선 연설은 숙의의 장으로서 의회의 중요성을 일깨운다.

> 의회는 서로 다른 적대적인 이해관계를 가진 대사들의 회의체가 아닙니다. 각각이 모두 대리인과 옹호자로서 자신이 대리하는 이해관계를 끝까지 밀고 나가며 서로 싸우는 그런 자리가 아닙니다. 의회는 국가의 숙의체 deliberative assembly입니다. 지역적 이해관계나 국지적 편견이 아닌, 전체 국민의 일반 이성에서 비롯된 공공선이 이끄는 곳입니다. 여러분은 이제 한 의원을 선출했습니다. 그러나 여러분이 그를 선택했을 때, 브리스톨시의 일꾼을 뽑은 것이 아닙니다. 영국 의회의 일원을 뽑은 것입니다.[4]

셋째, 의회는 입법 기능을 행사한다. 입법권은 헌법이 의회에 부여하는 최고의 권한이다. 의회가 입법부고, 입법부가 곧 의회다. 의회의 입법권은 과거 절대군주의 자의적 의사결정을 통제하는 가장 강력한 수단이었다. 현대 민주주의에서도 행정부 견제는 주로 입법권 행사를 통해 이루어진다.

그러나 입법권이 의회에 있다고 해서 의회가 입법을 주도하는 것은 아니다. 대부분은 행정부가 제출한 법률안을 검토하고 승인하는 역할을 한다. 이러한 경향은 의원내각제 국가일수록 뚜렷하다. 3장 〈더 우월한 정부 형태가 있는가〉에서 살펴보았듯이, 의회의 다수당 혹은 다수 연합이 총리와 내각을 배출하기에, 자기 당 정부가 제출한 법률안에 대해 의회는 우호적일 수밖에 없다. 양당제하에서 거의 항시 단독 과반 정부를 출범시키는 영국의 경우는 이러한 경향이 더 심하다. 정부가 제출한 법률안의 97%는 무사통과된다.* 의원에게도 법안 발의권이 있으나, 자기 당 총리나 동료 의원이 장관인 행정부에서 반대하면 법안의 의회 통과는 사실상 불가능하다.

오히려 의회의 입법권은 의원내각제가 아닌 대통령제 국가에서 실질적으로 행사된다. 미국은 매우 예외적으로 법안 발의권이 의회에만 있다. 따라서 독자적인 법안 발의권이 없는 미 행정부는 보통 자기 당 의원들을 통해 법률안을 발의

---

* 1945년부터 1987년까지 제출된 법안을 대상으로 통과율을 산정한 것이다. 영국처럼 의회가 '통법부通法府' 역할을 하는 경향은 대부분의 웨스트민스터 형 내각제 국가에서 관찰된다. Rod Hague and Martin Harrop, *Comparative Government and Politics*, Palgrave Macmillan, 2010, chapter 15.

하고 의회 통과를 도모해야 한다. 그렇다고 법안 발의권을 독점하고 있는 미 의회가 입법을 주도하는 것은 아니다. 전문 능력과 실무 집행 경험이 있는 행정부가 정책 의제를 설정하고 법률 초안 작성을 주도한다. 의회 입법화 과정에서 더 면밀한 검토가 이루어질 뿐이다. 행정부에 법안 발의권이 주어진 한국을 포함한 다른 대통령제 국가도 그러하다.

단, 대통령제에서 여소야대의 경우에는 야당이 지배하는 의회의 입법권이 두드러지게 힘을 발휘한다. 행정부와 여당의 반대에도 야당 주도로 법안 발의와 통과가 가능하기 때문이다. 그러나 이 경우에도 대통령이 거부권을 행사하면 최종적으로 입법이 막힌다. 현대 민주주의에서 의회의 입법 기능은 헌법이 부여하는 가장 강력한 권한이다. 그러나 의회가 모든 입법의 전 과정을 주도하지는 못하는 게 현실이다.

넷째, 의회는 행정부의 재정을 통제한다. 영국을 비롯한 유럽 의회의 역사에서 가장 오래된 기능이다. 국왕과 의회의 대립은 항상 군주의 자의적인 재정지출과 과세를 두고 발생했다. 영국 의회가 명예혁명 후 공동 왕으로 추대된 윌리엄과 메리에게 승인을 받은 권리장전(1689)에 '의회의 승인 없는 과세는 불법'임을 못 박고, 예산에 대한 통제권을 확립한 것은 상징성이 큰 역사적 사건이다.*

그러나 이 또한 입법권과 마찬가지로, 세입예산과 세출

예산을 의회가 주도해서 편성하는 것을 의미하지는 않는다. 의회는 심의와 승인 권한을 갖고 있을 뿐이다. 행정부가 편성한 세입과 지출 계획을 의회가 검토하여 항목별로 일부 삭감 및 증액을 행정부와 협의 후 최종 승인한다. 의원내각제 국가에서는 정부 예산안이 의회에서 승인받지 못하면, 이는 내각에 대한 불신임으로 여겨진다. 따라서 대부분의 경우는 무사통과다. 자당 총리와 내각을 무너뜨려서는 안 되기 때문이다. 대통령제 국가에서는 여소야대 분점정부일 때, 의회의 국가재정 통제권이 실제로 작동한다. 미국의 경우, 예산안이 의회를 통과하지 못하면 연방정부가 문을 닫는 셧다운governmeht shutdown이 발생(1976년 이래 10회 발생)하기도 한다.

다섯째, 행정부에 대한 감시와 감독이다. 시민의 대표로서 의회는 물리력을 독점한 행정부가 집행권을 잘못 사용하고 있는지 살피고, 문제 해결을 요구한다. 나라마다 방법과 절차는 다양하나, 대체로 자료 요청, 총리와 장관을 대상으로 한 대

* 권리장전의 해당 조문은 다음과 같다. "국왕이 대권을 구실로 의회의 승인 없이, 의회가 이미 승인했거나 향후에 승인할 내용과 달리 기간을 연장하거나 편법을 써서, 국왕이 쓰기 위한 금전을 징수하는 것은 위법이다 Levying Money for or to the Use of the Crowne by pretence of Prerogative with out Grant of Parlyament for longer time or in other manner then the same is or shall be granted is Illegall." https://www.legislation.gov.uk/aepWillandMarSess2/1/2/introduction

정부 질문과 질의*, 긴급 현안 토론, 위원회 조사와 그 일환인 청문회 등이 활용된다. 한국의 의회는 그에 더해 매년 국정감사를 실시한다.

여섯째, 의원내각제 국가에서 의회는 내각 구성권을 갖는다. 신임투표를 통해 정부를 출범시키고, 불신임투표를 통해 내각을 무너뜨리기도 한다. 이원집정부제 국가에서 내각 구성은 의회가 아닌 대통령의 권한이지만, 의회는 불신임투표를 통해 내각을 무너뜨릴 수 있다(3장의 '의원내각제의 구성 원리' 참조).

대통령제 국가에서도 의회는 대통령의 내각 구성에 간접적이나마 영향을 미친다. 미국의 상원은 장관 지명자에 대한 인사청문회를 열고 임명 동의 여부를 결정한다. 대통령의 인사권을 존중해 대부분 통과시키긴 하나, 문제가 있는 인사는 자진 사퇴하거나 대통령이 지명을 철회하는 경우가 종종 있다. 대한민국 국회는 국무총리에 대한 임명 동의권을 갖고 있다. 장관에 대한 임명 동의권은 없지만, 인사청문회를 통해 간접적으로 대통령의 최종 선택에 영향을 미친다. 대통령제

---

* 질의interpellation는 유럽 대륙의 내각제 국가들이 주로 사용하는 대정부 감시·감독 방법으로, 영국 의회에서 사용하는 질문questions과 달리 총리나 각료의 답변이 수긍할 만한지에 관한 표결을 동반한다. 질의에서 답변이 받아들여지지 않으면 정부 신임투표로 이어져 내각이 붕괴되는 경우도 발생한다.

국가의 경우, 의원내각제와 달리 의회에 내각불신임이나 각료에 대한 해임권을 주지는 않는다. 단, 한국에서는 이례적으로 의회가 대통령에게 장관 해임을 **건의**할 수는 있다.

대통령제 국가의 의회가 대통령과 장관의 면직에 간접적이나마 영향을 주는 방법은 탄핵소추다. 한국은 미국과 달리 탄핵소추가 통과되는 즉시 대통령과 장관의 직무가 정지된다. 매우 강력한 권한이 국회에 주어진 것이다. 정쟁 차원에서 탄핵소추가 남발되면 정부의 안정성이 위협을 받을 수 있다. 다만 최종적인 탄핵심판권이 헌법재판소에 있기에, 헌재가 신속히 가부 결정을 내리면 정부의 불안정성이 해소될 수 있다. 미국의 경우는 상원이 탄핵심판권을 갖고 있다. 하원에 탄핵소추권이 있는 것을 감안하면, 미 양대 의회에 모든 탄핵권이 있는 것이다. 그러나 미 상원의 재적 의원 3분의 2가 동의해야 최종적으로 탄핵이 가결되므로, 서로 의석이 비등한 양당제하에서 대통령과 장관에 대한 탄핵은 사실상 불가능하다. 실제로 미국 헌정사에서 대통령에 대한 탄핵소추는 4회(1868년 앤드루 존슨 Andrew Johnson, 1998년 빌 클린턴, 2019년과 2021년 도널드 트럼프), 장관에 대한 탄핵소추는 단 2회(1879년 윌리엄 벨냅 William Belknap 국방부 장관, 2024년 알레한드로 마요르카스 Alejandro Mayorkas 국토안보부 장관) 있었다. 이 모든 탄핵소추는 상원에서 부결되었다.

양원제의 입법 역동성

한국은 의회가 하나뿐인 단원제 국가이다. 하지만 상원과 하원으로 의회가 두 개인 양원제 국가도 많다. 2023년 기준, 전 세계 190개국 중 112개국은 단원제를, 나머지 78개국은 양원제를 채택하고 있다. 단원제가 다수지만 양원제도 상당히 많다. 대표적인 양원제 국가로 영국, 미국, 일본, 독일, 이탈리아, 호주, 네덜란드, 프랑스, 아일랜드 등이 있다.

상원은 영국처럼 국왕이 임명하는 귀족원이거나, 미국이나 독일처럼 연방제 국가에서 주정부의 대표들로 구성되는 형태를 띤다. 전자의 귀족원은 시민혁명과 민주화 과정에서 권한이 축소되고, 지역대표로 전환되거나 아예 폐지되는 운명을 맞이했다. 2차 세계대전 이후에도 연방제가 아닌 국가에서 상원이 하나둘 폐지되고 있다. 뉴질랜드는 1950년, 덴마크는 1953년, 스웨덴은 1969년, 아이슬란드는 1991년, 노르웨이는 2009년에 상원을 폐지했다.[5]

그러나 미국, 캐나다, 호주, 독일 같은 연방제 국가에서 상원의 존재감은 여전하다. 이들은 '강한 양원제'의 모습을 보인다. 반대로 '약한 양원제'의 대표적인 국가는 귀족정의 전통을 가진 영국이다. 강하고 약한 양원제를 가르는 기준은 하원 대비 상원의 힘이다. 서로 대등한 권한을 갖고 있으면 강한 양원제, 그렇지 않고 하원의 힘이 더 세면 약한 양원제로 분류된다. 물론 강한 양원제 국가에서도 시민사회의 대표성은 하원이 갖고 있다. 그리고 의원내각제 국가에서 내각을 출범시키고 붕괴시키는 것도 하원이고, 이원집정부제에서도 내각불신임권은 하원만 갖고 있다. 대통령제에서 대통령과 행정부를 견제하는 역할도 기본적으로 하원이 맡는다. 하지만 입법 과정에서 상원이 하원과 동등한 권한을 갖는 경우, 강한 양원제로 분류된다.

앞서 2장 〈민주공화국의 뿌리와 원리〉에서 살펴보았듯이, 상원은 하원이 다수의 독재로 흐르는 것을 막는 데 그 존재 이유를 두고 있다. 미 헌법의 아버지 제임스 매디슨은 다수가 자신들의 이익을 위해 똘똘 뭉치면, 소수는 당할 수밖에 없다며 다음과 같이 상원의 필요성을 설파했다.

> 공화제 정부에서는 필연적으로 입법부가 지배적이기 마련이다. 이 폐단에 대한 구제책은 입법부를 각기 다른 원으로 나누는 것이다. (…) 서로 다른 선출 방식과 서로 다른 작동 원리를 이용해 되도록 서로 연결되지 않게 만드는 것이다. 계속해서 추가적인 예방 수단을 통해 [입법부에 의한] 위험한 침해를 경계할 필요가 있다.[6]

입법부를 둘로 나눠 서로 견제하게 하자는 것인데, 실제 의도는 상원이 하원을 견제하게 하는 데 있다. 미국 상원은 하원과 달리 인구 불비례성을 특징으로 한다. 인구 3,900만 명의 캘리포니아주도 상원 의원 2명, 인구 57만 명의 와이오밍주도 상원 의원이 2명이다. 인구 비례를 적용하면, 와이오밍주가 2명일 때 캘리포니아주는 136명의 상원 의원을 가져야 맞다.* 그러나 그렇지 않다. 다른 모든 연방제 국가의 상원도 인구에 비례하지 않는다. 독일은 주의 인구수에 따라 3~6명의 상원 의원이 배정되는데, 인구 300만 명의 노르트라인베스트팔렌주는 6명, 그 15분의 1에 불과한 20만 명의 브레멘주에도 상원 의원이 3명이나 배정된다. 캐나다 상원의 경우는 6~24석으로 주별 격차가 다소 크다. 그러나 잉글랜드계를 대표

---

* 하원의 경우 인구수에 따른 선거구 획정이 원칙이나, 인구 비례를 기계적으로 100% 적용하지는 못한다. 우리나라 국회의원 선거구처럼 인구가 밀집된 도시와 그렇지 않은 지역 간 차이가 있기 마련이다. 2024년 현재 와이오밍주의 하원 의원은 1명, 캘리포니아주는 52명이다.

하는 인구 1,600만 명의 온타리오주에 24석, 프랑스계를 대표하는 800만 명의 퀘벡주에도 동등하게 24석씩 배정하고 있다.

하원에서 통과된 법은 상원에서도 통과되어야 국법이 된다(마찬가지로 상원에서 발의해 통과된 법도 하원에서 통과되어야 한다). 하원에서 다수파가 소수파의 권익을 침해하는 어떤 결정이 내려지더라도, 소수파는 상원에서 이를 막을 기회를 갖는다. 이렇듯 양대 입법 기관의 권한이 대등한 경우 강한 양원제가 되는 것이다.

영국같이 약한 양원제인 경우에도 하원에서 통과된 법을 상원이 부결시킬 수는 있다. 그러나 상원이 부결시킨 법을 하원에서 종전과 동일하게 출석 과반으로 재의결하면 그대로 국법이 된다. 입법 확정에 시간이 더 걸릴 뿐, 하원의 뜻을 거스르는 상원의 부결은 사실상 실효성이 없다. 영국 상원의 거부권은 일종의 재의요구권이다. 한 번 더 숙고해서 다시 의결해달라는 정중한 요청으로서의 의미가 크다.[7]

강한 양원제 국가에서는 핑퐁 게임하듯 하원과 상원이 서로 엇갈리게 가결과 부결을 반복할 수 있다. 실제로 이탈리아에서 1977년에 발의된 강간피해자보호법이 하원과 상원을 오가다 1995년에야 최종적으로 입법됐다.[8] 하지만 이는 결코 바람직하지 않다. 따라서 강한 양원제 국가에서는 상하 양원의 입장 차이를 조율하여 입법 공백을 최소화하는 제도를 발전시켜왔다.

　가장 일반적인 방법은 양원이 동수로 조정위원회를 구성하여 합의안을 도출한 후, 이를 상하 양원에서 통과시키는 것이다. 조정위원회에서 결정되면 입법이 되는 것이기에 조정위원회를 상원, 하원에 이어 제3원 the third chamber이라 부르기도 한다. 미국, 프랑스, 독일 등이 이 방법을 쓴다. 호주에서는 하원에서 통과된 주요 법안이 상원에서 막히면, 총리가 양원을 동시에 해산시킨 후 새로 선거를 실시한다. 만약 새로 상원과 하원이 구성된 후에도 여전히 의견 일치를 보지 못하면, 양원의 의원들이 합동 회의를 열고 표결에 부친다. 하원 의원 수가 상원보다 많으므로 하원의 뜻대로(즉 내각의 뜻대로) 입법화될 가능성이 크다.[9]

대한민국 국회, 합의제의 문턱에서
다시 다수당 독주 체제로

대한민국은 단원제 국가다. 국회가 유일한 입법부로 삼권의 한 축을 이룬다. 한국 의회는 1948년 5월 10일 실시된 첫 국민 총선거에 의해 탄생했다. 제1대 국회는 대한민국 헌법을 제정한 제헌의회로, 정부 수립에 산파 역할을 했다. 2차 세계대전 이후 식민지에서 해방된 거의 모든 나라가 사회주의 정권을 수립한 것과 달리, 대한민국은 자본주의와 자유민주주의 체제로 출발했다.

그러나 대한민국 헌법에서 "자유민주적 기본 질서"와 "민주공화국"을 규정했다고 해서 바로 자유민주주의가 반석 위에 서는 것은 아니다. 역설적이게도 자유민주공화국을 만들기 위해 자유민주주의에서 보장된 사상의 자유와 정치적 자유를 억누르는 반反공산주의적 권위주의 체제를 겪기도 했다. 남과 북이 골육상잔의 내전을 겪은 한국은, 나치즘과 공산주의의 부흥을 막기 위해 정치적 자유를 제약했던 서독의 '투쟁적' 민주주의militant democracy보다 몇 걸음 더 나아갔던 것이다.[10]

권위주의 시기 한국의 의회는 통법부라고 낮잡아 불렸다. 대통령은 여당에 유리한 선거제도와 관권 개입을 통해 늘 의회 내 다수당의 지위를 만들어냈다. 그리고 대통령은 여당의 총재로서 국회를 지배했고, 국회의장을 사실상 지명했다. 국회는 정부 정책을 입법으로 뒷받침하는 통법부에 머물렀다. 국회의원들은 "행정부 대 입법부"가 아닌 "정부·여당 대 야당"이라는 관계 속에서 움직였다.[11] 여당 의원은 대통령의 국정 운영을 충실히 보좌했고, 늘 소수일 수밖에 없었던 야당은 전투적으로 대통령과 여당을 상대했다.

1987년 민주화 이후 헌법과 국회법 개정을 통해 대통령의 권한을 축소하고 통법부에 불과했던 국회의 권한을 대폭 강화하는 제도 개혁이 단행됐다. 대통령 임기는 7년에서 5년으로 단축되었다. 대통령의 비상조치권은 폐지되었다. 계엄과 긴급명령 발동 시에는 국회의 승인을 받도록 했다. 국회 해산권도 폐지되었다. 반면 국회의 연간 회기 일수 제한을 폐지하고, 국정감사권을 부활시켰다. 대통령과 총리 등에 대한 탄핵소추 시 그 즉시 직무가 정지되는 강력한 탄핵소추권도 국회에 부여했다. 1994년에는 긴급현안질문제도가 도입되어 대정부 감시·감독권을 강화했다. 2000년에는 대법원장, 헌법재판소장, 국무총리 등에 대한 인사청문회와 국회 동의가 도입되었다. 임명에 국회 동의가 필요한 것은 아니지만, 이후 인사청문회 대상은 지속적으로 확대되어 모든 국무위원(장관), 국가정보원장·검찰총장 등 이른바 권력기관 기관장, 그리고 공정거래위원회 위원장·금융위원회 위원장·한국은행 총재 등 독립규제기관의 장도 인사청문회를 거쳐야 한다.

민주화 이후 구성된 1988년 13대 국회부터는 국회법과 관행을 다수당 독주에서 여야 합의주의를 강화하는 방향으로 개선했다. 과거에는 집권당이 상임위원장직을 독점했지만, 여당뿐만 아니라 야당도 협의에 의해 상임위원장직을 배분받게 되었다. 1998년 김대중 정부가 들어선 이후 15대 국회부터는 국회내 거부점 veto point 으로 기능하는 법제사법위원회의 장을 여당이 아닌 제1야당이 맡는 관례도 만들었다. 2003년에는 국회법 개정을 통해 국회의장의 당적 보유를 금지해 초당적인 국회 운영을 도모했다.

2012년에는 국회 운영의 합의제 성격을 강화하기 위해 여야 합의로 국회선진화법을 제정했다. 다수당의 단독 처리 수단이 되었던 국회의장의 직권상정 권한을 크게 제한했다. 나아가 다수당에 유리한 과반 의결이 아닌 3분의 2* 혹은 5분의 3 이상의 찬성**으로 의결하게 하여 소수당의 의결 영향력을 크게 강화했다. 또 재적 의원 3분의 1 이상이 찬성하면 본회의에서 최장 100일간 무제한토론filibuster도 가능해졌다. 300석 국회에서 5분의 3인 180석을 넘지 않으면 여든 야든 국회 운영을 독단적으로 할 수 없게 만든 것이다. 국회선진화법은 여야 합의를 강제하는 법이라 할 수 있다.

그러나 2020년 21대 국회에서 여당이던 민주당이 183석이란 압도적 의석을 차지하면서*** 민주화 이후 어렵게 한층 한층 쌓아왔던 합의제에 의한 국회 운영은 일순간 무너져 내렸다. 제1당이 국회운영위원회, 법제사법위원회, 기획재정위원회 등 18개 상임위원회의 상임위원장직을 모두 독차지한 채 국회가 개원했다. 민주화 이후 32년 만에 처음 있는 일이었다. 게임의 룰인 선거법을 야당인 자유한국당(현 국민의힘)의 반대에도 불구하고 민주당 주도로 통과시켜버리기도 했다. 권위주의 시대에 볼 수 있었던 다수당 독주 체제로 회귀한 것이다. 2022년 대통령 선거에서 국민의힘의 윤석열이 당선되면서 더불어민주당은 거대 야당이 되었다. 하지만 2024년 22대 총선에서도 더불어민주당이 압승하면서 독단주

---

* 여야 간 이견이 있는 법안에 대해서는 위원회 재적 위원 3분의 1 이상의 요구로 여야 동수의 안건조정위원회를 구성하고 조정 위원 3분의 2 이상의 찬성으로 의결한다.
** 신속 처리fast track 안건이 이에 해당한다.
*** 21대 국회 민주당의 183석은 더불어민주당 163석에 위성정당인 더불어시민당 17석과 열린민주당 3석을 더한 숫자다.

의적 국회 운영은 지속되었다. 국회는 윤석열 정부의 정부조직법이나 세법 개정 등 핵심 정책의 입법화는 막고, 여야 합의 없이 양곡관리법, 특검법, 지역화폐법 등을 통과시켜 대통령이 이에 대해 거부권을 행사하는 일이 반복되었다. 예산안도 야당이 일방 처리했다. 윤석열 정부 3년간 발의된 탄핵소추만 31회로, 행정부에 대한 감시·감독과 견제 수준을 넘어섰다.[12]

시민사회의 대표로서 국회는 으뜸가는 통치의 정당성을 갖는다. 그러나 입법부 내 다수의 독재라는 위험 또한 안고 있다. 민주공화정의 제도 설계에서 늘 고민하고 방지하고자 한 독재라는 문제는 왕이나 대통령에만 해당하지 않는다. 미국 헌법의 입안자들처럼, 민주화된 한국도 의회 독재를 방지하는 제도적 설계를 고민해야 하는 숙제를 새로 안게 되었다. 한국 대통령의 문제만큼이나 국회와 국회의원의 문제도 많다.

6장을 마치며

민주공화국에서 시민사회의 대표로 여겨지는 기관은 의회다. 서구는 물론 우리나라에서도 민주화를 주도한 것은 행정부도, 사법부도 아닌 의회였다. 입법으로 표현되는 공동체 의사결정의 최종 관문도 의회다. 또 의회는 대통령과 행정부의 전횡을 막고, 시민의 인권과 자유, 권리 함양에 앞장서왔다. 그러나 동시에 다수의 독재 가능성도 내재해 있다. 의회는 발휘하는 다양한 기능만큼이나 다양한 얼굴과 명암을 갖고 있다.

의회의 주된 상대자는 행정부다. 역설적이게도 의원내각제가 아닌, 이원적 정통성이라는 특징을 안고 있는 대통령제에서 의회의 존재감은 더 두드러진다. 특히 여소야대 분점정부 국면에서 그러하다. 리더십을 발휘해 의회를 지배하는 야당을 '어르고 달래고' 국민 여론에 호소해 원하는 정책을 실현해야 한다. 이를 해내지 못하고 야당 탓만 하면 무능한 대통령, 무능한 정부가 된다. 지난 윤석열 정부가 이랬다. 민주화 이후 여소야대는 더 이상 이례적인 현상이 아니게 되었다. 국회와 대통령의 관계가 갈수록 중요해지는 이유다.

민주화 이후 여소야대의 발생만큼이나 정권 교체도 자주 이루어진다. 야당이었다가 새로 취임한 대통령은 다른 정파가 운행하던 국가관료제를 넘겨받아 운전에 나서야 한다. 국가관료제를 잘 운영해서 성과를 내려면 국회와의 관계만큼이나 관료제와의 관계도 중요하다. 관료제가 움직이지 않으면 국민에게 약속한 일을 실천할 수 없다. 야당이 지배하는 의회처럼 대놓고 정부의 발목을 잡지는 않을지라도, 관료는 복지부동伏地不動의 형태로 새 정권의 발목을 잡을 수 있다. 의원내각제의 총리는 대통령에 비하면 자기 당이 지배하는 의회와의 관계에 크게 신경을 쓰지 않아도 된다. 하지만 관료제와의 관계는 큰 고민거리다. 어떻게 하면 거대한 국가관료제를 잘 움직여 최대한의 국정 성과를 낼 것인가? 모든 행정 수반들의 고민에 대해 다음 장에서 살펴보고자 한다.

7장

국가관료제와 정치적 통제

삼권분립에 기초한 민주공화정이 등장하기 이전, 유럽에서 군주는 관료제의 도움을 통해 귀족을 억누르고 절대왕정을 실현할 수 있었다. 중앙집권화된 근대적 관료제는 국왕의 통치를 국가 전역에 이르게 하고, 법적 안정성과 질서를 구현했다. 자유주의 혁명의 결과 입헌군주제로 전환되면서, 관료제의 지휘권은 선출직 정치가들이 가져갔다.

주기적인 선거에 의해 교체를 반복하는 집권 정치 세력과 달리, 관료 집단은 붙박이다. 좌우가 주기적으로 바뀌는 한시적 지휘자와 붙박이는 '한 팀'이 되기 어렵다. 코드가 서로 맞지 않을 때는 더욱 그러하다. 관료제를 통해 다음 선거 전에 정책적 성과를 내야 하는 집권 세력은 늘 조급하다. 관료제에 대한 정치적 통제에 나선다. 정권 교체기마다 등장하는 '영혼 없는 공무원'이나 '적폐 청산' 논란이 유독 민주화된 한국에서 심하다. 하지만 우리만 그러한 것은 아니다. 그 이유와 해법을 살펴보자.

근대 국가관료제의 형성

관료제bureaucracy는 '책상'을 뜻하는 프랑스어 bureau와 '지배'를 뜻하는 영어 어근 cracy의 합성어로 18세기 중반 유럽에 등장했다. 민주주의democracy가 민중demos의 지배이듯이, 관료제는 책상에 앉아서 일을 보는 관료들의 지배를 뜻한다. 18세기쯤 되자 국왕의 손발인 거대한 통치기구를 벗어나서 살 수 없게 된 현실이 반영된 단어다. 사실 관료제는 중앙집권적 국가의 역사가 긴 동양에서 먼저 자리 잡았다. 훗날 조선에까지 영향을 준 중국 당나라(618~907)의 3성6부제三省六部制*나 관료 충원을 위한 과거제도의 실시가 그것이다.

* 3성(중서성·문하성·상서성)과 상서성 밑의 6부(이부·호부·예부·병부·형부·공부)를 뜻한다.

그러나 현재 우리가 마주하는 민주공화정의 관료제는 몇 차례 혁명적인 변화를 거친 후 유럽에서 탄생했다. 첫째, 가산家産관료제에서 국가관료제로의 전환이다. 가산관료제는 가산국가의 관료제를 뜻한다. 가산국가에서는 영토와 국민이 군주의 소유물로 간주된다. 왕실 재정과 국가 재정 사이에 구별이 없다. 입헌군주제 이전의 왕정이 대부분 그러하다. 현대 관료제 이론을 정립한 막스 베버는 동양의 관료제가 유럽보다 역사가 깊은 것은 인정했다. 그러나 그는 입헌군주제나 공화정으로의 전환이 늦었던 동양의 관료제는 근대 관료제의 모델이 될 수 없다고 보았다. 동양은 유럽의 식민지 혹은 반¥식민지가 될 때까지 가산관료제의 성격을 유지했기 때문이다. 반면 유럽에서는 입헌군주제로 전환되면서 의회가 인정되고 왕실 재정과 국가 재정이 분리되었다. 관료제는 국왕의 사무가 아닌 국가의 행정을 책임지며 국가에 충성하는 기구로 탈바꿈했다.

둘째, 정실情實에 따른 관리 임명에서 실적에 기반한 관료 충원으로의 변화다.[1] 가산관료제 시기 군주는 지방 귀족을 군과 중앙 관료제의 고위직에 임명해 휘하에 두거나(귀족적 정실주의), 부유한 시민에게 관직을 매매하여 귀족 세력과의 힘의 균형을 추구했다(은혜적 정실주의). 그러나 1789년 프랑스혁명 이후, 프랑스는 달랐다. 1799년 제1통령으로 권력을 장악한 나폴레옹은 중앙은 물론 전국의 지방행정도 내무부가 관장하는 관료제적 통치 시스템을 확립했다. 그리고 고위 관료직을 귀족에게 하사하거나 부르주아에게 매매하지 않고, 특수 행정학교École Polytechnique 졸업생으로 충원했다.

유럽의 신흥 강자 프로이센도 일찍이 실적에 입각한 인사 시스템을 갖춰나갔다. 프리드리히 빌헬름 1세Friedrich Wilhelm I(재위 1712~1740)와 프리드리히 대제Friedrich der Große(재위 1740~1786) 시기 행정관리 학문인 관방학官房學, Kameralismus을 대학 수준에서 발전시키고, 졸업생을 고위 관료로 임용했다. 고위 관료에게는 높은 임금은 물론 면세 같은 귀족의 특권도 부여했기에 우수한 인재들이 몰려들었다. 1794년부터 모든 공직은 공개경쟁시험을 통해 임용되었고 정년 보장도 법제화되었다. 고위 공직에는 공공 재정, 행정법, 경찰행정, 자산 관리, (농업)경제학 등의 학위 소지자가 지원할 수 있었다. 시보試補로 배치된 부서에서 실무 교육을 받고 최종적으로 구술과 필기시험을 통과하면 임용되었다.[2]

1688년 명예혁명 이후 의회로 실권이 넘어간 영국에서는 집권당이 지지자에게 관직을 나눠주었다(정치적 정실주의). 미국에서는 7대 대통령인 앤드루 잭슨Andrew Jackson(재임 1829~1837)이 공무원 임기를 4년으로 대통령과 동일하게 맞추고, 선거라는 전쟁에서 승리한 대통령이 전리품을 나눠주듯 관직에 열성 당원들을 임명하는 인사 규칙을 제정하기도 했다. 엽관주의spoils system의 시작이다.

그러나 세습적 지위, 정치적 충성도나 연고에 의한 정실주의적 관료 충원은 부패와 비효율을 낳는다. 산업사회로 넘어가면서 공공 정책의 입안과 행정을 아마추어에게 맡길 수는 없는 시대가 되었다. 1800년대 중반 영국은 식민지 인도의 성공적인 지배와 경영이 정실주의가 아닌 실적주의에 기반한 공무원 임용과 관료제 운영에 있음을 깨닫고 본국 관료제 개혁에 나섰다. 1854년 영국 정부는 직업공무원제 도입의 청사진과 전략이 담긴 '노스코트-트레벨리언 보고서Northcote and Trevelyan Reports'를 발표했다. 이에 따라 1855년 독립적인 중앙인사위원회Civil Service Commission가 설치되었다. 관료제는 정책을 담당하는 상위 공직과 집행을 담당하는 하위 공직으로 나뉘고 (이후 4계층으로 확대), 각각 수준을 달리한 공개경쟁시험을 통해 공직자를 선발하고 정년을 보장했다. 미국도 1883년 펜들턴 법Pendleton Act을 제정하여 영국처럼 독립적인 인사위원회를 설치했다. 공개경쟁시험에 의해 공무원을 뽑고, 공무원 정년을 보장하는 대신 정치 활동은 금지했다. 엽관주의는 막을 내렸다.

이처럼 19세기 중후반에는 구대륙과 신대륙 모두에서 근대적인 국가관료제가 자리 잡았다. 막스 베버는 관료제를 근대적인 합리적 지배의 현실태로 보았다. 근대 관료제는 다음과 같은 특성을 지닌다.

① 분업과 전문화의 원리에 따라 업무가 분장된다.
② 분장된 업무를 조정(혹은 지휘·감독)해야 할 필요성 때문에 권한과 책임의 정도에 따라 피라미드형 계층제가 형성된다.
③ 상위 계층은 기획과 정책 발의 및 결정 등의 거시적인 업무를 수행하고, 하위 계층은 집행과 관련된 실무를 담당한다.
④ 개인이 아닌 직위에 따라 권한이 부여되고, 자의가 아닌 법규에 따라 몰인격적으로 업무가 처리된다.
⑤ 업무를 처리할 공무원은 능력에 따라 임용되고 승진한다.
⑥ 특정 정파가 아닌 국가와 고용 관계를 맺는 공무원은 공직 수행이 전업인 직업 공무원으로서 현금성 급료를 받고, 정년과 연금을 보장받는다.
⑦ 직업 공무원은 정치적 중립을 지킬 것과 집권한 선출직 공직자의 명령을 치우침 없이 공평하게 수행할 것을 요구받는다.[3]

이러한 국가관료제는 20세기에 들어 양차 세계대전의 수행과 대공황 극복을 위해 모든 선진국에서 조직과 기능이 크게 확대되었다. 전후에도 복지국가의 성장에 따라 그 규모는 날로 커져 오늘에 이르고 있다.

정권 교체와 관료제에 대한
정치적 통제의 필요성

막스 베버가 이상형으로 개념화한 "몰인격적 관료제"에서는 정치가 공동체를 위해 결정을 내리면, 관료는 규정에 따라 이를 효율적으로 집행하는 "끊임없이 움직이는 기계장치의 톱니바퀴"로 그려졌다.[4] 그러나 현실은 그렇지 않다. 관료는 기계도 아니고 단순히 정책 집행자도 아니다. 정책 결정 과정에 주도적으로 참여한다. 또한 공공의 복지를 증진시키지만, 동시에 관료 조직의 독자적 이해관계에 따라 행동하기도 한다. 관료제는 늘 자기 조직의 예산과 인력 확대를 위해 혼신의 노력을 다한다. 따라서 노벨경제학상 수상자인 제임스 뷰캐넌James Buchanan이나 미국 레이건 행정부의 경제 고문이었던 윌리엄 니스카넨William Niskanen 같은 공공선택public choice 이론 주

창자들은 관료 조직이 본질적으로 이익집단과 크게 다를 바 없다고 보았다.[5]

관료제가 이익집단이 되지 않고 본연의 소임에서 일탈하지 못하게 하려면 적절한 통제가 필요하다. 실제로 다양한 수단이 동원되고 있다. 부당한 행정처분으로 시민권이 훼손되면 국민의 입장에서 파헤치고 싸워주는 옴부즈만제도(우리식으로는 국민권익위원회)·정보공개·감사 등 직접적인 통제를 비롯해 국정조사·예산 심의 등 의회의 감시, 행정부 수반의 인사권 행사, 나아가 대표관료제를 통해 관료제 자체의 인적 구성을 시민사회와 비슷하게 만드는 노력 등이 그것이다(예컨대 흑인에 대한 경찰의 가혹 행위를 막기 위해 대표관료제에서는 백인보다 능력이 떨어지더라도 흑인을 경찰로 채용한다).

그 연장선상에서 생각해볼 것이 관료제에 대한 '정치적' 통제다. 선거에서 승리해 국민으로부터 통치권을 위임받은 정치 세력은 집정부를 차지한다. 이후 관료제를 움직여 국민에게 제시한 정책을 실현하고자 한다. 앞에서 관료제는 상부의 지휘와 조정에 따라 하위가 움직이는 계층제 구조라고 했다. 그리고 막스 베버는 "관료는 분노도 편향성도 없이 자신의 직무를 수행해야" 한다며, "[집권자가] 잘못된 명령을, 이의 제기에도 불구하고, 고수할 경우에도 (…) 이 명령이 마치 자신의 신념과 일치하는 듯 성심을 다해 정확히 수행"할 것을 공직자의 자세로 주문한 바 있다.[6] 한국에서 정권 교체기

마다 회자되는 이른바 '영혼 없는 공무원'론이다. 그러나 현실에서 관료가 영혼 없는 공무원이 되어 대통령이나 장관 말 한마디에 '재깍재깍' 움직일까? 기계처럼 움직이는 공무원이 바람직하지도 않지만, 현실에서 찾아보기도 쉽지 않다.

관료가 기계가 아니고 나름의 주관과 가치 판단을 가진 인간인 이상, 정권의 성격에 따라 업무 헌신도가 달라진다. 따라서 선거에서 승리한 정치 세력이 거대한 관료제 피라미드의 최상층부만을 차지하고는, 스스로를 "이방인"이라고 느끼기도 한다.[7] 스웨덴의 경우, 1932년 사민당이 집권하여 개혁 정책을 펼칠 때, 중립적으로 정책을 집행할 것으로 기대되었던 국가관료제는 실제로는 집행 속도가 너무 느리고 열정이 부족해 넘어야 할 하나의 '보수적 정치 세력'으로 여겨지기에 이르렀다. 마찬가지로 1976년 만년 야당을 떨쳐버리고 오랜만에 정권을 되찾은 보수 연립정부에게도 44년 동안 사민당 지배하에서 '사민화된' 관료제는 극복해야 할 대상이었다. 당시 스웨덴 보수 연립정권의 고위 정무직 공직자는 다음과 같이 이방인이 된 느낌을 회고한 바 있다.

> 교육부 장관인 얀에리크 빅스트룀Jan-Erik Wikström과 함께 교육부에 들어섰을 때 우리는 빨간 숲(사민당 배지를 의미함-필자 주)에 둘러싸인 것을 발견했다. 여덟 명의 고위 직업 관료 중 여섯 명이 열성 사민당원이었고, 교육

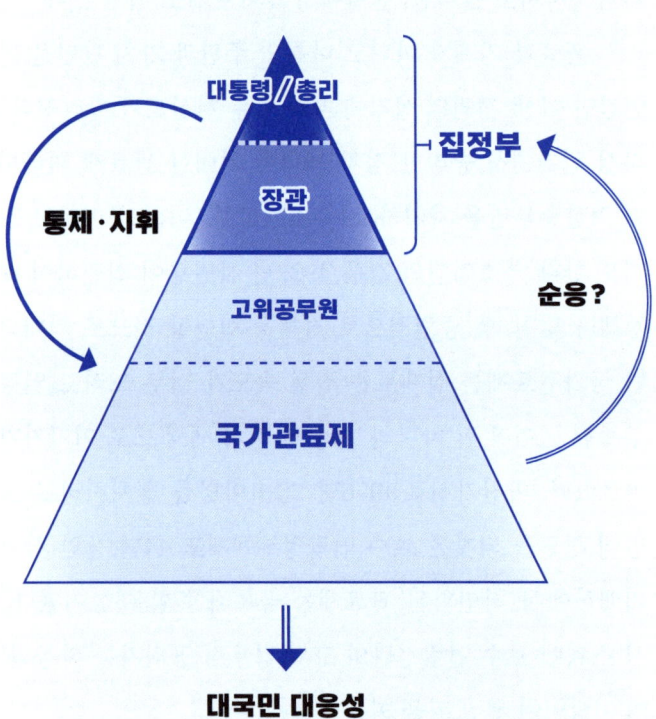

〈그림 7-1〉 집정부와 국가관료제의 관계

부 어디서나 사민당의 지배는 압도적인 것이었다.*[8]

이런 푸념은 최근 대서양 건너 미국에서도 발견할 수 있다. "미국을 다시 위대하게 Make America Great Again" 만들겠다며 급진적이고 과격한 정책 변화도 마다하지 않는 트럼프 대통령은 집권 1기(2017~2020)에 자신의 뜻을 따르지 않았던 연방정부 내 고위 공직자들을 '딥 스테이트 deep state'라고 경멸적으로 부른다. 트럼프는 집권 1기 때를 반성하며 집권 2기(2025~)를 시작하자마자 이들을 모두 내치고, 충성파 외부 인사로 관료제 상층부를 채웠다. 그러고는 전 세계를 상대로 관세 전쟁을 벌이고, 법원 심리 없이 불법체류자를 추방하며, 주지사 동의 없이 주방위군을 시위 진압에 동원하는 등 전에는 상상하기도 어려웠던 일들을 현실로 만들어내고 있다.

한국에는 복지부동이라는 말이 있다. 관료들이 집권 세력의 정책 방향에 대놓고 반대하거나 지침을 어기지는 못한다. 하지만 땅에 바싹 엎드려 움직이지 않는 것으로 대신한다는 뜻이다. 김영삼 대통령 시절, 청와대의 개혁 세력이 복지부동을 두고 "기성 관료들의 50%를 갈아치워야 개혁이 성공할 수 있다"고 푸념한 이유다.[9] 또 노무현 대통령은 한국 사

---

*   스웨덴은 시민권 보호 차원에서 공무원의 정당 가입과 업무 시간 외 정치 활동이 허용된다. 독일, 프랑스 등 대부분의 유럽 국가도 유사하다. 다만 이 국가들에서 공무원으로서의 정치적 중립은 공무원 윤리 규정으로 요구되며, 당파적인 업무 처리는 제재 대상이다.

회를 개혁하고자 했던 자신이 "그냥 앉아서 관료에 포획됐고, 잘 안 됐다"고 퇴임 후 고백하기도 했다.[10] 공무원의 복지부동이나, 관료에게 포획되기를 바라는 집권 세력은 없다. 좌든 우든 집권 세력은 어떻게 하면 자신들의 이상을 정책화하고 집행하는 데 관료들이 전문적 능력과 경험을 헌신적으로 제공하게 만들지를 고민한다. 다시 노무현 대통령의 회고를 들어보자.

> 관료들이 자기들의 이익에 충실한 거는 맞고, 자기들의 사고방식을 기준으로 세계를 이해하려는 것도 맞고, 관료들도 사람이고 조직에 소속된 이상 조직 이기주의가 있는데, 말하자면 관료주의라고 하는 이기주의가 있는 것도 자연스러운 현상이라고 생각해요. (…) 어떻게 하면 관료주의를 조금이라도 해소시키고 희석시켜서 열심히 일하게 하느냐, 그리고 일하는 방향을 바꾸게 하느냐… 그것이 중요하죠.[11]

노무현 대통령이 지적한 '관료주의'는 무엇이고 어디서 기원하는가? 어떻게 하면 노 대통령의 희망대로 관료들이 일하는 방향을 바꾸고 열심히 일하게 만들 수 있을까?

관료제에 대한 정치적 통제 전략

관료와 정치가는 어떻게 다른가

관료들은 영혼이 없어야 한다지만, 그럴 수는 없다. 현대사회에서 적어도 고위 관료는 정해진 정책을 단순히 집행하는 데 머물지 않는다. 선출직 정치가와 마찬가지로 자기 나름의 입장을 가지고 정책 결정 과정에 참여한다. 정치가와 관료는 참여의 양식이 다를 뿐이다. 정치가가 이해관계와 이념 혹은 가치를 중심으로 참여한다면, 관료는 사실과 전문 지식을 정책 과정에 투입한다. 정책 과정에 투여하는 자원의 성격이 다른 만큼 양자 간에는 정책 문제를 해석하고 대안을 제시하는 과정에서 보이지 않는 간극이 있다.[12] 새 집권 세력이 과거와 다른 이념과 정책으로 국정을 새롭게 펼치고자 하면, 과거 정권하에서 좁혀졌던 정치가와 관료 사이의 간극은 다시 벌어질 수밖에 없다. 정책 조율을 원점에서부터 다시 시작해야 한다. 그만큼 관료제 통제의 필요성은 더 커진다.

주인-대리인 관점에서 집권 정치 세력과 관료의 관계를 조명해볼 수도 있다.[13] 대리인인 관료들이 주인인 집권 세력의 국정 운영 방향대로 정책을 만들지 않을 가능성이 상존한다. 집권 세력이 이념에 지나치게 경도된 정책이나 헌법적 가치를 훼손하는 부당한 요구를 한다면 그대로 따르기 힘들다. 이처럼 집권자의 '엉터리' 같은 요구가 아니더라도, 집권 세력의 정책 변화 시도에 관료들이 적극 호응하기는 쉽지 않다. 과거 자신이 관여해 만든 정책이나 법규는 '자식'과도 같기 때문이다. 또 관료 조직은 고객 집단의 반대와 지지 사이에서 줄타기를 하며 어렵게 정책을 만들어낸 터라, 정책 변화는 이미 지출해버려서 되돌릴 수 없는 매몰비용 측면에서도 받아들이기 어렵다.

그런데 관료들은 정책 변화를 추구하는 집권 정치 세력을 기만shirking할 수 있는 구조적 능력을 갖고 있다. 먼저 해당 정책 분야에서 정치가보다 우월한 정보력과 전문적 능력, 경험을 갖고 있다. '이건 이래서 안 되고, 저건 저래서 안 된다'고 이론과 경험을 들어 집권자를 설득한다. 아마추어인 정치인이 전문가를 이기기는 어렵다. 그리고 관료는 임기가 한정된 대통령이나 장관에 비해 정년 보장이라는 자원이 있다. 관료는 정권이 바뀔 때까지 지연delay을 통해 정책 변화를 유야무

야시킬 수 있다. 임기 말에 대통령이 레임덕에 허덕이고, 유독 복지부동이 심해지는 이유다.

종합하면, 정치가와 관료의 선호 차이가 크고 정보력의 격차가 크면 클수록 관료에 의한 기만 가능성은 커진다. 반대로 집권 세력이 이를 통제해야 하는 필요성은 증가한다.[14] 오랜만에 여야 정권 교체가 이루어졌거나 좌우 정권의 이념적 차이가 큰 경우, 그리고 대규모 개혁을 추구하는 정치 세력이 집권했을 때 관료제에 대한 정치적 통제는 중요한 과제가 된다.

정치적 통제 전략

그렇다면 민주공화정에서 정권 교체 시 집권 세력이 구사하는 관료제에 대한 정치적 통제 전략은 무엇인가? 선거에 의한 평화로운 정권 교체의 역사가 긴 서구의 경험을 바탕으로 공통점을 추려보면 다음과 같다.[15]

첫째, 행정 수반과 장관은 인사권을 활용하여 충성도 높은 관료를 요직에 임명한다. 통치 이념과 철학에 부합하는 관료를 최대한 발굴해 임명하면 성향이 다른 관료에 의한 기만 가능성을 낮출 수 있다. 따라서 스웨덴, 프랑스, 독일처럼 공무원의 정당 가입이 허용되는 나라에서 고위직 관료의 임명은 당적에 큰 영향을 받는다. 독일의 경우 1949년부터 2013년까지 46%의 차관이 집권당 당원이었다. 이는 야당 당적 13%를 크게 앞서는 수치다(무당적은 40%를 차지).[16] 직업공무원제하에서 당적 보유 금지와 정치적 중립성을 강하게 요구하는 영국도 예외는 아니다. 신보수주의 개혁을 위해 대처는 고위직 관료 인선, 그중에서도 예산을 담당하는 재무부 관료 인선에 깊숙이 개입한 것으로 유명하다.[17] 한국도 인사권을 통한 관료제 통제가 시도된다. 김대중 정부에서 호남 출신이 중용되고, 이명박 정부에서 고려대 출신이 약진하는 등 정권마다 지연과 학연이 고위직이나 요직 인사의 주요 기준이 된다.

둘째, 관료제의 전문성에 맞설 수 있도록 집정부 자체의 정책 관련 정보력을 키운다. 미국의 대통령 비서실이나 독일 수상실 등 행정 수반의 비서실은 날로 커지고 있다. 영국은 각 부처 파견 공무원으로 구성되는 총리 비서실 외에도, 1974년 외부 전문가로 구성된 총리 정책실을 신설했다. 1979년 집권한 대처 총리는 이 정책실을 키우고 신보수주의 개혁을 주도했다. 한국도 대통령 비서실이 확대되고, 각 부처에서 차출된 엘리트 공무원인 '늘공'(늘 공무원)보다 코드가 맞는 정책활동가나 전문가인 '어공'(어쩌다 공무원)의 비중이 늘고 있다. 보수보다 진보 정권일 때 특히 그러하다.

장관도 과거와 달리 정책보좌관을 대동하고 입각한다.

혼자 외로운 이방인이 되지 않고 팀으로 입성해 자기 부처를 지휘하기 위해서다. 프랑스 등 유럽 대륙의 의원내각제 국가의 경우 내각 정책실을 두어, 장관과 관료제 사이에서 정책 입안과 결정을 돕게 하고 있다.[18] 영국은 1964년부터 장관이 당료나 외부 전문가를 특별보좌관으로 임명한다. 원칙적으로 장관당 2인을 임명할 수 있으나 인원수에 제한을 두지는 않는다(2024년 현재 평균 4.5명씩 총 128명).[19] 한국은 2003년 노무현 정부에서 영국처럼 장관 정책보좌관 제도를 도입했다. 정계 출신 장관은 정책보좌관으로 보통 당에서 중심 직책을 맡은 당료나 외부 전문가를 두고 임기를 같이한다(부처별 3인까지 가능).

셋째, 행정 수반은 관료제의 재조직화를 통해 통제력을 배가한다. 조직 개혁은 기존의 부처가 보유한 조직 지식과 고객 집단과의 관계를 단절시켜 탈정치화시키고 새로운 출발을 가능하게 한다. 또 조직 개혁은 국가관료제의 권위 체계와 정보의 흐름을 집권자에게 유리한 방향으로 바꾸는 의미도 있다. 예를 들면 미국의 관리예산처와 같은 대통령 직속 기관 신설은 예산권 장악을 통해 각 부처의 정보를 대통령에게 집중시키고 관료제의 정책 결정 권한을 제한하는 효과를 보았다. 덧붙여 조직 개혁은 정치적 상징성 때문에 추구되기도 한다. 새 정권의 정치적 힘을 과시하여 관료 조직 내외에 복종

을 유도하는 효과를 내기 때문이다.[20]

　우리의 경우도 정부 조직 개편은 정권 교체기 단골 메뉴다. 1948년 정부 수립 이후 최초의 여야 간 정권 교체로 등장한 김대중 정부는 구질서와 단절된 새로운 관료 조직들을 만들기 위해 대대적인 조직 개혁을 단행했다. IMF 경제위기의 책임을 물어, 재정경제원의 조직을 기획예산처·재정경제부·금융감독위원회로 나누고, 권한을 부총리급에서 장관급으로 낮추었다. 경제 사령탑을 재정경제부(현 기획재정부)가 아닌, 이헌재가 이끄는 금융감독위원회로 삼고 대대적인 경제 개혁을 단행했다. 중앙인사위원회를 대통령 직속 기관으로 신설해 인사권도 강화했다. 또 대표적인 국정 과제인 여성의 권익과 인권 신장을 위해 여성부와 국민권익위원회를 출범시키기도 했다. 김대중 정권은 관료제의 재조직화를 통해 개혁을 성공시킨 사례로 꼽힌다.

넷째, 집권당과 행정부 간 정책 협의를 통한 통제다. 집권당에 의한 가장 높은 수준의 관료제 통제는 공산주의 국가에서 나타나는 공산당 당료 red에 의한 관료 expert 통제다. 그러나 일당 지배의 공산주의 국가와 달리, 다당제와 정권 교체가 상시적인 자유민주주의 국가에서 관료제에 대한 당의 통제와 지배가 확고할 수는 없다. 그래도 집권당은 책임 정당으로서 행정부의 정책 결정 과정에 참여해 집권당의 이념을 실현하고자 노력한다.

정당 정부의 성격이 강한 의원내각제 국가의 경우, 집권당과 행정부는 의회에서 법안을 심의하기 전에 정책 협의를 거쳐 정책을 조율한다. 일본이 대표적이다. 행정부 법안이 집권 여당에 전달된 후에, 당의 정책 기구에서 하위 단계에서 상위 단계에 이르기까지 집권당 주도로 법안을 심의한다. 의회에서 이루어져야 할 법안 심사가 집권당에서 대행되는 것이다.[21]

한국은 대통령제 국가다. 그럼에도 1963년 제3공화국의 공화당 창당 주역들이 정당 중심 국정 운영을 표방하며 당정협의제를 도입한 이래 아직도 활용하고 있다. 부처별 당정협의회, 국무총리 주재하의 정당정책협의회, 그리고 국무총리와 여당의 대표가 공동으로 주재하는 고위당정협의회가 운영되고 있다. 여소야대 분점정부에서는 다소 시들해지지만, 여대야소 단점정부에서는 당정협의를 통과하면 곧 입법이 되기에 활발히 운영된다.

다섯째, 신공공관리new public management에 입각한 관리주의managerialism의 강화다. 신공공관리 개혁은 사기업의 경쟁과 성과에 따른 보상 원리를 관료제에도 적용해 행정 효율을 높이는 데 1차 목적을 둔다. 그런데 이는 동시에 관료제에 대한 정치적 통제력을 높여준다. 과거에 관료제에 대한 통제가 어려웠던 이유는 사기업과 달리 성과 측정이 어렵기 때문이었다. 하지만 성과 지향의 행정 개혁으로 인해 성과에 따른 계약과 보상이 어느 정도 가능해졌다. 성과 여부에 따라 유인과 제재를 가할 근거가 마련된 것이다. 더욱이 폐쇄형 관료제를 개방형으로 바꾸고 있다. 임기가 보장되고 외부와의 경쟁이 차단된 관료 사회의 정년 보장을 약화시키고 외부 인재의 수평적 진입을 늘리고 있다. 각 부의 장관들은 새로운 정책 방향에 맞는 능력과 성향을 갖춘 인력을 외부에서 충원해 관료제 내에서 경쟁을 유발함으로써 성과를 높일 수 있다.

    한국은 1997년 IMF 경제위기 극복 차원에서 관리주의 행정 개혁을 강도 높게 추진한 나라다. 김대중 정부는 '작지만 봉사하는 효율적인 정부'를 비전으로 제시하고 신공공관리에 입각한 각종 개혁 조치를 시행했다. 개방형 직위제도 도입으로 1~3급의 중앙부처 실·국장급 직위 중 20%인 131개 고위직을 공직 내외에 개방해 공개 채용하게 했다. 임기가 보장된 자리가 20% 사라진 것이다. 실·국장급 공무원에 대해서는 성과연봉제를 도입했다. 직급별 연봉 범위 안에서 개인별 업무 평가 결과에 따라 연봉액을 차등 지급하는 제도다. 노무현 정부에서는 국가공무원법을 개정해 고위공무원단 제도를 만들고, 중앙정부의 1~3급 실·국장을 고위공무원단에 배속해 중하위직 공무원과 별도로 관리하기 시작했다. 고위공무원단에 소속된 공무원은 성과 평가에 따라 직권면직될 수 있다.

근무 성적 평가에서 최하위 등급을 2년 이상 받거나, 직위를 부여받지 못한 기간이 1년이 되면 옷을 벗어야 한다. 정년 보장이 공식적으로 사라진 것이다. 어느덧 고위 공무원은 어떤 이유로든 정권의 눈 밖에 나거나 부름을 받지 못하면 퇴직해야 하는 운명이 되었다.

대한민국의 국가관료제와
강압적 통제로의 퇴행

한국의 관료제는 오랜 역사를 갖고 있다. 그러나 대한제국 때까지도 가산관료제에서 벗어나지 못했고, 광복 이후에도 정실주의적 관료제에 머물렀다. 1963년 박정희 정권하에서 실적제에 기반한 직업공무원제가 정착하면서 근대적 관료제로 거듭났다. 권위주의 시기, 집권 엘리트들과 함께 경제 발전을 기획하고 이끈 유능한 발전관료제로 성장하기도 했다.

권위주의적 산업화 시기, 집권 엘리트와 행정 엘리트는 이데올로기와 가치의 방향성에서 높은 동질성을 보였다. 정권 교체도 이루어지지 않았기에 집정부를 장악한 정치 세력과 직업 관료들 사이에 긴장이 형성되지 않았다. 그만큼 관료제에 대한 정치적 통제의 필요성도 크지 않았다.[22] 그러나 민주화 이후 정권 교체가 현실화하자, 집정부와 관료제가 구분되기 시작했다. 대한민국 정부 수립 후 처음으로 진보 정권인 김대중 정부가 들어섰을 때, 집정부와 관료제의 구분은 더욱더 명확해졌다. 그만큼 통제의 필요성도 커졌다. 김대중 대통령이 대대적인 정부 조직 개편, 자신과 동향인 호남 인사 중용, 그리고 신공공관리 개혁을 단행하고, 청와대 비서실 개편과 당정협의를 모두 활용한 이유다.

이후 정권들도 관료제 통제에 나서고 있다. 정권 교체가 발생하는 한, 관료제에 대한 정치적 통제는 계속될 것이다. 그러나 근래 들어 강압적인 방식으로 관료제를 통제하려는 경향이 보인다. 문재인 정부가 부처별로 '적폐 청산 태스크포스' 조직을 만들고, 자체 조사 후 전임 정권의 정책을 추진했던 공무원들을 무더기로 수사 의뢰한 것이나, 윤석열 정부가 감사원을 통해 사실상 표적 감사를 실시한 것 등이 그러하다. 책임은 담당 공무원이 아닌 정치인들에게 물어야 한다. 그러지 않으면 복지부동이 심해진다. 아무도 열심히 정책을 만들고 집행에 나서지 않게 된다.

자꾸 강압적 통제 수단에 손이 가는 이유는 집권은 했으나 능력이 부족하기 때문이다. 정책 정당으로서 미래 국가 발전의 비전을 제시하고 관료제를 이끌어가는 능력과 경험이 축적되어 있지 않다. 5년을 주기로 정당도 아닌 대통령 후보 캠프를 중심으로 일회성 선거용 정책 대안(공약)이 급조된다.

대통령이 된 후에야 통치 이념과 로드맵을 만든다. 진영 논리에 따라 선명하긴 하지만 섣부른 공약들이 국정 과제가 된다. 이를 정책으로 만들고 실천하라고 관료들에게 '윽박지른다'. 정치가 국가 발전의 발목을 잡는다는 비판에 이의를 제기하기 힘든 상황이다.

7장을 마치며

그동안 중앙정부 차원에서 정부 형태, 정당, 선거제도, 의회, 그리고 마지막으로 국가관료제의 형성 역사와 집권 세력의 관료제 통제 전략 및 실제에 대해 알아보았다. 다음 장에서는 지방정부와 다층 거버넌스를 다룬다. 우리는 오랫동안 중앙집권화된 단방제 국가에서 살아왔다. 그러나 점차 지방자치가 확대되면서 지방정부가 내 삶에 적지 않은 영향을 주고 있다. 또 지구상의 많은 사람이 우리와 달리 연방제 국가에 산다. 나아가 유럽에서는 한 나라의 국민이면서 동시에 유럽연합의 시민으로 살아간다. 단방제, 연방제, 연합제 등 다양한 국가 형식과 지방 분권의 원리에 대해서 알아보자.

8장

국가 형식과 중앙 - 지방정부 관계: 연방, 연합 그리고 단방제

앞에서 다루었던 정치와 정부 관련한 이슈는 모두 중앙정부 수준의 문제였다. 그러나 실제 우리의 삶을 규정하는 정부는 중앙에만 존재하지 않는다. 대한민국 시민은 서울시나 충청남도 같은 광역지방자치단체, 양천구나 태안군 같은 기초자치단체인 지방정부의 영향도 받는다. 그러나 지방정부의 영향은 한국 같은 단방제 국가보다 미국 같은 연방제 국가에서 더 크다.

  2015년 이전, 텍사스의 게이 커플은 결혼을 인정받지 못했다. 그래서 세금, 의료보험, 자녀 양육 등에서 부부가 누릴 수 있는 혜택을 받지 못했다. 하지만 이 게이 커플이 캘리포니아로 이주하면 결혼할 수 있었다. 부부가 받는 혜택을 양성 부부와 동일하게 누리는 것은 물론이다. 현재 대마초 흡연도 뉴저지와 콜로라도에서는 합법이지만, 조지아 주민은 처벌받는다. 연방제 국가는 우리 같은 단방제 국가와 차이가 크다. 주정부의 고유 관할권이 있기 때문이다. 물론 주정부의 권한이 영구 불멸은 아니다. 2015년 미 연방대법원이 헌법에 따라 동성 결혼도 기본권이라고 판결을 내리자, 텍사스에서도 이제 게이 커플의 결혼이 허용된다.

  이 장에서는 국가 형식이란 관점에서 연방제는 단방제와 무엇이 어떻게 다른지 알아보고자 한다. 덧붙여 연합제(혹은 국가연합)라는 국가 형식에 대해서도 살펴본다. 오늘날 프랑스나 독일 시민의 삶은 자신의 정부뿐만 아니라 유럽연합 같은 초국가 정부의 결정에도 영향을 받는다. 연합제가 무엇인지, 유럽연합의 사례를 통해 알아보자.

연방제

연방제federation 국가인 미국의 수도 워싱턴 D.C.에는 백악관과 연방정부 건물이 즐비하다. 서울에도 청와대와 정부종합청사가 있다. 메릴랜드주는 워싱턴 D.C.의 북동쪽을 감싸고 있다. 한국에서는 경기도가 수도 서울을 감싸고 있다. 메릴랜드주에 몽고메리 카운티가 있다면, 경기도에는 양평군이 있다. 메릴랜드주에 주지사가 있고 주의회가 있듯이, 경기도에도 도지사와 도의회가 있다. 마찬가지로 양평에 선출직 군수가 있다면, 몽고메리 카운티에도 선출직 카운티 행정장county executive이 있다. 미국과 한국 모두 지방자치를 실시하고 지방정부가 존재한다. 단방제 국가라고 지방정부가 없는 것도 아니고, 연방제를 한다고 주정부만 존재하는 것도 아니다. 형태적으로 차이가 크게 없다. 그런데 미국은 연방제, 한국은 단방제 국가로 분류된다. 왜 그런가?

한국 같은 단방제 국가에서는 중앙정부가 유일하게 주권sovereignty을 갖는다. 그 밑의 도나 시, 군에는 주권이 일부라도 없다. 중앙정부의 의지에 따라 지방정부의 자치권 범위와 수준이 결정된다. 자치단체도 나름의 법을 제정할 수 있다. 그러나 중앙정부가 제정하는 "법령의 범위 안에서" 자치에 관한 규정을 제정할 수 있을 뿐이다(대한민국 헌법 117조 1항). 중앙정부가 제정한 법률은 마치 헌법과도 같이 지방정부를 규율한다.

반면에 연방제는 중앙정부와 주정부가 모두 주권을 갖고 있다. 미합중국의 경우, 주정부가 외교·군사·통화 발행권 같은 권리를 일부만 연방정부에 양도한 것일 뿐, 나머지 영역은 모두 주의 고유 영역이다. 연방정부가 침해할 수 없다. 이는 헌법에 명문화되어 있다. 미국은 헌법 1조 10항에 외교권 등 주에 금지된 권한을 나열하고, 수정헌법 10조에 "본 헌법에 의하여 연방에 위임되지 아니하였거나, 각 주에 금지되지 아니한 권한은 각 주나 국민이 보유한다"고 규정한다. 나중에 언급할 독일의 예에서도 볼 수 있겠지만, 미국의 각 주는 애초에 독립된 국가였다. 메릴랜드주의 예를 들면, 가톨릭 신자였던 영국의 찰스 1세가 가톨릭 교도들의 안식처를 만들라고 1632년 볼티모어 경(남작) 조지 캘버트 George Calvert와 그의 아들 세실 Cecilius Calvert에게 버지니아 서쪽 땅을 하사하여 개척이 시작되었다(매년 금·은 생산량의 5분의 1을 왕에게 바치는 조건). 그래서 메릴랜드주는 청교도가 지배하는 다른 주와 달리 가톨릭 교도에게 관용적이었다. 메릴랜드는 펜실베이니아와 국경 분쟁 끝에 전쟁을 벌이기도 했다.[1] 이와 같이 각기 다른 역사성을 갖는 13개 주가 모여 하나의 국가로 통합하면서, 자신들의 주권 중 일부만을 양도하는 방식으로 연방제 국가를 만들었다. 헌법에 보장된 주의 독자적 권한은 주의 인구나 면적과 상관없이 동등하게 2표씩 대표되는 상원을 통해 제도적으로 보장받는다(6장 〈의회의 다양한 얼굴〉 참조).

독일연방공화국의 예를 보자. 신성로마제국 때부터 독자적인 왕국, 공국, 그리고 도시국가를 이루던 전통을 이어받은 독일은 브레멘, 함부르크, 베를린의 3개 도시주를 포함하여 총 16개 주로 구성되어 있다. 독일은 헌법상 교육, 치안, 안전, 환경, 공영방송과 법 집행 등은 주의 고유 영역이다. 나머지는 연방정부가 주도한다. 그러나 이 또한 주정부와 협력해 처리해야 한다. 독일은 하원의 다수당이 연방정부를 구성하는 의원내각제 국가다. 따라서 연방정부와 주정부의 협력은 하원이 통과시킨 법안을 주정부가 임명한 대표들로 구성된 상원에서 심사하면서 이루어진다. 주정부에 재정적 부담을 안기는 법안과 조세에 대해서는 상원에서 출석 과반이 아닌 재적 과반의 동의를 얻도록 하여 주정부의 결정권을 보장한다.*

　일반적으로 연방제에서는 주들이 크든 작든 동등함을 원칙으로 연방국가를 형성한다. 하지만 그렇지 않은 경우도 있다. 캐나다는 비대칭적 연방제의 대표 국가다. 캐나다의 개척을 이끌었던 영국계 온타리오주와 프랑스계 퀘백주는 특별 대우를 받는다. 이 중에서도 독립을 꿈꾸던 퀘백주는 더더욱 그러하다. 다른 주와 마찬가지로 형사법과 경제법을 제외한 민법, 자원 개발과 채굴, 사회보장, 교육, 교통, 환경, 치안 등은 주의 자치 영역이다. 이에 더해 영어와 프랑스어가 공용어로 헌법에 명문화되어 있다. 모든 공문서는 영어와 프랑스어로 작성되며, 연방정부 공무원은 영어와 프랑스어에 능통해야 한다. 상원에서도 온타리오주(인구 1,600만)와 퀘백주(인구 900만)는 동일하게 각각 24명씩 상원 의원을 갖는다. 그러나 후에 연방에 가입한 인구수 3위 브리티시컬럼비아주(인구 570만)의 상원 의원은 6명에 불과하다.

　이렇듯 보통 상향식으로 주에서 일부 주권을 위로 양도하여 연방국가를 만든다. 하지만 거꾸로 단방제 국가가 자신의 주권을 밑으로 양도하여 연방국가로 전환하는 경우도 있

---

*　따라서 불출석이나 기권은 반대표를 의미한다. 상원의 주 대표는 선출직이 아니다. 주정부가 임명한다. 투표는 개인적으로 하는 것이 아니라 주를 대표해 블록 투표(몰표 방식)로 진행된다. 6장 〈의회의 다양한 얼굴〉 참조. Simon Green, Dan Hough and Alister Miskimmon, *The Politics of the New Germany*, Routledge, 2012.

다. 벨기에가 그렇다. 가톨릭이 다수인 벨기에는 1815년 빈 회의 이후 개신교 국가인 네덜란드 연합왕국에 소속되어 네덜란드 왕의 통치를 받다가 1830년 7월 혁명을 일으켜 독립했다. 일찍이 상공업이 발달해 번영을 누린 벨기에는, 과거에는 가난했으나 현재는 부강한 네덜란드어 지역(플라망)과, 그 반대로 과거에는 부강했으나 지금은 상대적으로 가난한 프랑스어 지역(왈롱)으로 나뉜다. 독립 당시에는 인구도 많고 경제력도 우세한 왈롱 지역이 주도권을 잡았다. 하지만 후에 네덜란드어 지역 플랑드르의 인구와 경제력이 왈롱을 앞섰다. 이에 플랑드르 지역에서 분리 독립과 네덜란드로의 합병까지 주장하는 플라망 운동이 일어났다. 이탈리아의 산업화된 북부에서 가난한 남부로의 재정 이전에 반대해 독립운동이 일어나던 것과 같은 맥락이었다. 벨기에는 국가 분열의 문제를 해소하고자 1993년 헌법을 개정해 연방제로 전환했다. 양대 지역의 전면적인 자치 시대를 열고, 국가 분열의 위기에서 벗어난 것이다.*

이와 같이 연방제는 광활한 국토를 가지고 있거나, 언

---

*   플라망과 왈롱에 더해 수도인 브뤼셀의 3개 지역이 연합하는 형태로 연방제를 구성했다. 연방제로 전환했다고 양 지역의 갈등이 하루아침에 해소되지는 않았다. 그러나 분리 독립을 주장하는 목소리를 약화시키고 국가 분열의 위기를 해소했다는 평가다. Rod Hague and Martin Harrop, *Comparative Government and Politics*, Palgrave Macmillan, 2010, chapter 14.

어·문화·역사적으로 단일하지 않은 나라에서 채택하는 거버넌스 구조다. 중앙정부와 지방정부가 주권을 나누거나 공유하면서 한 국가를 이룬다. 현존하는 연방제 국가로는 미국, 독일, 캐나다, 벨기에 외에 호주, 러시아, 브라질, 멕시코, 인도, 스위스, 보스니아헤르체고비나, 아랍에미리트 등이 있다.

연합제

연방제와 형태상 유사한 거버넌스 구조로 연합제confederation 혹은 국가연합이 있다. 역사적으로는 1789년 연방제 헌법 제정 이전 연합규약 시기의 미국 그리고 남북전쟁 당시 남부연합Confederate States of America을 예로 들 수 있다. 현재는 유럽연합European Union(EU)이 이에 해당한다. 국가연합은 헌법이 아닌 **조약**으로 2개 이상의 국가들이 결합한 경우다. 각각의 국가가 주권을 유지한 상태에서 조약에 규정된 대로 공동 행동을 취한다.

    연합제는 주권 국가 간 조약이므로, 한 국가가 일방적으로 조약을 파기하면 국가연합은 해체된다. 그러나 연방제는 연방정부 맘대로 혹은 주정부 맘대로 연방을 해체하거나 탈퇴할 수 없다. 이 경우 국가 붕괴를 의미하므로 내전을 각오해야 한다. 예를 들어 미합중국에서 남부연합이 탈퇴하는 순간 남북전쟁이란 내전이 발발했다. 그러나 영국이 EU에서 탈퇴한다고(브렉시트Brexit) 전쟁이 벌어지지는 않는다.

또 연방제 국가는 국제사회에서 단일한 주권국으로 인정받지만, 국가연합은 그렇지 않다. 예를 들어 연방제 국가인 미합중국은 UN 가입국으로 1표만 행사한다. 미연방의 50개 주는 UN 가입국이 아니다. 각각 1표씩 행사할 수 없다. 50개 주의 외교권은 워싱턴 D.C.에 있는 연방정부에 양도되어 있기 때문이다. 반면 국가연합 형태인 EU는 UN 가입국이 아니다. 27개 EU 회원국이 각각 UN에 가입되어 있다. 각기 1표씩 행사한다. 물론 외교 사안을 EU 내부에서 조율한다. 그러나 외교권은 아직 개개 EU 회원국의 고유 권한이다. EU가 미합중국과 달리 국가적 통합을 이루고 있지 못하다는 방증이다.

통화 주권도 마찬가지다. EU는 유로화를 사용한다. 그러나 EU 회원국이지만 통화 주권을 포기하지 않기로 한 스웨덴, 덴마크, 체코 등 8개국은 자국 통화를 그대로 사용한다. 27개 EU 회원국 중 19개국만 유로를 사용하는 것이다. 또 내적으로도 EU의 중앙 통치기구는 유럽 시민들로부터 통치권을 직접 위임받지 않았다. 직접적인 연계가 없다. 시민들의 통치권을 양도받은 각 회원국의 행정 수반과 장관들이 EU 중앙의 통치기구에 참여함으로써 간접적으로 연계될 뿐이다.

미국 시민이 연방정부의 대통령과 상·하원 의원들을 직접 뽑아 이들에게 통치권을 위임하는 것과는 질적인 차이가 크다.

2009년 리스본 조약으로 인해 EU 회원국 시민들이 직접선거로 뽑는 유럽의회가 EU 이사회와 거의 동등한 입법권을 갖게 되었다(〈그림 8-1〉 참조). 그러나 대부분의 통치권은 아직 EU의 중앙 통치기구에 위임되어 있지 않다. 미합중국 같은 연방제 국가와의 결정적인 차이라 할 수 있다.

한국에서도 남북통일의 방법으로 국가연합이 논의된 바 있다. 2000년 6월 15일 평양에서 김대중 대통령과 김정일 국방위원장이 정상회담 끝에 "남과 북은 나라의 통일을 위한 남측의 '연합 제안'과 북측의 '낮은 단계의 연방 제안'이 서로 공통성이 있다고 인정하고 앞으로 이 방향에서 통일을 지향시켜나가기"로 합의한 바 있다.*

여기서 '남측의 연합 제안'이란 김대중 대통령의 3단계 통일방안(남북연합 → 연방 → 완전통일) 중 1단계인 '남북연합'을 뜻한다. 남북연합제는 남과 북이 각각 독립된 주권 국가로서 정치·외교·군사권을 비롯한 체제(제도)와 이념을 그대로 유지한 채 협력 기구를 제도화하는 것이 골자다. 즉 지금의 '1민족 2국가 2체제 2정부'는 그대로 유지한 채, 남북 정상회담과 남북연합 각료회의 등을 제도화하고자 했다. 이를 통해

---

* 2000년 '6·15 남북공동선언'의 제2항이 여기에 해당한다.

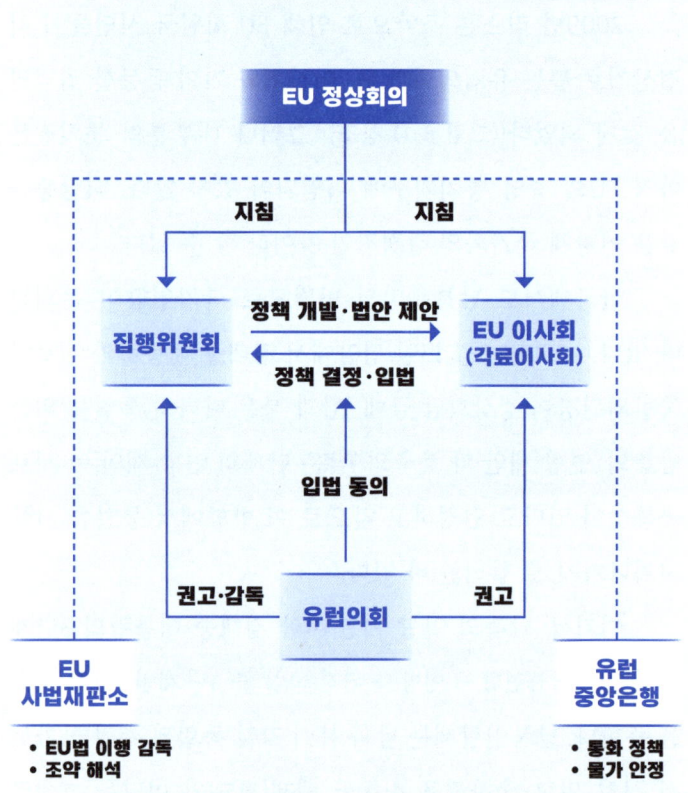

〈그림 8-1〉 EU 거버넌스 구조[2]

EU 정상회의 European Council
EU 정상회의 상임의장, 회원국 정부 수반 및 EU 집행위원장으로 구성. 연 4회 브뤼셀에서 정상회의 개최. 주요 사안들에 대해 큰 틀의 합의 모색. 결정 사항이 직접적인 구속력을 갖지는 않음. 의사결정 권한을 가진 각료이사회나 집행위원회에 지침으로 작용.

EU 이사회 Council of the EU
각료이사회 Council of Ministers라고도 불림. 집행위원회의 제안을 심의·의결하는 제1의 입법 기구. 분야별로 회원국의 장관이 참석. EU 정상회의가 제시한 지침에 따라 외교·안보 정책 및 사회경제 정책 조정. 윤번제로 6개월씩 의장직 수임. 의사결정은 이중가중 다수결제 double qualified majority voting로 27개국 중 15개국이 동의해야 함. 이때 동의한 회원국의 인구수가 EU 전체 인구의 65% 이상이 되어야 함. 독일과 프랑스처럼 큰 국가의 동의가 구조적으로 필요함을 의미.

집행위원회 European Commission
행정부의 내각에 해당하는 집행 기구. 임기 5년의 집행위원장 1명 외에 여타 회원국이 1명씩 파견하여 총 27명으로 구성. 정책 개발 및 법안을 EU 이사회에 제안. 대외 협상에서 EU를 대표. 대내적으로는 유럽사회기금 등 EU의 5대 기금을 관리 운영. EU법(지침, 결정, 규정)이 회원국에서 준수되는지도 감독.

유럽의회 European Parliament
EU 이사회와 공동으로 입법안을 수정·거부할 수 있는 공동 결정권을 보유한 제2의 입법 기구. 유럽 시민이 직접·보통선거로 임기 5년의 의원 705명을 선출. 국가별 인구수에 일부 비례하게 의석 배정. 비례대표제 선거 방식 채택. 예산 확정권, 집행위원장 선출, 집행위원 임명 동의 및 불신임권도 보유.

EU 사법재판소 Court of Justice of the EU
각 회원국이 임명하는 임기 6년의 법관 27명으로 구성. EU 조약 및 법률의 해석·판결을 통해 EU법의 이행을 보장.

유럽중앙은행 European Central Bank
프랑크푸르트 소재. 유로화 발행 및 관리. 물가와 경제 안정을 목표로 하는 통화 정책 구사.

대외적으로는 외교 문제를, 내적으로는 상호 교류를 관리하여 다음 단계인 연방제를 준비하자는 것이었다.*

그리고 앞선 김영삼 정부가 1994년 천명한 '한민족공동체 통일방안'에도 남북연합제가 담겨 있었다. 1단계가 화해협력, 2단계가 남북연합, 3단계가 통일이었다. 2단계 남북연합 단계에서 상호 체제는 그대로 인정하되 남북 정상회의, 남북 각료회의, 남북 평의회와 공동사무처를 설치하여 미래 통일민주공화국을 준비해나가자는 것이었다.[3]

남과 북은 '자본주의 대 공산주의', '자유민주주의 대 일당 독재 인민민주주의'라는 서로 화해가 불가능한 체제를 갖고 있다. 통일이라 함은 두 개의 다른 체제가 한 체제로 통합됨을 의미한다. 완전통일 직전 단계인 연방제라고 해도 서로 체제가 다른 것은 상상하기 어렵다. 미국에서 남북전쟁이 일어날 수밖에 없었던 근본적 이유는 남부의 노예제 경제체제와 북부의 자유시장 경제체제가 서로 화해할 수 없었던 데 있다. 그래서 김영삼 정부와 김대중 정부 모두 통일로 가는 길의 첫 단계로 연방제가 아닌, 두 체제가 공존하는 연합제(국가연합) 단계를 둔 것이다. 현실주의적인 선택으로 보인다. 하지만 남북의 체제는 EU 회원국들과 달리 서로 적대적이다.

---

* 3단계 통일론의 2단계인 연방제에 이르면 '1민족 1국가 1체제 2자치정부'가 된다. 마지막 단계인 완전통일 단계에서는 '1민족 1국가 1체제 1중앙정부'가 된다.

지금의 남북 상태로는 EU 수준의 국가연합은 불가능하다. 적어도 북한이 중국이나 베트남 수준의 개혁·개방을 이루어 자본주의적 민법과 상법 체계를 받아들이고 일부라도 자유를 허용할 때, 낮은 수준의 국가연합이라도 가능할 것이다.

단방제

단방제 unitary state 는 연방제나 연합제와 대조적으로 국가의 주권이 오로지 중앙정부에만 귀속된 경우를 일컫는다. 일찍이 중앙집권적인 절대왕정을 겪은 동양과 프랑스처럼 절대왕정이 확립되었던 유럽 국가는 대부분 단방제다. 단방제 국가는 상대적으로 중앙집권적이다. 그렇다고 현대 민주국가이면서 지방자치를 하지 않는 경우는 없다. 지역 주민이 지방정부의 장長도 뽑고 지방의회도 구성한다. 문제는 중앙정부가 **허용**하는 지방정부의 자율성 수준이다. 단방제 국가에서 지방분권 수준은 크게 세 가지로 나뉜다.[4]

첫째, 분산 deconcentration 이다. 중앙에서 처리되던 행정 업무 일부를 지방으로 이전한다면 이를 분산이라고 한다. 보통 의사 결정이 동반되는 사안보다는, 통상적이고 단순한 행정 사무를 지방정부로 이전하는 것을 뜻한다. 지방고용노동청, 지방검찰청처럼 중앙정부가 직접 지방에 사무소를 만들고 공무원을 파견해 일을 처리하는 것도 포함된다. 지역민에게 가까이서 행정 서비스를 제공할 수 있고, 지역의 고용도 늘리는 등 분산의 혜택이 작지 않다.

둘째, 분권decentralization이다. 중앙정부 행정권의 일부를 지방에 위임하고 지방정부의 책임 아래 지방 사무를 처리하는 경우다. 분산이 아닌 분권이라는 표현을 쓰는 이유는 단순히 사무 처리만 위임하는 것이 아니라 일정 수준의 정책 결정권도 함께 이양하기 때문이다. 한국도 분산을 넘어 분권 단계로 넘어왔다. 분권화된 단방제 국가의 대표 선수는 스웨덴이다.

스웨덴은 광역지방정부region(과거 landsting)가 의료와 교통을 책임진다. 기초지방정부kommun는 요양, 보육과 기타 사회 서비스 그리고 초중등 교육을 담당한다. 광역지방정부와 기초지방정부는 지방소득세를 걷어 책임진 서비스를 지역민에게 전달한다. 그러나 중앙정부와 관계없이 독자적으로 행정을 펼치는 것은 아니다. 중앙정부가 의료에서 초중등 교육까지 큰 틀에서 정책을 설계하고 업무 평가도 한다. 지방정부는 주어진 큰 틀 안에서 지역의 수요에 맞춰 자율적으로 세부 사항을 결정하고 일을 처리한다. 지방정부가 걷는 지방소득세 또한 중앙정부가 1928년에 법을 제정한 덕분에 가능해졌다. 그러나 세율까지 중앙정부가 정하지는 않는다. 이는 지방정부의 몫이다. 소득이 높아 세원이 풍부한 도시나 대도시 주변의 부유한 지역은 상대적으로 세율이 낮고, 소득이 낮고 인구가 희박한 산골 지역은 필요 세수를 확보하기 위해 상대적으로 높은 세율을 부과한다.*

셋째, 권한이양devolution이다. 권한이양은 연방제 정부에서 중앙정부와 주정부가 서로 관할 영역을 나누듯이 지방정부에게 특정 정책 분야에 대한 자율적 의사결정권을 부여하고, 이 분야에는 중앙정부가 원칙적으로 관여하지 않는 경우를 뜻한다. 내용상 연방제와 유사하다. 따라서 준연방제라고 불리기도 한다. 스코틀랜드가 대표적이다. 1998년 블레어 정부의 영국은 스코틀랜드권한이양법Scotland Act 1998을 제정해, 독립을 꿈꾸는 스코틀랜드에 전례 없는 자치권을 부여했다. 독립

---

* Magnus Henrekson and Mikael Stenkula, "Swedish Taxation since 1862: An Overview", IFN Working Paper, No. 1052, 2015. 참고로 한국의 지방교부세와 유사한 시스템이 있어서 중앙정부가 가난한 지방정부의 기본 수입은 보장해준다. 2025년 기초지방정부의 근로소득세율은 최저 16.6%(외스테로커)~최고 23.8%(도로테아), 광역지방정부는 최저 10.9%(베스트만란드)~최고 12.3%(외레브로)이다. 지방소득세에 더해서, 상위 10%의 최고소득자는 국세로 중앙정부에 소득의 20%를, 상위 20~10%에 해당하는 고소득자는 국세로 중앙정부에 소득의 10%를 추가 납부해야 한다. www.scb.se/en/

열기를 누그러뜨리기 위함이었다. 스코틀랜드에 자치정부와 스코틀랜드 의회가 새로 설립되었다. 1707년 연합법Act of Union에 의해 스코틀랜드와 잉글랜드가 연합왕국을 이룬 후, 300년 만에 의회가 다시 스코틀랜드 땅에 세워진 역사적 사건이었다. 스코틀랜드 주민은 독자적인 선거를 통해 의회를 구성하고, 의원내각제에 입각해 총리와 장관으로 구성된 자치정부를 세웠다. 지역 경제 개발, 의료 보장, 교육, 사회 서비스, 주택, 환경 및 안전 분야는 중앙에 구속되지 않는 자치의 영역이다. 중앙의 조세권도 단계적으로 이양되고 있다.[5]

내용상 연방제처럼 보인다. 그럼에도 영국의 권한이양 사례가 여전히 단방제의 하위 범주로 분류되는 이유는 무엇인가? 그것은 스코틀랜드의 자치권이 헌법적 권리가 아니기 때문이다.[6] 언제든지 영국 의회에서 과반수 표결로 자치권을 회수할 수 있다. 게다가 스코틀랜드권한이양법 35조에 의해 런던의 중앙정부는 스코틀랜드의 입법에 대해 거부권을 갖고 있다. 더욱이 영국에는 연방제 국가와 달리 지방정부의 대표자들로 구성된 상원이 존재하지 않는다(영국 상원은 귀족정에 뿌리를 둔다. 6장 〈의회의 다양한 얼굴〉 참조). 따라서 제도적으로 지방정부의 자치권을 지키고 이를 발휘할 거버넌스 구조가 갖춰져 있지 않다. 권한이양의 폭과 깊이가 넓고 깊다 하더라도, 결국에는 단방제 국가의 틀 안에서 주권을 독점한 중앙정부의 처분하에 지방자치가 이루어지고 있는 것이다.

단방제 대한민국의 지방자치

군주국 조선의 500년 통치에 일제 총독부 지배까지 더해져 한반도에는 고도로 중앙집권화된 단방제 국가의 토대가 뿌리 깊다. 해방 후 대한민국은 단방제 국가로 출발했지만, 제헌헌법에 지방자치 규정을 두어 풀뿌리민주주의도 도모했다. 한국전쟁 중인 1952년 4월과 5월 지방의회 선거가 실시돼 지방자치 시대가 열렸다. 그러나 1961년 5·16 군사정변으로 집권한 박정희는 지방자치를 유보하고 중앙집권제를 강화했다. 시·도지사는 물론 군수와 구청장까지 중앙에서 임명하고, 읍·면장도 군수가 임명하게 해 풀뿌리까지 중앙의 힘이 미치게 했다.

단방제 내에서나마 다시 지방자치가 실시된 것은 1987

년 민주화 이후이다. 1991년 노태우 정부에서 시·도와 시·군·구 지방의회 선거가 실시되었다. 그리고 1995년 김영삼 정부에서 단체장 선거가 시작되어 오늘날에 이르고 있다.

대한민국 헌법 8장에는 지방자치 규정이 있다. 그러나 헌법에서 지방자치단체의 조직과 권한은 중앙정부에서 제정하는 법률로 정하게 하고 있다. 중앙정부의 재량에 맡겨진 것이다. 전형적인 단방제 국가의 지방자치 형태다. 단방제 내에서지만, 민주화가 진전되면서 지방분권은 날로 확대되고 있다. 일각에서는 준연방제까지 거론하며 지방자치의 심화를 거론한다. 2017년 대통령 선거 국면에서 문재인 후보가 연방제 수준의 강력한 '지방분권 공화국' 건설을 공약으로 내걸고 헌법 개정을 거론한 것이 대표적인 예다. 그러나 앞서 살펴보았듯이 연방제나 연합제나 모두 역사적 산물이다. 언어와 역사를 공유하는 단일민족으로 오랜 기간을 단방제 국가로 살아온 대한민국이다. 지방분권은 가야 할 방향이지만, 국가 형식이 바뀌는 수준까지 이르기는 어렵다고 본다.

8장을 마치며

단방제, 연방제 같은 '국가 형식'과 대통령제, 의원내각제 같은 '정부 형태'는 한 나라의 권력 구조를 이루는 양대 축이다. 대한민국은 단방제에 대통령제를 채택하고 있다. 여대야소 단점정부로 의회의 견제가 실효를 상실하게 되는 경우에는 상당히 중앙집권적인 국가가 된다. 여기에 권위주의적인 대통령을 만나면 무소불위의 권력이 시민사회를 억누를 수도 있다.

이런 상황에서 민주공화국의 헌법이 지닌 의미는 남다르다. 중세에 교회법이 세속 군주를 규율했듯, 헌법은 국민이 선출한 대통령과 의회의 입법과 행정작용을 규율한다. 자유민주주의에 기초한 민주공화국은 헌법의 지배를 전제로 한다. 헌정주의는 서로 모순될 수 있는 자유와 민주를 화학적으로 결합시킨다. 다수의 지배가 아닌 헌법의 지배는 민주주의 원칙을 거스르는 것이라는 시각도 있다. 그러나 현대 모든 민주사회에서 '민주공화국'은 헌정주의를 바탕으로 한다. 다음 장에서 그 이유와 의미에 대해 알아보고자 한다.

9장

헌정주의, 자유민주주의의 핵심 요소

현대 자유민주주의에서 헌정주의 constitutionalism 는 입헌민주주의를 뜻한다. 입헌군주제에서 헌법이 군주의 통치 체제를 규정하고 자의적 권력 행사를 제약하듯이, 입헌민주주의는 헌법이 민주주의를 구속한다. 다수의 뜻에 따라 성립한 국가권력이 다수의 독재로 흐르는 것을 막기 위함이다. 또 공산주의자 혹은 나치나 파시스트들이 민주주의를 숙주로 삼아 정권을 장악하고 전체주의화하는 것을 막기 위함이다. 왜 민주주의가 헌법에 구속되어야 하는가? 어떻게 헌정주의가 자유민주주의의 핵심 구성 요소가 되었는가? 헌법과 사법심사 그리고 헌법재판소의 탄생과 의미에 대해 살펴보고, 제왕적 사법부라는 비판이 나오는 이유도 알아보고자 한다.

헌법을 통한 자유와 민주의 결속

자유민주주의 헌법의 필요성과 주요 내용

자유민주주의는 자유주의와 민주주의의 결합이다. 독재나 전체주의에 대항할 때 자유주의와 민주주의는 이형동체로 힘을 합친다. 그러나 원리상 자유와 민주는 친화적이지 못하다. 자유주의가 개인적이라면, 민주주의는 집단적이다. 자유가 '개인'의 자유로움과 해방을 추구한다면, 민주는 '다수'의 지배와 구속을 뜻한다. 앞서 1장 〈정치, 정부 그리고 민주주의란 무엇인가〉에서 민주주의는 민중의 지배로, 왕이나 귀족이 아닌 일반 시민들이 구속력 있는 집단적 의사결정을 내리는 정치체제라고 정의한 바 있다. 일인 독재나 과두 지배는 아니지만, 민주정에서도 '다수의 독재' 가능성이 열려 있다. 다수의 독재 앞에 구조적 소수와 개인의 자유는 설 자리가 없다.

9장 헌정주의, 자유민주주의의 핵심 요소

소크라테스의 죽음도, 마녀사냥도, 프롤레타리아 독재도, 인민재판도 다수의 이름으로 행해진 역사적 비극이다.

민주정에서 독재를 막기 위해서는 두 가지가 필요하다. 첫째, 앞서 누누이 강조했듯이 정치사회에 독점이 아닌 경쟁이 살아 있게 해야 한다. 둘째, 통치를 법에 구속시켜 자의적 권력 행사를 막아야 한다. 이를 위해 현대 민주국가들은 개인의 기본권과 국가의 권한을 규정한 자유민주주의 헌법을 제정하고, 헌법의 해석과 적용을 다수가 선출하는 대통령(행정부)과 입법부가 아닌 사법부에 맡긴다. 이를 통해 민주주의가 소수와 개인의 자유를 억압할 가능성을 차단하고, 자유와 민주의 공존을 꾀한다.

대한민국 헌법을 보자. 헌법 전문에 다음과 같이 "자유민주적 기본질서"를 확고히 할 것을 다짐하고, 제1조 1항에 "대한민국은 민주공화국"임을 선언하고 있다.

> 유구한 역사와 전통에 빛나는 우리 대한국민은 3·1운동으로 건립된 대한민국임시정부의 법통과 불의에 항거한 4·19 민주 이념을 계승하고 (…) 자율과 조화를 바탕으로 **자유민주적 기본질서**를 더욱 확고히 하여 정치·경제·사회·문화의 모든 영역에 있어서 각인의 기회를 균등히 하고, 능력을 최고도로 발휘하게 하며, 자유와 권리에 따르는 책임과 의무를 완수하게 (…) 우리들과 우

리들의 자손의 안전과 자유와 행복을 영원히 확보할 것을 다짐하면서 1948년 7월 12일에 제정되고 8차에 걸쳐 개정된 헌법을 이제 국회의 의결을 거쳐 국민투표에 의하여 개정한다. (강조는 필자)

대한민국 헌법은 제2장 '국민의 권리와 의무'에 서구 시민혁명기에 제창된 "개인이 가지는 불가침의 기본적 인권"을 담고 "국가는 이를 보장할 의무"가 있음을 천명하고 있다. 우리 헌법에 명시된 기본권은 양심의 자유, 신체의 자유, 종교의 자유, 거주·이전의 자유, 언론·출판·집회·결사의 자유, 참정권, 재산권뿐만 아니라 학문과 예술의 자유, 교육받고 근로할 권리, 노동3권(단결권·단체교섭권·단체행동권), 변호인의 조력을 받을 권리, 직업 선택의 자유, 사생활의 보호, 경제활동의 자유 등이다. 이 밖에 "국민의 자유와 권리는 헌법에 열거되지 아니한 이유로 경시되지 아니한다"(37조)고 선언하여 자유주의적 기본권을 폭넓게 보장한다.

기본권 조항 이후 제3장부터 제6장까지 삼권분립의 원칙하에 각각 국회, 정부(대통령과 행정부), 그리고 법원과 헌법재판소의 구성과 권한에 관해 규정하고 있다. 국가권력을 입법·행정·사법으로 분리 후 권한을 기능에 따라 나누고, 상호 견제와 균형이 이루어지게 하고 있다. 그리고 제1장 총강 제8조에 정당 설립의 자유와 복수정당제를 규정하여 정당 간 경쟁을 보장한다. 국가권력의 독점과 일당 지배를 막는 장치라 할 수 있다.

대다수의 현대 민주국가들은 우리와 유사하게 헌법 제정의 취지를 담은 전문, 기본권 조항, 그리고 권력 구조와 권한을 명기한 성문헌법을 갖고 있다. 이는 1787년 제정된 민주공화국 최초의 성문헌법인 미합중국 헌법의 기본 구조를 따른 것이다. 미국 헌법은 헌법 제정 취지를 담은 전문과 함께, 삼권분립과 연방제에 입각해 입법부·행정부·사법부와 주의 기능과 권한을 명기하고 있다. '권리장전'이라고 부르는 기본권 조항은 1789년 수정헌법 형태로 1조에서 10조까지 부록으로 헌법에 수록되었다.*

마지막으로 모든 헌법에는 개정 절차를 담았다. 그런데 함부로 개정이 이루어질 수 없게 무척 까다로운 조건을 달았다. 미국은 하원과 상원에서 각각 재적 의원 3분의 2 이상 동의하고, 이에 더해 모든 주의 4분의 3이 비준해야 헌법이 개정된다. 헌법 개정은 불가능에 가까울 정도로 어렵다. 총기 사고가 만연한 미국에서 총기 규제 여론은 늘 압도적 다수다. 그럼에도 총기 사용을 금지하지 못한다. 이유는 총기 규제가 단순한 입법사항이 아니라, "무기를 소장하고 휴대하는 시민

---

* 이후 노예제를 금지한 수정헌법 13조, 연방정부의 소득세 부과 권한을 담은 수정헌법 16조, 대통령의 3선 금지를 명문화한 수정헌법 22조 등 17개 조가 추가되어 현재 총 27개 조의 수정헌법이 있다.

의 권리는 침해될 수 없다"는 수정헌법 2조의 개정사항이기 때문이다. 영국 정규군에 맞서 독립전쟁을 승리로 이끈 미국 민병대의 정신이 권리장전인 수정헌법에 담겨 있다. 독일도 상원과 하원 모두에서 각각 재적 의원 3분의 2가 동의해야 헌법을 개정할 수 있다. 여기에 더해 어떤 경우에도 개정이 불가한 개정 금지 조항까지 있다. 한국은 국회 재적 의원 300명 중 3분의 2가 찬성(개헌 저지선이 200석인 이유)하고 국민투표로 과반이 찬성해야 헌법 개정이 가능하다.

사법심사의 꽃, 위헌법률심판

헌법은 입법부와 행정부에 구속력 있는 의사결정을 내리고 공권력을 행사할 수 있는 권한을 부여한다. 그런데 헌법이 부여한 권한을 가지고 헌법 정신에 어긋나는 법을 만들고, 헌법적 테두리를 벗어난 공권력 행사가 이루어진다면, 헌법을 아무리 잘 만들어놓아도 아무 소용이 없다. 이 문제는 사법심사를 통해 풀어야 한다. 사법심사란 사법부가 입법부의 입법과 행정부의 행정작용에 대해 헌법과 법률을 기준으로 위헌과 위법 여부를 심사하는 것을 말한다. 만약 의회가 만든 법과 대통령의 명령, 국가관료제의 법 집행이 위헌이나 위법으로 판결되면 이 행위들은 무효가 된다. 따라서 사법심사는 입법부와 행정부가 헌법과 법을 준수하도록 만드는 최소한의 장치라 할 수 있다.[1] 쿠데타나 혁명적 상황이 아닌 한, 사법심사를 통해 입법부와 행정부를 법의 지배하에 둔다.

법률을 잘못 만들면 이에 의거한 행정작용도 모두 잘못된다. 따라서 의회의 입법이 잘못되지 않게 헌법에 구속시키는 위헌법률심판이 사법심사의 핵심이다. 위헌법률심판은 미국에서 확립되어 다른 민주공화국으로 전파되었다. 그러나 사실 미국 헌법에 사법심사나 위헌법률심판이라는 용어나 조항은 없다. 다만 적어도 미 헌법의 입안자들은 사법부의 사법심사권을 당연하게 여긴 듯하다. 헌법 제정을 주도한 알렉산더 해밀턴은 새 헌법의 사법부 관련 조항을 설명하면서 "법률로 공표된 입법부의 의사가 헌법에 공표된 인민의 의사와 충돌할 경우에 법관은 전자보다는 후자를 따라야" 하며, "헌법의 명백한 취지에 반하는 모든 법률에 대해 무효라고 선언하는 것이 법원의 임무"라고 주장했다. 이러한 장치가 없다면 "[인민이 헌법에] 특정한 권리나 또는 기본권적 권리로 확보한 모든 것이 아무것도 아니게 될 것"이기 때문이다.[2] 헌법이 사법부에게 법률 해석권을 준 이상, 헌법에 비추어 법률의 위헌 여부를 심판하는 것 또한 사법부의 일이라고 본 것이다.

이렇게 헌법 입안자들이 품고 있던 무형의 생각이 유형의 전통으로 확립된 것은 연방대법원이 위헌법률심판 판례를 축적하고, 이를 정치사회의 구성원들이 수용했기 때문이다. 그 시작은 '마버리 대 매디슨 Marbury vs. Madison' 사건이다. 미국의

제2대 대통령 존 애덤스는 1800년 대선에서 정적이던 토머스 제퍼슨에게 패했다. 연방당인 애덤스 대통령은 반反연방주의자인 제퍼슨을 견제하기 위해 임기 종료 직전 사법부법Judiciary Act을 개정해(상·하원 모두 여대야소였기에 가능) 순회법원 판사의 수를 두 배 가까이 늘렸다. 그리고 임기 종료 하루 전날, 증원된 판사들을 모두 연방파로 임명하고 서명까지 완료했다. 그러나 시간에 쫓겨 임명장은 교부하지 못하고 퇴임했다. 후임 대통령 제퍼슨은 취임 후 이 사실을 알고 격노했다. 제퍼슨은 국무장관 제임스 매디슨에게 판사 임명장 송달을 중지하라고 명령해 미처 임명장을 받지 못한 연방파 판사들의 부임을 막았다. 임명장을 받지 못한 네 명 중 하나인 윌리엄 마버리William Marbury는 연방대법원에 매디슨을 상대로 직무집행명령을 내려달라고 소송을 걸었다. 직무집행명령은 행정부의 부작위不作爲에 대해 법 집행을 강제하는 명령으로, 1789년에 제정한 사법부법 13조에 의해 연방대법원이 발부권을 갖고 있었다. 존 마셜John Marshall 연방대법원장은 ① 윌리엄 마버리의 청구는 정당하고, ② 국무장관 매디슨은 임명장을 교부하는 게 마땅하다. 그러나 ③ 연방대법원에 법적 심판을 넘어 직무집행명령권까지 부여한 사법부법 13조는 위헌이다. 따라서 해당 법 조항은 무효인바, 대법원은 직무집행명령을 내릴 수 없다고 판시하였다.

내용적으로는 연방파의 승리였으나, 임명장 교부를 강

제하지 않아 민주공화당의 제퍼슨에게 실익을 안겨준 판결이었다. 그러나 제퍼슨을 포함한 민주공화당 의원은 물론 연방당 의원들까지 모두 대법원의 판결에 분노했다. 의회에서 제정한 법을 사법부가 위헌이라고 무효 처리해버렸기 때문이다. '마버리 대 매디슨' 사건 판결은 연방대법원이 직무집행명령권을 스스로 버려 자기 권한을 축소한 결과를 낳았지만, 대법원이 헌법 해석권과 위헌법률심사권을 갖고 있음을 천명한 역사적 판결이었다.[3] 의회의 분노 때문에 다음 위헌법률심판이 나올 때까지 50년이 걸렸지만, 결국에 대법원의 사법심사권은 굳건한 전통이 되었다.

대서양 건너 유럽의 민주공화국에서도 사법부에 의한 위헌법률심판이 내려지고 있다. 그러나 대부분 대법원이 아닌 헌법재판소를 따로 설치하고 헌법재판소에 위헌법률심사권을 부여한다. 헌법재판소는 오스트리아에서 1920년에 탄생했다. 전후 독일(1949)과 이탈리아(1948)가 새로이 자유민주주의 헌법을 만들면서 헌법재판소를 도입했다. 2차 세계대전을 일으킨 전범국들이 헌법을 준수해 다시는 전체주의로 회귀하지 않겠다는 의지를 표명한 것이다. 이후 프랑스가 1958년 샤를 드골이 주도한 새 헌법을 만들면서 도입했다.

한국은 1987년 민주화 이후 새로 제정한 민주헌법에 헌법재판소 설치를 명문화했다. 대한민국 헌법재판소는 위헌법률심판권을 행사해 수도이전법 위헌(2004), 동성동본금혼 헌법 불합치(2005), 국가모독죄 위헌(2015), 낙태죄 헌법 불합치(2019), 지역구 투표를 정당 투표로 간주하는 1인 1표제 위헌(2001) 판결 등을 내린 바 있다. 헌법에 따라 국민의 기본권 보호와 신장에 기여하고 있다.

헌법재판소, 자유민주주의의 수호자

자유민주주의에서 정치 활동의 자유는 어디까지 보장되어야 할까? 자유민주주의를 파괴하는 자유까지 기본권으로 보장해주어야 할까? 다수결로 만든 법은 자유민주주의의 정신과 가치를 위배하더라도 '악법도 법'으로 받아들여야 하는 것 인가? 히틀러Adolf Hitler와 나치의 사례는 '그렇지 않다'라는 결론에 이르게 한다.

히틀러의 나치 독재도 당시 가장 자유롭고 민주적인 체제이던 독일 바이마르공화국에서 탄생했다.[4] 히틀러와 국가사회주의독일노동자당(나치당)은 1차 세계대전 패배에 따른 영토 상실과 과중한 전쟁배상금 문제, 1929년 대공황이 촉발한 대량 실업 등 사회경제적 혼란 중에 베르사유 조약* 거부와 재무장, 독일 민족주의, 반유대주의, 반공산주의 등을 내걸고 인기몰이에 나섰다. 1932년 봄 대통령 선거에 출마한 히틀러는 득표율 36.8%로 2위를 차지하여 독일 정계의 주요 인물로 자리매김했다. 곧이어 실시된 1932년 7월 총선에서 나치당은 37.3%의 득표율로 제1당에 올랐다. 나치당을 제외하고 중도 정치 세력만으로는 안정적인 연립정부 구성이 불가하자, 대통령 힌덴부르크Paul von Hindenburg는 의회를 해산하고 같은 해 11월 다시 총선을 실시했다. 그러나 기대와 달리 11월 총선에서도 나치당이 득표율 33.1%로 재차 제1당에 올랐다. 1933년 1월 히틀러는 총리로 임명되었고, 다른 보수 정당과 소수 연립정부를 이끌게 되었다. 제1당이었음에도 과반 의석을 얻지 못한 히틀러의 소수 내각은 의회 내 안정적인 지지 확보에 실패하자, 대통령에게 요청해 의회를 해산하고 1933년 3월 총선을 또다시 실시했다. 이 총선에서 나치당은 득표율 43.9%를 기록하며 의석수를 대거 끌어올렸다.

새로 구성된 제국의회Reichstag에서 히틀러는 경제사회적 위기 상황을 이유로 들어, 행정부에 입법권을 부여하는 수권법授權法을 제정해달라고 의회에 요청했다. 의회가 아닌 총리

---

* 베르사유 조약은 1919년 6월 1차 세계대전 승전국과 독일제국이 맺은 평화협정을 뜻한다. 이 협정에 따라 패전국인 독일은 막대한 전쟁배상금을 떠안고, 영토 상실, 식민지 포기, 사실상 무장해제, 징병제 금지, 재무장 금지 등의 제약을 받아야 했다. "Treaty of Versailles" https://en.wikipedia.org/wiki/Treaty_of_Versailles

와 내각에 입법권을 부여하는 것은 삼권분립의 헌법 정신에 위배된다. 따라서 헌법 개정 요건인 '재적 의원 3분의 2 출석에 3분의 2 찬성'으로 가결해야 했다. 일반 입법에 비해 가결이 쉽지 않자 히틀러는 다른 보수 정당들과 사전 협상을 벌였고, 1933년 3월 23일 제국의회는 사회민주당의 반대 속에 4년 시한으로 수권법을 통과시켰다(재적 의원 647명 중 찬성 444표 대 반대 94표).* 히틀러의 내각이 합법적으로 아무런 통제나 견제 없이 법을 만들고 집행할 수 있는 권한을 갖게 된 것이다.

수권법 통과 직후, 히틀러는 입법권을 휘둘러 공산당은 물론 수권법에 유일하게 공개적으로 반대표를 던진 사회민주당을 바로 불법화했다. 찬성표를 던진 다른 보수 정당들도 차례로 해산시키고, 1933년 7월 14일 나치당만을 유일한 합법 정당으로 선언했다. 정당 설립과 정치 활동의 자유가 사라진 것이다. 일당 독재의 시작이었다. 1935년 9월 뉘른베르크에서 열린 나치당 전당대회에서 히틀러는 제국의회를 소집해 독일인과 유대인을 혈통에 따라 구별하고, 독일인과 유대

---

* 81석의 공산당 의원과 일부 사회민주당 의원은 1933년 2월 27일 발생한 제국의회 방화 사건의 책임을 뒤집어쓰고 체포령이 떨어져 표결에 참석하지 못했고 기권으로 처리되었다. 제국의회 방화 사건은 네덜란드 공산주의자인 마리누스 판 데르 뤼베Marinus van der Lubbe의 단독 범행이었다. 그러나 히틀러는 독일 공산당원들이 사회 혼란을 획책하기 위해 벌인 사건으로 규정하고 체포령을 내렸다.

인 사이의 결혼은 물론 성관계도 불법으로 규정하며, 유대인의 시민권을 박탈하는 이른바 뉘른베르크 인종법을 통과시켰다.[5] 홀로코스트의 근거가 되는 법이 제정되자 비극은 시작되었다. 나치당이 지배하는 제국의회는 4년 시한의 수권법을 1945년 연합국에 항복할 때까지 두 차례 연장 의결했다. 히틀러의 독재를 법적으로 뒷받침해준 것이다.

나치가 남긴 폐허 속에서 전후 서독은 자유민주공화국으로 거듭났다. 그러나 또다시 나치당의 전체주의가 되풀이될까봐 걱정했다. 국경을 맞댄 동독과 동유럽에 포진된 또 다른 전체주의 세력인 공산당의 도전도 물리쳐야 했다. 그래서 서독은 '방어적 민주주의defensive democracy'라는 개념에 입각해 기본법(헌법)을 제정하고, 헌법재판소를 설치해 독일 자유민주주의 체제의 방어를 맡겼다. 헌법재판소에 자유민주주의의 근간을 해치는 정치 행위를 무력화시킬 힘을 준 것이다. 크게 세 가지 방향이었다.

첫째, 헌법재판소에 부여한 광범위한 위헌법률심사권이다.[6] 다수결에 의해 의회에서 통과된 법도 헌법 정신에 위배되면 위헌판결을 통해 무력화시키는 것은 미국이나 한국 같은 다른 민주공화국과 동일하다. 그러나 독일 헌법재판소의 위헌법률심사는 보다 적극적이다. 한국을 포함한 대부분의 나라에서 위헌법률심사는 특정 법률에 의해 헌법상 보장된 기본권을 침해받은 자가 헌법소원심판을 청구할 수 있다. 독일은 이에 더해 입법부의 소수파(재적 의원 4분의 1)가 위헌법률심사를 청구할 수 있다. 입법부의 다수파가 일방적으로 통과시킨 법에 위헌성이 있다면, 소수파의 청구로 그 법은 집행 전에 사법심사를 받고 바로 무효 처리될 수 있다. 위헌법률심사제도만 있었다면, 나치의 독재를 가능하게 해준 수권법이나, 인종차별을 합법화한 뉘른베르크 인종법은 위헌판결로 무력화되었을 것이다. 독일에서는 전후 약 5% 가까운 법이 기본권이나 연방과 주정부의 권한 침해 등의 이유로 위헌판결을 받고 있다.[7]

둘째, 자유민주주의의 기본 질서에 반하는 정치 행위자의 기본권 제한이다. 기본법 제18조에 따르면 "언론의 자유, 교육의 자유, 집회 및 결사의 자유, (…) 망명법을 자유민주적 기본 질서에 반하는 투쟁을 위해 악용하는 사람은 이러한 기본권을 상실한다. 기본권의 상실과 그 범위는 연방헌법재판소가 판결한다". 바이마르공화국에서 나치와 공산주의자들은 공공연히 자유민주주의를 부정했다. 하지만 이들의 정치적 자유는 제한되지 않았다. 독일은 이제 자유민주주의를 위협하는 자유는 보장하지 않고 제한하겠다는 것이다.

이와 연관해 독일 기본법 제21조 2항에 "자유민주적인 기본 질서를 침해 또는 제거하려는 목적을 갖는 정당이나 독일연방공화국의 존립을 위험하게 하는 정당은 위헌이다. 위헌 여부는 연방헌법재판소가 결정한다"라고 명기하여 헌법재판소에 위헌정당심판권을 부여했다. 실제로 나치당의 후속 정당인 사회주의제국당이 1952년에, 공산당은 1956년에 위헌 정당 판결을 받고 해체되었다.[8]

셋째, 개정 금지 조항을 통한 자유민주적 기본 질서의 영구 보장이다. 기본법 제1조의 '인간 존엄과 인권에 관한 규정', 제20조의 '공화주의, 민주주의, 사회국가, 연방국가, 법치국가, 저항권의 보장' 조항은 어떠한 경우라도 개정이 불가하다고 못을 박았다. 다른 헌법 조항은 하원과 상원에서 각각 재적 의원 3분의 2 이상이 동의하면 개정된다. 그러나 1조와 20조는 양원에서 만장일치로 합의하더라도 수정할 수 없다. 신성불가침 조항인 것이다.[9] 이런 헌법을 임기가 12년인 16명의 판사가 지키고 있다.

이렇듯 전후 독일은 바이마르공화국의 실패를 되풀이하지 않기 위해 '방어적 민주주의'에 입각해 헌정 체제를 만들고, 자유민주적 질서를 '배타적'으로 옹호하고 있다. 합법적인 절차를 밟아 다수결로 만들어진 법률도 헌법을 위반했다고 판단되면 무력화시킨다. 자유민주주의 기본 질서에 위협이 되면 정당 활동은 물론 기본권도 제한한다. '방어'를 넘어 '공세'

9장 헌정주의, 자유민주주의의 핵심 요소

를 벌인다고 보고, 독일 헌정 체제를 '투쟁적 민주주의'라고 명명하기도 한다. 이 전투를 이끄는 것은 연방헌법재판소로, "독일 민주주의의 수호자"라고 불린다.[10]

한국은 독일과 달리 영구 개정 불가 조항을 두거나 자유민주주의를 위협하는 자들의 기본권을 헌법에서부터 제한하지는 않는다. 하지만 독일처럼 헌법재판소에 위헌법률심사권과 위헌정당심판권을 부여해 자유민주주의를 보호하고 있다. 후자와 관련해, 한국의 헌법재판소는 2014년 통합진보당을 위헌 정당으로 판결해 해산시키고, 소속 국회의원의 자격도 박탈한 바 있다. 국회에 대통령을 비롯한 행정부와 사법부의 고위 공직자에 대한 탄핵소추권을 주고 있지만, 최종 심판은 헌법재판소가 내려 의회 내 다수파의 전횡 가능성도 차단하고 있다. 한국에서도 헌법재판소는 자유민주적 헌정의 최후의 보루 역할을 담당하고 있다.

정치의 사법화, 사법의 정치화

사법부는 입법권을 갖고 있지 않다. 하지만 헌법을 다르게 해석하여 과거와 다른 판결을 내린다면 새로운 입법과도 같은 효과를 낸다. 미국은 남북전쟁이 북부의 승리로 끝난 1865년에 수정헌법 제13조를 통해 공식적으로 노예제도를 폐지했다. 1868년에는 수정헌법 제14조를 통해 모든 시민이 인종, 성별, 피부색 등에 따라 차별받지 않을 권리를 인정했다. 그러나 남부 주에서는 여전히 흑인 차별적인 법들이 제정되었다. 공립학교, 대중교통, 식당, 화장실 등에서 백인과 흑인은 자리를 함께하지 못하고 분리되었다. 백인 학교와 흑인 학교가 따로 존재했고, 버스와 식당에도 흑인 좌석이 따로 있었다.

그러나 이런 차별에 대해 1896년 연방대법원은 '플레시대 퍼거슨 Plessy vs. Ferguson' 사건에서, '분리되었으나 기회와 서비스는 동등하게 제공된다'는 논리로 합헌 판결을 내렸다. 흑인에게 공교육을 제공하지 않으면 차별이지만, 장소를 달리할 뿐 백인과 동등하게 공교육을 제공하니 차별이 아니라는 논리였다. 흑인이란 이유로 버스를 타지 못하고 식당에서 음식을 주문해 먹을 수 없다면 차별이지만, 버스를 이용할 수 있고 식당에 가서 밥을 사 먹을 수 있으니 차별이 아니라는 논리였다.

그러나 연방대법원은 1954년 '브라운 대 교육위원회 Brown vs. Board of Education' 사건의 재판을 통해 흑백 분리는 수정헌법 14조 위반이라는 위헌판결을 내렸다. 이 사건은 흑인인 올리버 브라운 Oliver Brown이 자기 딸도 백인들처럼 집 옆의 가까운 공립학교에 다닐 수 있게 해달라고 토피카시 교육위원회를 상대로 낸 소송이었다. 그런데 연방대법원이 1896년과는 정반대의 판결을 내린 것이다. 이로써 각종 흑인 차별적인 법들이 폐지되었다. 헌법은 그대로인데, 사법부가 해석을 달리해 공동체에 구속력을 갖는 새로운 의사결정이 내려진 것이다. 사법적 입법 judicial legislation의 대표적인 예다.

미국에서는 브라운에게 승리를 안긴 연방대법원장 얼 워런 Earl Warren과 후임자 워런 얼 버거 Warren Earl Burger 재임기를 사법 적극주의 judicial activism 시기라 부른다. 사법부가 시대 변화에 부응하는 새로운 헌법 해석과 적용을 통해 연방의회와 주의회가 만든 법은 물론 관례로 굳어진 행정작용을 무효로 만들고, 새로운 규칙을 세워나갔기 때문이다. 이러한 연방대법원의 행보는 "제왕적 사법부" 논쟁을 불러일으켰다.[11] 연방대법원은 시민에 의해 선출되지 않고, 입법부나 행정부로부터 직접적으로 견제받지도 않으면서, 책임지고 물러나게 할 수도 없는 헌법기관이다.[12] 선거에 의해 선출되고, 동시에 선거에 의해 책임지고 쫓겨나는 대통령이나 입법부 의원과는 다르다. 게다가 미국 연방대법원 판사는 스스로 사임하지 않는 한 죽을 때까지 하는 종신직 아니던가? 이런 면에서 과거 제왕에 가장 가까운 것은 대통령도 의회도 아니고 바로 연방대법원이란 것이다.

그러나 제왕적 사법부라고 평하는 것은 지나치다. 가장 큰 이유는 사법부에 의제 설정 권한이 없기 때문이다. 법원 스스로 위헌 법률과 위헌적 행정을 찾아 나서지 못한다. 법원은 소송이 들어와야 판단을 내릴 수 있다. 또 사법 적극주의는 정치인과 시민단체들이 "다른 수단의 정치" 차원에서 사법부를 정치의 장에 끌어들였기 때문에 발생한다.[13] 시민단체나 이익단체들이 정당을 통해 자신들의 요구를 전달하고, 의회에서 제때 시대 변화에 걸맞은 의사결정이 내려진다면, 그리고 설사 이견이 있더라도 모두가 승복하는 정치 문화가 자리 잡았다면, 정치 문제를 사법부까지 끌고 가지는 않을 것이기 때문이다.

9장 헌정주의, 자유민주주의의 핵심 요소

　이렇게 본다면, 국가의 중요한 의사결정과 분쟁이 정치 과정이 아닌 사법 과정으로 해소되는 '정치의 사법화'는 사법 적극주의의 또 다른 이름이다. 정당정치가 쇠퇴하고 진영 간 대결의 정치가 심해질수록 위헌 소송을 걸고, 무슨 무슨 가처분 소송을 내고, 형사 고발에 고소까지 마다하지 않는다. 정치적으로 발의되는 특별검사 또한 빈번하게 활용된다.[14]

　정치의 사법화는 결국 '사법의 정치화'를 낳는다. 사법부는 비당파적이고 중립적으로 구성되길 누구나 기대한다. 그러나 정치 문제가 사법부에서 해소되는 경우가 많아질수록 누가 연방대법관이 되는지, 누가 헌법재판관이 되는지가 중요해진다. 임명권을 가진 대통령이나 의회의 다수파는 중립적이고 공정한 인사보다는 자기 진영 사람을 집어넣기 위해 노력한다. 법원이 당파성을 띠게 되면 그 판결 또한 당파적이게 된다.

　자유민주공화국에서 사법부는 자유와 민주를 결합하고 자유민주주의를 지키는 수호자여야 한다. 사법부의 판결을 공동체 구성원들이 최종적 의사결정으로 수용해야 체제가 굳건히 유지된다. 그러나 사법부의 정치화는 판결의 정당성과 승복 가능성을 떨어뜨린다. 최근 한국과 미국을 비롯한 여러 나라에서 민주주의가 무너지고 있다. 사법부의 정치화도 한 원인이라 하겠다.

9장을 마치며

헌법은 정치 공동체의 통치 구조와 각 기관의 역할 및 권한을 담은 문서다. 시민이 향유하는 불가침의 기본권도 함께 담고 있다. 시민의 자유와 권리를 지키기 위해, 그리고 국가기관 간 다툼을 해소하기 위해 정치로부터 독립된 사법부에 헌법을 최종적으로 해석하는 권한도 부여하고 있다. 헌법이 없다면, 사법부가 정치사회의 위헌적 의사결정과 행위를 제어하지 못한다면, 집권자의 자의적 권력 행사를 막을 길이 없고, 통치의 예측가능성 또한 크게 떨어진다.

그러나 헌법이 한낱 종잇조각 취급을 받고 헌정주의가 작동하지 않는 일도 잦다. 많은 후진국 권위주의 국가에서, 또 우리 과거 역사에서도 그러했다. 헌법을 지키고 공화주의적 통치 원리를 존중하는 덕성을 갖춘 시민들이 공동체의 다수를 이룰 때, 헌정주의는 작동한다. 이런 면에서 대한민국은 후발 민주주의 국가이지만 헌정주의가 작동하는 성공한 국가라 할 수 있다. 교육 수준이 높고 경제적으로 독립한 중산층이 두터운 나라이기에 가능한 일이다. 또한 1980년대 민주화라는 시민혁명의 경험도 널리 공유하고 있기에 한국 민주주의의 기초는 튼튼하다.

그런데 최근 들어 한국 민주주의가 흔들린다. 헝가리 같은 동유럽의 신생 민주공화국들도 그러하고, 자유민주공화국의 원조인 미국에서도 민주주의가 후퇴하고 있다. 서유럽의 오래된 민주국가에서도 진영 대결과 포퓰리즘 그리고 극단주의 정치 세력이 모범적이었던 합의주의적 의회정치를 흔들고 있다. 아직 선진 민주주의 국가 가운데 자유민주주의 정치체제가 완전히 무너져내린 나라는 없다. 그러나 더 이상 후퇴를 허용해서는 안 되는 단계에 도달한 나라가 하나둘 늘고 있다. 한국도 어느덧 그 리스트에 이름을 올리고 있다. 마지막 장에서는 한국 민주주의의 현재를 진단하고, 어떻게 하면 더 이상의 후퇴를 막고 다시 발전의 계기를 가질 수 있는지 함께 고민해보고자 한다.

10장

다시, 자유롭고 민주적인 나라 만들기

대한민국은 성공한 나라다. 고작 100년 전만 해도, 서구의 왕정 국가들이 거쳐 간 입헌군주제 근처에는 가보지도 못한 채 식민지로 전락한 처지였다. 독립의 기쁨도 잠시 좌우 내전이 일어나 서로 학살하고 국토는 파괴되었다. 보릿고개에 실업자가 넘쳐나던 극빈한 나라가 두 세대 만에 경제 선진국이 되었다. 압축적 경제 발전이었지만, 사회문화적으로도 K-○○으로 대표되는 세련된 국가가 되었다. 사실 한국은 정치적으로도 성공한 국가다. 1987년 민주화 이후 시민의 자유와 권리 보장, 공정하고 자유로운 선거, 다원주의적 이해관계 표출과 정치적 반대 허용, 법과 제도에 따른 통치 등 자유민주주의 체제의 근간이 자리 잡아왔다.

그러나 어느 순간 한국의 민주주의와 정치가 퇴행하기 시작하더니, 급기야 윤석열 대통령의 계엄 선포 사태까지 낳았다. 많은 이들이 이른바 '87년 체제'의 한계를 지적하며 헌법 개정의 필요성을 주장한다. 특히 정부 형태 같은 권력 구조의 개편이 필요하다고 입을 모은다.

하지만 87년 체제는 5년 단임의 직선 대통령제만을 뜻하지 않는다. 5년 단임 대통령제와 소선거구제에 기반한 양당 지배의 국회를 특징으로 한다. 악마는 디테일에 있다고, 권력 구조를 바꾼다고 문제가 해결되지 않는다. 세단이든 SUV든 다 장단점이 있기 마련이다. 차만 바꾸면 난폭 운전이 사라질 것인가? 차도 중요하지만 운전자를 잘 만나야 한다.

세상에 난폭한 차는 없다. 난폭한 운전자가 있을 뿐이다. 차를 바꾸기에 앞서 난폭 운전자는 걸러내고, 운전 기술과 경력을 갖춘 운전자들이 차를 조심해서 몰게끔 제도를 마련해야 한다. 이런 의미에서 정부 형태 개편보다는 정치인과 정당들의 행태에 직접적인 영향을 주는 선거제도 개혁이 필요하다. 난폭 운전 문제를 해결하지 않으면 한국 민주주의가 더 후퇴할 수도 있다.

제왕적인 5년 단임 대통령의 실패?
장밋빛 대안의 허실

한국 정치의 실패를 제왕적 대통령 때문이라고 보는 이들은 분권형 대통령제라며 이원집정부제로의 개헌을 주장한다. 이원집정부제로의 개헌이 어렵지는 않다. 이미 우리 헌법은 내각제적 요소를 담고 있기 때문이다. 일부 개헌을 통해 총리를 행정부 수반으로 삼고, 국회에 내각불신임권을 주면 이원집정부제가 된다. 원리적으로 이원집정부제는 대통령이 외치, 총리가 내치를 담당하는 분권형이라고 할 수 있다. 하지만 앞서 3장 〈더 우월한 정부 형태가 있는가〉에서 살펴본 대로, 이원집정부제의 실존적 특징은 여대야소에서는 강력한 대통령제, 여소야대에서는 사실상 의원내각제가 된다는 데 있다.

이원집정부제에서 여소야대가 되면 대통령은 야당 대표를 총리로 임명하고, 이 야당 총리가 제청하는 장관들로 내각을 구성할 수밖에 없다. 그러지 않고 대통령이 자기 당 총리와 장관으로 소수 내각을 만들면, 국회를 지배하는 야당에 의해 내각불신임을 당하고 만다. 매번 내각불신임으로 정부가 무너진다면, 대통령은 어쩔 수 없이 야당 출신 총리와 장관을 임명하고 내치를 내줄 수밖에 없다. 동거정부가 들어서는 것이다.

동거정부가 들어서면 대통령은 뒤로 물러나고 총리 중심으로 국정이 이루어진다. 의원내각제처럼 바뀌면서 대통령과 의회라는 정부 기관 간 갈등은 해소된다. 하지만 대신 한국에서는 지근거리에서 대통령과 총리의 결투를 보게 될 것이다. 상호 고소·고발도 난무할 가능성이 크다. 이원집정부제에서는 프랑스의 2차 동거정부(미테랑 대통령 + 발라뒤르 총리) 때처럼 대통령이 뒷방으로 물러나고 완전한 의원내각제처럼 굴러가야 정치적 평화가 가능하다. 그런데 내각제 경험이 일천하고 대통령제 전통이 강한 한국에서, 여소야대가 되었다고 대통령이 뒷방 신세를 받아들이고, 지지자들 또한 이를 인정해줄지 의문이다. 하물며 실제로 의원내각제였던 우리 2공화국에서조차 상징적인 존재여야 했던 윤보선 대통령이 정치의 전면에 나서서 장면 총리와 갈등을 빚지 않았던가? 한국에서 뒷방 신세를 자처할 대통령이 있을까? 윤석열 대통령에 이재명 총리였다면, 아마도 프랑스의 1차 및 3차 동거정부 때보다 더 심하게 대통령과 총리가 사사건건 충돌했을 것이다. 그리고 프랑스에서 어쩌다 일어나던, 국회를 통과한 법안에 대한 대통령의 서명 거부도 다반사로 일어났을 것이다.

더 근본적인 문제도 있다. 이원집정부제로 바꾸어도, 한국의 **양당제가 지속되는 한**, 여대야소에서는 '제왕적 대통령'을 피할 수 없다. 국회를 지배하는 대통령이 총리와 장관을 임명하기 때문이다. 반대로 여소야대에서는 '제왕적 총리'를 맞이하게 될 것이다. 21대와 22대 국회에서 압도적 다수를 차지한 야당의 '일방적 입법'과 '탄핵소추 남발'을 보면, 야당 출신 제왕적 총리의 등장을 배제할 수 없다. 결론적으로, 이원집정부제로의 개헌은 작금의 문제를 해결하지 못하고 오히려 새로운 문제를 낳을 수 있다.

한국 정치의 실패를 5년 단임제 대통령에서 찾는 사람들도 많다. '재임 기간 5년이 너무 짧아 장기 비전 없이 재임 기간 내 결과를 보려고 조급하게 밀어붙이기만 한다', '3년째부터는 레임덕에 빠져 국정 운영의 동력을 상실한다', '국민으로부터 재평가를 받지 않으니 국민의 요구에 둔감하고 반응성이 떨어진다' 등등의 비판을 쏟아낸다.

이러한 문제에서 벗어나기 위해 5년 단임이 아니라 미국처럼 4년 중임제로 개헌하자고 한다. 국민 여론조사에서 가장 많은 지지를 받는 대안이기도 하다. 5년이 아니라 최대 8년짜리 대통령이니 조금 더 장기 비전을 가질 수 있겠다. 하지만 역설적이게도, 첫 4년은 재선을 위해 더 단기적인 성과를 낼 수 있는 정책 위주로 국정을 운영하게 된다. 퇴임 시계만 돌아가는 후반부 4년은 5년 단임제와 다를 이유가 없다. 레임덕도 피할 수 없다. 더 크게 나빠질 것은 없지만, 4년 중임제를 통해 5년 단임제의 문제를 얼마나 극복해낼 수 있을지 회의적이다.

한국 민주주의와 정치의 실패를 대통령제 자체의 문제로 보는 시각도 있다. 4년 중임제나 이원집정부제로 바꿔도 대통령 선거를 하는 한 문제는 계속된다는 주장이다. '모 아니면 도'인 승자독식 구조 속에 대화나 타협, 협치의 공간은 없다. 수단과 방법을 가리지 않고 승리에 '올인'하게 만드는 극단의 정치가 나타난다. 단 한 명의 최고통치자를 뽑는 한 인물 중심의 정치가 펼쳐진다. 정당의 건전한 발전은 기대하기 어렵고, 유력 대통령 후보에 의한 사당私黨화 가능성만 커진다.

현대판 제왕인 대통령 선출 자체에 비판적인 이들에게 대안은 의원내각제다. 내각제에서는 인물보다 정당이 중심이 되어 국정을 이끌어간다. 총선 결과가 즉각적으로 정부 구성에 반영된다. 국민에 책임을 지는 정치가 가능해진다. 원리적으로 분점정부가 발생하지 않는다. 혹여 정국이 교착상태에 빠지더라도 의회 해산과 조기 선거를 통해 국민의 뜻에 따라 새 정부를 구성할 수 있다. 그리고 불신임을 받아 정부가 붕괴되는 일을 막으려면 의회 내 안정 의석을 만들어야 하기에, 정당 간 타협에 기초한 협의 민주주의가 발달하는 정부 형태이기도 하다.

그러나 의원내각제가 곧 민주정치를 가져오지는 않는다. 정당이 정치의 중심이 되는 만큼, 정당의 질과 정당 체제에 내각제의 성패가 달려 있다. 한국 정당의 낮은 수준도 문제지만, 무엇보다 극한 대결도 마다하지 않는 양당 체제인 점을 감안해야 한다. 의원내각제는 시기상조다. 내각제는 대통령제와 달리 권력분립이 아닌 **권력융합**을 원리로 한다. 따라서 양당제하 내각제에서는 아무런 견제를 받지 않는 제1당 지배의 강력한 독재정권이 탄생할 수 있다. 대법원장과 대법관, 그리고 헌법재판소 소장과 재판관에 대한 임명권을 국회가 독점하게 될 텐데, 국회와 정부를 동시에 지배하는 다수당이 당파성을 기준으로 법관들을 임명하는 경우 삼권융합마저 가능하다. 나아가 공공기관과 공영방송 등 준공적 영역에 자기 사람 심기도 눈에 선하다. 선거법을 집권당에 유리하게 바꾸는 일 또한 서슴지 않을 것이다. 최악의 시나리오만 상상하는 게 아니다. 이미 다 경험했고 또 경험하고 있는 일들이다. 대통령이 바뀌고 국회 다수당이 바뀔 때마다 시도하고 있는 일들이다. 현 수준의 정당과 양당제를 그대로 놔두고, 대통령제가 문제라며 아예 권력융합형인 의원내각제로 갔다가는 더 무서운 일당 지배를 맞이할 수도 있다.

선거제도 개혁을 통한
난폭 운전 방지와 협치 유도

앞서 2장 〈민주공화국의 뿌리와 원리〉에서 미국이 최초의 민주공화국 헌법을 만든바, 그것은 권력분립과 견제와 균형을 추구하는 정치제도였음을 살펴보았다. 미국은 독재가 불가능하며 개인의 기본권이 철저히 지켜져 가장 자유로운 사회로 여겨져왔다. 그러나 어느덧 미국 민주주의가 후퇴하고 있다. 그 원인을 분석한 책 《어떻게 민주주의는 무너지는가 How Democracies Die》에서 저자 스티븐 레비츠키 Steven Levitsky와 대니얼 지블랫 Daniel Ziblatt은 다음을 지적하고 있다.

> 미국의 견제와 균형 시스템은 역사적으로 대단히 효과적이었다. 하지만 그것은 건국의 아버지들이 설계한 헌

> 법 시스템 덕분만은 아니었다. 민주주의가 건강하게 돌아가고 오랫동안 이어지기 위해서는 성문화되지 않은 규범이 헌법을 뒷받침해야 한다. (…) [이] 규범이란 정당이 상대 정당을 정당한 경쟁자로 인정하는 **상호 관용** 그리고 헌법적 권리를 행사할 때 신중함을 잃지 않는 **자제**를 말한다. (…) 양당 지도자는 서로를 정당한 경쟁자로 받아들였고, 그들에게 시한부로 주어진 제도적 권리를 오로지 당의 이익을 위해서만 활용하려는 유혹에 굴복하지 않았다. 이처럼 **관용과 절제의 규범은 미국 민주주의를 보호**하는 연성 가드레일로 기능하면서, 당파 싸움이 파멸의 나락으로 떨어지지 않도록 막아주었다. (…) [그러나] 이제 **미국 민주주의의 가드레일이 흔들리고 있다.** (…) **민주주의 규범 침식은 당파적 양극화에서 비롯되었다.** (강조는 필자)[1]

미국에서 민주주의의 가드레일인 상호 관용과 절제의 규범이 흔들리고 있는 것처럼, 한국에서도 1987년 민주화 이후 어렵게 쌓아 올린 관용과 절제의 규범이 급격히 무너져내리는 중이다. 당파적 양극화는 진영 논리에 팬덤 정치까지 더해지면서 회복 불가능으로 보인다. 윤석열 정부에서 보인 야당의 밀어붙이기 입법과 대통령의 계속된 거부권 행사, 묻지 마 탄핵 남발과 한술 더 뜬 대통령의 계엄 선포, 그리고 거리로 쏟아져 나온 사람들에 의한 아스팔트 정치에 휘둘리고 또 이를 조장하는 여당과 야당을 보았다. 상호 관용과 제도적 자제의 미덕은 찾아볼 수 없다.

미국에서 제임스 매디슨은 인간이 천사가 아님을 전제로, 권력분립과 상호 견제에 충실한 권력 구조를 설계했다. 우리 1987년 민주헌법도 그러하다. 그러나 잘 설계된 자동차도 난폭 운전자를 만나면 소용없음이 드러나고 있다. 따라서 한국 민주주의가 후퇴를 멈추고 다시 발전 궤도에 오르게 하려면 난폭 운전을 막도록 속도를 제한하고 양보 운전을 유도하는 시스템을 추가해야 한다. 단초는 선거제도 개혁이다. 앞서 5장 〈선거제도가 바뀌면 정치가 바뀔까〉에서 보았듯이, 선거제도는 마치 자연법칙과도 같이 정당, 정치인, 시민들의 행태에 직접적인 영향을 미치기 때문이다.

국회의원 선거, 비례대표제로

국회의원 선거에 비례대표제를 도입해, 두 거대 정당이 과대 대표되며 승리자가 권력을 독식하는 양당제에서 벗어나야 한다. 상호 관용도 모르고, 헌법이 부여한 권한을 절제할 줄 모르고 맘껏 휘두르는 정당들이다. 어떤 당도 단독으로 입법부인 국회의 과반을 차지하게 해서는 안 된다. 비례대표제는 다당제를 가져올 것이다. 그러나 파편화된 다당제는 막아야 한다. 유효 정당 수 4~5개 정도의 온건다당제를 만들어야 한다. 이를 위해 봉쇄조항을 현행 3%에서 독일처럼 5%로 높여야 한다. 그리고 봉쇄조항을 우회하기 위해 총선 전 급조되었다가 총선 후 해체되는 연합정당에게는 10%를 적용하는 게 필요하다. 중도좌, 중도우의 다소 큰 정당이 두 개, 그리고 그 양옆의 그보다 조금 작은 정당 2~3개가 국회에 진입하게 될 것이다. 권역별로 선거구를 여럿 두는 권역별 비례대표제가 아니라 전국을 단일 선거구로 해야 한다. 그래야 전국 수준에서 정당 간 정책 대결을 유도할 수 있다.

다당제이기에 대통령의 집권당이 국회에서 단독 과반을 차지하기 어렵게 된다. 국회 내 안정 의석을 확보하려면 김대중 정부 때처럼 2~3개 정당이 연립내각을 구성해야 한다. 이때 연립 파트너 정당은 대통령과 집권당의 조력자이면서 동시에 내부의 거부권 행사자로 작용한다. 권력 분산 효과를 가져온다. 연립내각에서 파트너 정당이 들러리나 거수기가 돼서는 안 된다. 이 경우 연립정부가 오래가지 못한다. 헌법 개정을 통해 국무회의에 심의권뿐만 아니라 의결권도 부여하여 내각에 참여한 모든 정당이 정책 결정 권한을 나누게 해야 한다. 그러면 2024년 비상계엄 선포 같은 대통령의 비상식적인 독단적 결정도 막을 수 있다.

다당제 국회에서 안정 의석을 확보한 여대야소 대통령이 되더라도, 양당제에서 단독으로 국회를 지배하는 제왕적 대통령과는 다르다. 반대로 대통령이 다수 연립내각 구성에 실패해도, 국회는 양당제 때와 달리 1개 거대 야당의 지배하에 놓이지 않는다. 다수의 야당이 국회를 분점한다. 이 경우, 대통령이 리더십을 발휘하면 사안별로 정책 연합 형성이 가능하다. 여소야대라도 적대적 양당제에서 벗어나 있기에 행정부와 입법부의 대립과 교착상태는 지금보다 현저히 줄어들 것이다.

대통령 선거, 결선투표제로

대통령 선거에 결선투표제를 도입해야 한다. 결선투표제는 대통령의 과반 지지를 이끌어내 통치의 정당성을 높여준다. 동시에 선거를 앞두고 억지 춘향식 합당이나 단일화가 아닌, 독립된 정당 간 연대와 연합을 유도한다. 1차 투표에서 확보한 지지를 바탕으로 각 정당은 2차 결선투표를 앞두고 합종연횡을 한다. 1차 투표에서 3위 이하였던 작은 정당이라도 확실한 지분을 갖고 결선투표에 나서는 대통령 후보와 협상을 벌인다. 결선투표 때 함께한 정당들은 당선 이후 연립내각을 구성해 승리의 과실을 함께 나눈다. 대통령제지만 승자독식이 아니다.

    소선거구제와 달리 비례대표제는 국회에 진입할 능력을 갖춘 모든 당이 당 지지율만큼 골고루 의석을 나눠 갖게 된다. 여기에 대통령 선거에 결선투표가 도입되면, 대통령부터 국회까지 승자독식 구조에서 벗어나게 된다. 승리를 향한 아귀다툼이 줄어들 것이다.

그동안 소선거구제하 지역 텃밭은 정치적 경쟁이 작동하지 않는 독점 시장이나 다름없었다. 경쟁 없이 좋은 민주주의가 있을 수 없다. 전국이 단일 선거구인 비례대표제하 총선에서는 지역개발을 넘어 공공 정책을 둘러싼 정당 간 경쟁이 펼쳐질 것이다. 다당제하에서 대통령 결선투표가 더해지면 연립정부의 구성이 원활해지고 촉진된다. 현행 다수결 민주주의에서 벗어나 협의 민주주의로 한 걸음 다가서게 될 것이다. 또한 비례대표제로 유효 정당이 많아지고 대통령 선거에 결선투표가 더해지면, 유권자의 선택의 폭이 넓어지고, 될 성싶은 차선에 억지로 표를 던지지 않아도 된다. 선거에 소극적이었던 무당파 시민들도 기꺼이 정치 참여에 나설 것이다. 다수가 정치에 참여할수록, 상식이 극단을 밀어낼 것이다.

그 밖에 고민해야 할 것들

앞에서 논한 대로 국회의원과 대통령 선거제도가 개혁되면 한국 민주주의가 더 이상 후퇴하지 않고 새로운 발전의 발판을 갖게 될 것이다. 여기에 헌법 개정도 이루어진다면 금상첨화다. 현재 우리 헌법은 1987년 민주화의 결과, 여야 합의로 탄생했다. 이 민주헌법은 대통령의 권한은 축소하는 대신 국회의 권한을 강화하고, 사법부의 위상과 국민 기본권을 신장하는 방향으로 제정되었다. 대통령제 민주공화국의 표준적인 헌법과도 같다. 그러나 윤석열 대통령의 계엄 선포 사태를 계기로 우리 헌법의 미비점을 지적하는 목소리가 높아졌다. 물론 상호 관용과 자제의 정치 문화가 자리 잡았다면 드러나지 않을 미비점이긴 하다. 그러나 한국 민주주의를 정치인들의 선의에만 기댈 수 없음이 드러난 이상, 부분적이나마 헌법 개정이 불가피해 보인다. 그렇다면 바람직한 헌법 개정 방향은 어떤 것일까?

첫째, 삼권분립에서 상호 견제와 균형이 이루어지도록 해야 한다. 먼저 국회의 탄핵소추권을 제한할 필요성이 있다. 한국은 미국이나 독일과 달리 국회에서 탄핵소추가 가결되면 탄핵심판 결과에 상관없이 그 즉시 탄핵소추받은 자의 직무가 정지된다. 따라서 정략적 차원에서 탄핵소추권의 오남용이 예상되고, 또 실제로 탄핵이 남발되고 있다. 헌법에 국회의 탄핵소추권은 유지하되, 탄핵소추에 따른 권한 행사 정지 규정은 삭제해 묻지 마 탄핵 가능성을 낮춰야 한다.

다음으로, 대법원장과 헌법재판관에 대한 국회 임명 동의는 재적 의원 3분의 2 이상의 찬성을 요하게 해야 한다. 우리 헌법은 "재판관은 정당에 가입하거나 정치에 관여할 수 없다"고 규정하는 등 사법부의 정치적 중립을 전제한다. 최종심판권자인 사법부의 독립과 권위를 위해서 사법부의 불편부당한 정치적 중립성은 중요하다. 그러나 최근 들어 대통령과 국회의 여야 정당은 헌법 정신을 외면하고 정치 성향을 기준으로 법관을 임명하는 경향을 노골적으로 보이고 있다. 사법부가 정치적 식민지가 되어서는 곤란하다. 국회 재적 의원 3분의 2의 찬성을 요하게 되면, 좌든 우든 정치색이 편향되거나 편파적인 인사가 국회 임명 동의를 통과하기 어렵게 된다. 사법부를 정치적 지배에서 독립시키는 것은 삼권분립을 위해서도, 사법부 판결에 대한 국민적 동의와 순응 확보를 위해서도 반드시 필요하다.

둘째, 국회의원 선거제도로 비례대표제를 채택하게 된다면, 상원의 설치를 고민해야 한다. 현재 대한민국 국회는 300명 중 46명이 직능대표라 할 수 있는 비례대표이고, 나머지 254명이 모두 지역대표이다. 비례대표로 전환하게 되면 지역구 선거는 사라지고 지역대표 기능은 현저히 저하된다. 지역의 이해관계를 중앙에서 다루는 기제가 필요하다. 상원을 설치하고, 상원 의원은 독일처럼 광역지방자치단체가 임명하게 해야 한다. 상원은 하원 의원 수의 3분의 1로 하며 인구 비례에 따르되, 수도권 광역지자체(서울, 경기, 인천)가 총원의 40%를 넘을 수 없게 해 지역 균형을 도모하도록 한다.

한국의 양원제는 상원과 하원의 힘이 대등한 '강한' 양원제보다는 하원(국회)의 힘이 센 '약한' 양원제가 바람직하다. 다당제가 되면 법안을 막을 수 있는 주체, 즉 정당이 늘어나므로 의회 내부에 거부점이 추가된다. 이 상황에서 상원의 도입은 또 하나의 거부점을 더하는 일이다. 따라서 공동체의 의사결정 과정이 너무 지난해지지 않도록 상원의 기능과 권한은 크지 않게 해야 한다. 이를 위해 입법 이외의 사항은 지금처럼 하원(국회)의 고유 권한으로 남긴다. 입법권은 하원과 상원이 동등하게 갖되, 상호 반대의 의결이 이루어질 경우, 하원의 재적 의원 과반 재의결로 입법이 마무리되게 한다. 단, 지방정부의 조세수입과 재정지출에 영향을 주는 입법 사항에 대해서는 상·하원이 동수로 참여하는 조정위원회에서 조정안을 마련하게 한다. 30일 내에 조정안이 마련되지 않으면, 상·하원 합동 회의에서 양원 재적 의원 과반 의결로 입법 여부를 결정하게 한다.

셋째, 지역구 의원이 대다수인 상황에서 비례대표제로의 선거법 개정은 헌법 개정보다 더 어려운 일일 수 있다. 이 경우, 독일처럼 지역구 선거를 병행하는 혼합형 비례대표제 도입이 대안이다. 그러나 앞서 5장 〈선거제도가 바뀌면 정치가 바뀔까〉에서 살펴보았듯이, 혼합형 비례대표제는 큰 단점이 있다. 특정 정당의 지역구 당선자 수가 정당 득표율로 확보한 의석 수를 상회할 때 발생하는 초과 의석 문제다.

초과 의석 발생 가능성은 총 의석에서 지역구 의석이 차지하는 비중이 높아질수록 커진다. 따라서 우선 현행 국회 300석이 '254(지역대표) : 46(비례대표)'인 것을 총 400석의 200 : 200으로 조정할 필요가 있다. 현행 지역대표 254석을 150석까지 줄이고, 대신 비례대표를 늘려서 150 : 150으로 만들 수도 있겠다. 하지만 현 지역구 의원들의 반발로 선거구제 개편이 좌초될 확률이 크다. 따라서 국회 정원을 300명에서 400명으로 올려 지역구 감소분을 최소화해 200:200으로 만드는 게 현실적이다. 물론 국회의원 수 증가에 대해서는 국민 반감이 크다. 신뢰가 바닥인 정치인들이 늘어나면 비용만 증가한다고 보기 때문이다. 실제로 현행 소선거구제하에서는 지역구 관리의 필요성 때문에 개별 의원에게 9명에 달하는 보좌 인력과 많은 의정 활동비가 제공된다. 그러나 개정 이후에는 총정원이 400명으로 늘더라도 지역구는 200개로 준다. 그만큼 비용 절감이 가능하다. 총비용 동결 원칙하에 개별 의원에 대한 인력과 의정 활동비 지원을 줄이면 비용 증가 없이 총정원을 늘릴 수 있다.*

또한 독일처럼 권역별로 비례대표를 뽑지 말고, 뉴질랜드처럼 전국 단위에서 비례대표를 뽑으면 초과 의석 발생 가능성이 크게 낮아진다. 권역별로 비례대표를 뽑으면 자기 텃밭 지역에서는 지역구 '싹쓸이'가 가능하다. 따라서 특정 권역에서는 전국 정당 득표율 이상으로 지역구 당선자를 많이 배출하게 된다. 그러나 전국 단위 비례대표제에서는 지역 텃밭 효과가 크게 희석된다.**

---

*   사실 더 크게 줄일 수 있다. 혼합형 비례대표제에서는 지역구 선거가 유지되지만 의석은 전국 수준에서 정당 득표율로 결정된다. 따라서 선거전의 중심은 지역이 아니라 방송과 언론 등 고공전이 된다. 지역을 훑는 선거 조직을 가동할 필요가 덜하고, 지역구 숫자 자체도 줄어들기에 비용을 크게 줄일 수 있다.

만약 지역구와 비례 의석수를 1:1로 맞추고 전국 단위 비례대표제를 채택했음에도 초과 의석이 발생한다면, 현행 독일처럼 아예 초과 의석을 인정하지 않는 것도 방법이다. 어느 당도 정당 득표율로 확보한 의석수를 넘어서는 지역구 대표를 의회에 보낼 수 없게 하는 것이다. 정당 득표율로 확보한 의석이 100석인데 지역구 선거에서 103명을 당선시켰다면, 득표율 최하 3인은 국회에 보내지 않는 것이다. 물론 지역구 대표는 선출했으나 국회에서 대표되지 않는 '고아 지역구' 발생 문제가 생긴다. 하지만 총정원을 유지하면서 정당 득표율에 따른 비례성을 지키자면 다른 방법이 없겠다.

만약 비례대표제 도입 시 독일식 혼합형 비례대표제를 채택한다면 지역구 의원이 국회에서 지역을 대표하게 된다. 따라서 앞에서 제안한 바와 달리 새로이 상원을 설치할 필요성은 크지 않다.

**　예를 들어 더불어민주당이나 국민의힘의 전국 정당 지지율은 30~40% 이나, 각각 호남과 영남에서는 지역구의 90% 이상을 휩쓴다. 권역별 비례대표제에서는 그만큼 초과 의석이 발생하게 된다. 그러나 전국적으로는 이 거대 양당이 보통 각각 40%에서 50% 정도의 지역구를 차지한다. 200석 지역구를 가정하면, 각각 80석에서 100석 정도 얻게 되는 것이다. 30~40% 정당 지지율로 확보하게 되는 120~160석을 크게 하회하게 된다. 200(지역구):200(비례대표)의 혼합형 비례대표제로 하되 전국 단위로 비례대표를 뽑으면 초과 의석은 발생하지 않을 것이다. 초과 의석 발생 가능성이 그만큼 줄어든다.

10장을 마치며

윤석열 대통령의 계엄 선포 사태는 다행히 헌법적 절차에 따라 새 대통령을 뽑고 이재명 정부가 들어서면서 일단락되었다. 대한민국 자유민주주의의 회복력을 확인함에 안도하게 된다. 그러나 이번 사태 처리의 전후를 들여다보면, 난폭 운전자 문제가 여전함을 알 수 있다. 과거 집권당은 반헌법적으로 권한을 남용한 대통령을 자유민주주의의 이름으로 단죄하기는커녕 옹호하기까지 했다. 국회를 장악한 과거 야당은 이제 집권당이 되었지만, 여전히 토론이나 공론화 과정 없이 대한민국의 사법 체계를 흔드는 입법 등을 다수의 힘으로 계속해서 밀어붙이고 있다. 우리 정치인과 정당은 천사가 아니다. 상호 관용과 절제의 규범을 내면화하지 못했다. 안타까운 일이지만, '이들은 정략적 필요에 따라 난폭한 운전도 마다하지 않는다'는 전제하에 정치제도를 설계하고 개혁에 임해야 한다.

혁명이 아닌 이상, 정치제도 개혁은 공동체의 공식화된 의사결정 과정을 밟아야 한다. 즉 선출직 공직자들이 법을 만들고 통과시켜야 한다. 헌법 개정안도 만들고 압도적 다수로 통과시켜야 한다. 과연 난폭한 운전을 일삼는 정치인들이 스스로 통제 장치를 만들어 장착할 것인가? 쉽지 않다. 따라서 지식인 사회의 현실적이고 효과적인 대안 제시 그리고 시민사회의 요구와 압력이 어느 때보다 절실하다. 정치인들이 재선을 위해, 또 정당 지지율을 끌어올리기 위해 제도 개혁에 앞장서게끔 만들어야 한다. 주권자인 시민들의 덕성과 행동이 필요한 때다. 다행히 모든 정치인이 난폭 운전자는 아니다. 한국 민주주의의 재시동과 재출발을 위해 헌신할 준비가 된 정치가들도 분명 존재한다. 건전한 상식을 지닌 시민의 참여와 선택이 이들에게 힘을 주고 대한민국을 밝은 길로 안내하리라 믿는다. 그 먼 길에 이 책이 안내서로서 도움이 되길 바랄 뿐이다.

1장 정치, 정부 그리고 민주주의란 무엇인가

[1] "정쟁·이념 논쟁에 불신…55% '그래도 정치가 내 삶 바꿀 것'", 〈국제신문〉, 2023. 12. 21. https://www.kookje.co.kr/news2011/asp/newsbody.asp?code=0100&key=20230901.22002009189

[2] Rod Hague and Martin Harrop, *Comparative Government and Politics*, Palgrave Macmillan, 2010, p. 4.

[3] 막스 베버, 박상훈 역, 《소명으로서의 정치》, 후마니타스, 2021.

[4] 강원택, 《한국 정치의 결정적 순간들》, 21세기북스, 2022, 112쪽.

[5] Rod Hague and Martin Harrop, *Comparative Government and Politics*, p. 5.

[6] 존 로크, 이극찬 역, 《통치론》, 삼성출판사, 1985.

[7] Joseph A. Schumpeter, *Capitalism, Socialism and Democracy*, Harper Perennial, 1975. p. 269.

[8] 로버트 달이 저서 《미국 헌법과 민주주의》에서 알렉시스 드 토크빌의 《미국의 민주주의》의 일부를 인용한 것을 재인용했다. 로버트 달, 박상훈·박수형 역, 《미국 헌법과 민주주의》, 후마니타스, 2016, 168쪽.

[9] 알렉시스 드 토크빌, 은은기 역, 《미국의 민주주의》, 계명대학교출판부, 2022, 32~33쪽.

[10] 서병훈, "J. S. 밀 〈자유론〉의 현대적 의미", 네이버문화재단 열린연단 강연, 고현석 정리, 〈대학지성 In&Out〉, 2021. 4. 4. http://www.unipress.co.kr/news/articleView.html?idxno=3390

[11] Samuel P. Huntington, "Democracy's Third Wave", *Journal of Democracy*, 2(2), 1991.

[12] Francis Fukuyama, *The End of History and the Last Man*, Free Press, 1992.

[13] 임혁백, 《민주주의의 발전과 위기》, 김영사, 2021.

2장 민주공화국의 뿌리와 원리

[1] 고대 그리스의 민주정치제도에 대해서는 다음을 주로 참조했다. 정주환, "그리스 민주정치와 선거제도", 《법학논총》, 40(1), 2016; "Ancient

[2] Christopher W. Blackwell, "Athenian Democracy: A Brief Overview", 2003. https://generales.uprrp.edu/humanidades/wp-content/uploads/sites/5/2018/09/AthenianDemocracy.ABriefOverview.pdf

Greek Democracy" https://www.history.com/topics/ancient-greece/ancient-greece-democracy

[2] Christopher W. Blackwell, "Athenian Democracy: A Brief Overview", 2003. https://generales.uprrp.edu/humanidades/wp-content/uploads/sites/5/2018/09/AthenianDemocracy.ABriefOverview.pdf
[3] Christopher W. Blackwell, "Athenian Democracy: A Brief Overview".
[4] Stella Tsolakidou, "The Police in Ancient Greece", *GreekReporter*, March 2, 2025. https://greekreporter.com/2013/05/30/the-police-in-ancient-greece/
[5] 노먼 데이비스, 왕수민 역, 《유럽: 하나의 역사》, 예경, 2023, 185쪽.
[6] 아리스토텔레스, 김재홍 역, 《정치학》, 도서출판 길, 2021.
[7] 로마 공화정의 정치체제에 대해서는 다음 자료를 참고했다. 윤진, 〈폴리비오스, 《역사》 제6권〉, 《서양고대사연구》, 55집, 2019; 니콜로 마키아벨리, 강정인·김경희 역, 《로마사 논고》, 한길사, 2018; "Roman Republic" https://en.wikipedia.org/wiki/Roman_Republic
[8] 알렉산더 해밀턴·제임스 매디슨·존 제이, 박찬표 역, 《페더럴리스트》, 후마니타스, 2019, 108쪽.
[9] 니콜로 마키아벨리, 강정인·김경희 역, 《로마사 논고》, 한길사, 2018, 93쪽.
[10] "Julius Caesar" https://en.wikipedia.org/wiki/Constitutional_reforms_of_Julius_Caesar
[11] Donald Tatcliffe, "The Right to Vote and the Rise of Democracy, 1787–1828", *Journal of the Early Republic*, 33(2), 2013, p. 223.
[12] 알렉산더 해밀턴 외, 《페더럴리스트》, 403쪽.
[13] 알렉산더 해밀턴 외, 《페더럴리스트》, 396쪽.

3장 더 우월한 정부 형태가 있는가

[1] 매디슨의 권력분립에 대한 생각은 다음 저작에 잘 나타나 있다. 알렉산더 해밀턴·제임스 매디슨·존 제이, 박찬표 역, 《페더럴리스트》, 후마니타스,

2019.

[2] Rod Hague and Martin Harrop, *Comparative Government and Politics*, Palgrave Macmillan, 2010, p. 320의 Figure 16.1을 수정 보완했다.

[3] Juan Linz, "Presidential or Parliamentary Democracy: Does It Make a Difference?", Juan J. Linz and Arturo Valenzuela(eds.), *The Failure of Presidential Democracy*, Johns Hopkins University Press, 1994.

[4] Scott Mainwaring and Matthew Shugart(ed.), *Presidentialism and Democracy in Latin America*, Cambridge University Press, 1997.

[5] 양재진, "대통령제, 이원적 정통성, 그리고 행정부의 입법부 통제와 지배: 한국 행정국가화 현상에 대한 함의를 중심으로", 《한국행정연구》, 11(1), 한국행정연구원, 2002.

[6] David Mayhew, *Divided We Govern: Party Control, Lawmaking, and Investigations, 1946–1990*, Yale University Press, 1991.

[7] William Howell, Scott Adler, Charles Cameron and Charles Riemann, "Divided Government and the Legislative Productivity of Congress, 1945–94", *Legislative Studies Quarterly*, 25(2), 2000.

[8] Rod Hague and Martin Harrop, *Comparative Government and Politics*, p. 322.

[9] "바이든 취임 2년간 기자회견은 20회…레이건 이래 최저", 〈연합뉴스〉, 2023. 4. 22. https://www.yna.co.kr/view/AKR20230422007000071

[10] 곽성문, "미국 정부 각 부처의 브리핑 제도", 《신문과 방송》, 1989년 3월호.

[11] Scott Mainwaring and Matthew Shugart, "Juan Linz, Presidentialism, and Democracy: A Critical Appraisal", *Comparative Politics*, 29(4), 1997.

[12] "Bill of Rights 1689" https://en.wikipedia.org/wiki/Bill_of_Rights_1689#:~:text=The%20Bill%20of%20Rights%201689,statute%20in%20English%20constitutional%20law.

[13] Byrum E. Carter, *The Office of the Prime Minster*, Princeton University Press, 1956.

[14] Rod Hague and Martin Harrop, *Comparative Government and Politics*, p. 326의 Figure 16.2를 수정 보완했다.

[15] Kaare Strøm and Benjamin Nyblade, "Coalition Theory and Government Formation", Carles Boix and Susan Stokes(eds.), *The Oxford Handbook of Comparative Politics*, Oxford University Press, 2007.

[16] Rod Hague and Martin Harrop, *Comparative Government and Politics*, p. 301.

[17] Giovanni Sartori, *Comparative Constitutional Engineering*, New York University Press, 1997, p. 111.

[18] Arend Lijphart, *Patterns of Democracy*, Yale University Press, 2012.

[19] 강원택, 《국가는 어떻게 통치되는가: 대통령제, 내각제, 이원정부제》, 인간사랑, 2022.

[20] Rod Hague and Martin Harrop, *Comparative Government and Politics*, p. 334의 Figure 16.5를 수정 보완.

[21] Maurice Duverger, "A New Political System Model: Semi-Presidential Government", *European Journal of Political Research*, 8(2), 1980.

[22] Giovanni Sartori, *Comparative Constitutional Engineering*, p. 125.

[23] 프랑스 동거정부의 실제 작동에 대해서는 다음을 참조. Lili Pateman and Romain Geoffroy, "What's a Cohabitation in French Politics and What are the Precedents?", *Le Monde*, June 17, 2024. https://www.lemonde.fr/enles-decodeurs/article/2024/06/17/what-s-a-cohabitation-in-french-politics-and-what-are-the-precedents_6674967_8.html

주

4장 정당, 정치 시장의 기업

[1] Anthony Downs, *An Economic Theory of Democracy*, Harper, 1957, p. 25; Joseph A. Schumpeter, *Capitalism, Socialism and Democracy*, HarperPerennial, 1975, p. 283.

[2] 정당의 초기 역사에 대해서는 다음 자료 참조. Maurice Duverger, "Introduction: The Origin of Parties", *Political Parties*, Methuen & CO LTD, 1978; Rod Hague and Martin Harrop, *Comparative Government and Politics*, Palgrave Macmillan, 2010, chapter 11.

[3] Karim Fertikh, "The Godesberg Programme and its Aftermath", *ÖZG*, 29(1), 2018.

[4] 김종갑, "독일정당제도의 균열이론적 고찰", 《21세기 정치학회보》, 13(2), 2003.

[5] Rod Hague and Martin Harrop, *Comparative Government and Politics*, chapter 11.

[6] Timothy Heppell, "The Labour Party Leadership Election: The Stark Model and the Selection of Keir Starmer", *British Politics*, 17(4), 2022; "Leadership election" https://en.wikipedia.org/wiki/Leadership_election

[7] 최연혁, 《스웨덴 패러독스: 대한민국 대전환》, 뉴스핌, 2023.

[8] Gideon Rahat, "Candidate Selection: The Choice Before The Choice", *Journal of Democracy*, 18(1), 2001, pp. 157–170.

[9] Sefakor Ashiagbor, *Political Parties and Democracy in Theoretical and Practical Perspectives: Selecting Candidates for Legislative Office*, The National Democratic Institute, 2008; 송백석, "영국 정치사전엔 단수·전략공천 없다", 〈경향신문〉, 2024. 2. 21. https://www.khan.co.kr/opinion/contribution/article/202402212002005

[10] 강원택, 《한국정치론》, 박영사, 2023, 3장.

[11] 원동욱, "민주 재산 12배 증가, 국힘 440억 건물주… 숨은 '재테크 귀재'", 〈중앙일보〉, 2024. 7. 5.

[12] 모석봉. "국회의원 1인당 연간 8억 1,403만 원 예산 사용… 4년간 32억 6,514만 원 지출", 〈대한뉴스방송〉, 2024. 10. 17.

[13] 박상훈, "과도한 '물갈이 영입 공천'이 민주정치를 어렵게 한다", 국회미래연구원, 2022. 2. 16. https://www.nafi.re.kr/new/think.do?mode=view&articleNo=3124
[14] 박상훈·정순영·김승미, "만들어진 당원: 우리는 어떻게 1천만 당원을 가진 나라가 되었나", 〈국가미래전략 Insight〉, 67호, 국회미래연구원, 2023. 5. 1.

5장 선거제도가 바뀌면 정치가 바뀔까

[1] "Reform Act 1832" https://en.wikipedia.org/wiki/Reform_Act_1832
[2] 박상훈, 《민주주의의 시간》, 후마니타스, 2017, 147쪽.
[3] 〈공산주의의 원리〉와 〈독일 공산당의 요구〉의 출처는 마르크스주의 인터넷 아카이브. https://www.marxists.org/english.htm
[4] "The Chartist legacy" www.parliament.uk/about/living-heritage/transformingsociety/electionsvoting/chartists/case-study/the-right-tovote/the-chartists-and-birmingham/the-chartist-legacy/
[5] 홍철기, "비밀투표는 어떻게 민주적 제도가 되었는가? 서양 전근대 투표 절차에서의 공개성과 비밀주의를 중심으로", 《현대정치연구》, 14(2), 2021.
[6] John Stuart Mill, *Considerations on Representative Government*, Cambridge University Press, 1861, p. 202.
[7] John Stuart Mill, *Considerations on Representative Government*, p. 200.
[8] "Plural voting" https://en.wikipedia.org/wiki/Plural_voting/
[9] 윤성현, "J. S. Mill의 민주주의론에서 '참여'의 헌법이론적 의의", 《공법연구》, 40(1), 2011.
[10] 홍철기, "비밀투표는 '민주적'인가? 존 스튜어트 밀과 카를 슈미트의 비밀투표 비판", 《정치사상연구》, 24(1), 2018, 119쪽.
[11] Carles Boix, "Setting the Rules of the Game: The Choice of Electoral Systems in Advanced Democracies", *American Politi-*

cal Science Review, 93(3), 1999.

[12] Stein Rokkan, *Citizens Elections Parties: Approaches to the Comparative Study of the Processes of Development*, Scandinavian University Books, 1970, chapter 4.

[13] Maurice Duverger, "Factors in a Two-Party and Multiparty System", *Party Politics and Pressure Groups: A Comparative Introduction*, Crowell, 1972, pp. 23–32; Maurice Duverger, *Political Parties: Their Organization and Activity in the Modern State*, John Wiley & Sons, 1954.

[14] Maurice Duverger, "Factors in a Two-Party and Multiparty System", pp. 23–32.

[15] Giovanni Sartori, *Comparative Constitutional Engineering*. New York University Press, 1997, p. 23.

[16] Giovanni Sartori, *Comparative Constitutional Engineering*, p. 24.

[17] 아일랜드 선거관리위원회, "Ireland's voting system" https://www.electoralcommission.ie/irelands-voting-system/#votecount

[18] "Electoral threshold" https://en.wikipedia.org/wiki/Electoral_threshold

[19] "2023 Finnish parliamentary election" https://en.wikipedia.org/wiki/2023_Finnish_parliamentary_election

[20] 김종갑·이종진, "네덜란드 하원 선거제도의 주요 특징 및 시사점", 국회입법조사처 보고서 〈이슈와 논점〉, 1285호, 2017.

[21] 2021년 독일 총선 결과는 "2021 German federal election" https://en.wikipedia.org/wiki/2021_German_federal_election과 "Bundestag Election on 26 September 2021" https://www.wahlrecht.de/news/2021/bundestagswahl-2021.html/을 참조. 주별 인구 비례 의석과 지역구 배분은 "Electoral system of the federal election" https://www.wahlrecht.debundestag/, 초과 의석과 보정 의석은 https://www.bundeswahlleiterin.de/en/service/glossar/u/ueberhangmandate.html 참조.

[22] 허석재, "2023년 독일 연방선거법 개정 내용과 시사점", 국회입법조사처 보고서 〈외국 입법·정책 분석〉, 36호, 2024.

[23] 유진숙, "독일 정당과 정당 체제", FES Information Series 2018-1, 2018.
[24] "Additional-member system" https://en.wikipedia.org/wiki/Additional-member_system; "Voting systems in Scotland" https://www.bbc.co.uk/bitesize/articles/zng6b7h
[25] "Electoral college" https://www.archives.gov/electoral-college
[26] Wilfred U. Codrington III, "Can the Members of the Electoral College Choose Who They Vote For?", Brennan Center for Justice, *Expert Brief*, January 8, 2020.

6장 의회의 다양한 얼굴

[1] 신명순·진영재, 《비교정치》, 박영사, 2022, 8장.
[2] 알베르 마티에, 김종철 역, 《프랑스 혁명사(상)》, 창작과비평사, 1994.
[3] Rod Hague and Martin Harrop, *Comparative Government and Politics*, Palgrave Macmillan, 2010, chapter 15.
[4] Edmund Burke, "Speech to the Electors of Bristol", 1774. Rod Hague and Martin Harrop, *Comparative Government and Politics*, p. 300에서 재인용.
[5] Council of Europe, "Venice Commission-Reports on Bicameralism". https://www.venice.coe.int/files/Unicameral/T03-E.htm
[6] 알렉산더 해밀턴·제임스 매디슨·존 제이, 박찬표 역, 《페더럴리스트》, 후마니타스, 2019, 397쪽.
[7] 다수결 민주주의의 폐해를 최소화하고, 정치사회에 숙의와 재고의 기회를 주는 상원의 순기능에 대해서는 다음을 참조. Nikolaj Bijleveld, Colin Grittner, David Smith, and Wybren Verstegen(eds.), *Reforming Senates*, Routledge, 2020.
[8] Amy J. Everhart, "Predicting the Effect of Italy's Long-Awaited Rape Law Reform on 'The Land of Machismo'", *Vanderbilt Journal of Transnational Law*, 31(3), 1998.

- [9] Rod Hague and Martin Harrop, *Comparative Government and Politics*, chapter 15.
- [10] Julia Glathe and Mihai Varga, "Defending Democracy in the Light of Growing Radicalization: Tensions within Germany's Militant Democracy", *DPCE Online*, 59(2), 2023.
- [11] 강원택, 《한국정치론》, 박영사, 2023, 2장.
- [12] 강원택, "2024~2025년 비상계엄-탄핵 사태와 한국 대통령제", 제3회 도헌학술심포지엄 〈한국 민주주의 구출하기: 적대 정치의 청산과 개헌 제안〉 발표문, 2025. 3. 14.

7장 국가관료제와 정치적 통제

- [1] Frederick Mosher, *Democracy and the Public Service*, Oxford University Press, 1982; Brian Champman and Edward Page, "Public administration" https://www.britannica.com/topic/public-administration/History#ref36930/
- [2] Hans Rosenberg, *Bureaucracy, Aristocracy and Autocracy: The Prussian Experience 1660–1815*, Harvard University Press, 1958.
- [3] Max Weber, "Bureaucracy"(originally *Wirtschaft und Gesellschaft*, 1921), H. H. Gerth and C. W. Mills(eds.), *From Max Weber: Essays in sociology*, Routledge, 2009, pp. 196–244.
- [4] Max Weber, "Bureaucracy", pp. 196–244.
- [5] Morris Fiorina and Roger Noll, "Voters, Bureaucrats and Legislators; a Rational Perspective on the Growth of Bureaucracy", *Journal of Public Economics*, 9(3), 1979.
- [6] 막스 베버, 박상훈 역, 《소명으로서의 정치》, 한길사, 2021, 50~51쪽.
- [7] Hugh Heclo, *A Government of Strangers: Executive Politics in Washington*, The Brookings Institution, 1977.
- [8] Jon Pierre and Peter Ehn, "The Welfare State Managers: Senior Civil Servants in Sweden", Edward C. Page and Vincent Wrigth (eds.), *Bureaucratic Elites in Western European States*, Oxford University Press, 1999.

[9] 정종주, "김영삼 개혁의 조직적 저항 세력", 《월간 사회평론 길》, 1993년 11월.
[10] 노무현, 《진보의 미래》, 돌베개, 2019, 241쪽.
[11] 노무현, 《진보의 미래》, 241쪽.
[12] Joel Aberbach, Robert Putnam and Bert Rockman, *Bureaucrats and Politicians in Western Democracies*, Harvard University Press, 1981.
[13] 양재진, "정권 교체와 관료제의 정치적 통제에 관한 연구: 국민의 정부를 중심으로", 《한국행정학보》, 37(2), 2003.
[14] Dan Wood and Richard Waterman, *Bureaucratic Dynamics: The Role of Bureaucracy in a Democracy*, Westview Press, 1994, pp. 22-26.
[15] 양재진, "정권 교체와 관료제의 정치적 통제에 관한 연구: 국민의 정부를 중심으로": Guy Peters, *The Politics of Bureaucracy*, Longman, 1995.
[16] Werner Jann, "Party time: Exploring Germany's System of Political Civil Servants", *Civil Service World*, August 2021.
[17] Martin Smith, *The Core Executive in Britain*, Macmillan Press Ltd., 1999.
[18] Thurid Hustedt, Kristoffer Killtveit and Heidi Salomonsen, "Ministerial Advisers in Executive Government: Out from the Dark and into the Limelight", *Public Administration*, 95(2), 2017.
[19] Cabinet Office, "Transparency data: Special Adviser Data Releases: Numbers and Costs", 28 November 2024.
[20] Guy Peters, *The Politics of Bureaucracy*.
[21] 김선문, "한국의 당정협의에 관한 연구: 집권당을 중심으로", 고려대 정책대학원 석사학위 논문, 2000.
[22] 최장집, 《민주화 이후의 민주주의: 한국 민주주의의 보수적 기원과 위기》, 후마니타스, 2003.

주

8장 국가 형식과 중앙 - 지방정부 관계: 연방, 연합 그리고 단방제

[1] "Maryland's history" https://sos.maryland.gov/mdkids/Pages/Maryland's-History.aspx
[2] "The EU institutions" https://eucentre.yonsei.ac.kr/page/eu_outline02; "EU 주요기구" https://overseas.mofa.go.kr/be-ko/wpge/m_25612co ntents.do
[3] 김대중 및 역대 정부의 남북연합제 통일방안에 대해서는 다음 문건을 참조. 통일연구원, "제2차 정상회담 대비 남북한 통일방안 분석", 통일정세분석 2001-08, 2001.
[4] Rod Hague and Martin Harrop, *Comparative Government and Politics*, Palgrave Macmillan, 2010, chapter 14.
[5] 김성조, "분권개혁과 정당정치: 1979년과 1997년 스코틀랜드 권한이양 개혁의 비교",《국제·지역연구》, 29(2), 2020.
[6] Coree Brown Swan, "Scotland, Devolution and Independence: A Union at its Limits?", Se-shauna Wheatle and Elizabeth O'Loughlin(eds.), *Diverse Voices in Public Law*, Bristol University Press, 2023.

9장 헌정주의, 자유민주주의의 핵심 요소

[1] 황경환, "미국법상 행정기관의 행위에 대한 사법심사",《법학연구》, 27(1), 경상대학교 법학연구소, 2019.
[2] 알렉산더 해밀턴·제임스 매디슨·존 제이, 박찬표 역,《페더럴리스트》, 후마니타스, 2019, 578쪽.
[3] "Marbury v. Madison (1803)" https://www.law.cornell.edu/wex/marbury_v_madison_(1803)
[4] 벤저민 카터 헷, 이선주 역,《히틀러를 선택한 나라: 민주주의는 어떻게 무너졌는가》, 눌와, 2022.
[5] "The Nuremberg Race Laws" https://encyclopedia.ushmm.org/content/en/article/the-nuremberg-race-laws
[6] 김환학, "독일 연방헌법재판소의 추상적 규범통제",《비교헌법연구》, 20

18-8-7, 헌법재판소 헌법재판연구원, 2018.
[7] Rod Hague and Martin Harrop, *Comparative Government and Politics*, Palgrave Macmillan, 2010, chapter 13.
[8] 오향미, "독일 기본법의 '방어적 민주주의'의 원리: 그 헌법이론적 논거의 배경", 《의정연구》, 17(2), 2011.
[9] 오향미, "독일 기본법의 '방어적 민주주의'의 원리: 그 헌법이론적 논거의 배경".
[10] Donald P. Kommers, "The Federal Constitutional Court: Guardian of German Democracy", *Annals of American Academy of Political & Social Science*, Vol. 603, 2006.
[11] Nathan Glazer, "Towards an Imperial Judiciary?", *The Public Interest*, Fall, Vol. 41, 1975.
[12] 오승용, "민주화 이후 정치의 사법화에 관한 연구", 《기억과 전망》, 20호, 2009, 286쪽.
[13] Benjamin Ginsberg and Martin Shefter, *Politics by Other Means: Politicians, Prosecutors, and the Press from Watergate to Whitewater*, W. W. Norton & Company, 2002.
[14] 오승용, "민주화 이후 정치의 사법화에 관한 연구", 286쪽.

10장 다시, 자유롭고 민주적인 나라 만들기

[1] 스티븐 레비츠키, 대니얼 지블랫, 박세연 역, 《어떻게 민주주의는 무너지는가》, 어크로스, 2018, 15쪽.

정부의 원리
ⓒ 양재진

1판 1쇄	2025년 7월 18일

지은이	양재진
펴낸이	고우리
펴낸곳	마름모
등록	제 2021 - 000044호 (2021년 5월 28일)
전화	070-8028-3973
팩스	02-6488-9874
메일	marmmopress@naver.com
블로그	blog.naver.com/marmmopress
인스타그램	@marmmo.press
ISBN	979-11-94285-14-4 (03300)

잘못 만든 책은 구입하신 서점에서 바꿔드립니다.
무단 전재와 복제를 금합니다.

평행하는 선들은 결국 만난다 ♦ 마름모